Gesellschaftsbilder

W0175025

Dr. Martin Kuhlmann ist Arbeitssoziologe und Direktor des Soziologischen Forschungsinstituts Göttingen (SOFI).

Dr. Milena Prekodravac ist wissenschaftliche Mitarbeiterin am Soziologischen Forschungsinstitut Göttingen (SOFI).

Dr. Stefan Rüb ist wissenschaftlicher Mitarbeiter am Soziologischen Forschungsinstitut Göttingen (SOFI).

Prof. Dr. Berthold Vogel ist geschäftsführender Direktor des Soziologischen Forschungsinstituts Göttingen (SOFI) und unterrichtet Soziologie an den Universitäten Göttingen, Kassel und Sankt Gallen.

Martin Kuhlmann, Milena Prekodravac, Stefan Rüb,
Berthold Vogel

Gesellschaftsbilder

Die Zukunft gewerkschaftlichen Engagements

Unter Mitarbeit von Marliese Weißmann

Campus Verlag
Frankfurt/New York

Gedruckt mit freundlicher Unterstützung der IG Metall

ISBN 978-3-593-51863-3 Print
ISBN 978-3-593-45701-7 E-Book (PDF)
ISBN 978-3-593-45700-0 E-Book (EPUB)

Umschlaggestaltung: Campus Verlag GmbH, Frankfurt am Main
Satz: le-tex xerif
Gesetzt aus der Alegreya
Druck und Bindung: Beltz Grafische Betriebe GmbH, Bad Langensalza
Beltz Grafische Betriebe ist ein klimaneutrales Unternehmen (ID 15985–2104-1001).
Printed in Germany

www.campus.de

Inhalt

Geleitwort der IG Metall

Der vorliegende Band *Gesellschaftsbilder und betriebliches Engagement* basiert auf einer wissenschaftlichen Studie, die die IG Metall 2019 initiierte und mit der Durchführung das Soziologische Forschungsinstitut Göttingen (SOFI) e.V. beauftragte. Die Studie lief ab 2019 über einen Zeitraum von mehr als zwei Jahren und nimmt das Engagement von Vertrauensleuten und Betriebsrätinnen und Betriebsräten der IG Metall in den Blick.

Hintergrund der Beauftragung war die Diskussion in der IG Metall über die Herausforderungen der Transformation der durch die IG Metall vertretenen Branchen, getrieben durch Digitalisierung, Abkehr von fossilen Energieträgern und neuen geopolitischen Machtverhältnissen. Und dies im Umfeld einer zunehmend ungleichen Gesellschaft und eines gespaltenen Arbeitsmarkts sowie sichtbar wachsender Tendenzen eines rechten Populismus, der die Ängste vor Veränderung für sich instrumentalisiert. Strategisch stellte und stellt sich die Frage, ob es der IG Metall gelingt, die Machtressourcen zu mobilisieren, um gestaltend zu wirken und das emanzipative Potenzial dieser Strukturbrüche für ein Mehr an guter Arbeit zu nutzen.

Zentral für das Gelingen einer solchen Strategie sind die gewerkschaftlich Aktiven in den Betrieben. Deren Blick auf die Transformation und ihre Sichtweise auf die Perspektiven demokratischer Gestaltung wie auch ihre eigene Rolle in diesen Veränderungsprozessen sind daher zentral. Dies gilt besonders für das Gelingen einer arbeits- und gesellschaftspolitischen Strategie, die auf Beteiligung und Mobilisierung für ein Zielbild fairen Wandels setzt, welches die IG Metall auf dem Gewerkschaftstag 2019 mit den Normen sozial, ökologisch und demokratisch umschrieb.

Ausgangspunkt des Auftrags zur Studie waren daher folgende Fragen: Auf Grundlage welcher Erfahrungen mit Gesellschaft und welcher Vorstellungen von Gesellschaft engagieren sich Betriebsrätinnen und Vertrauensleute? Welche Art und welcher Grad gesellschaftlicher Veränderungen (Notwendigkeiten, Möglichkeiten) sind dabei angesprochen? Wie ist es angesichts der derzeitigen gesellschaftlichen Krisenprozesse um den wahrgenommenen Wert der Demokratie und die Bereitschaft bestellt, sich dafür zu engagieren und diese zu verteidigen oder gar in Richtung eines Ausbaus wirtschaftsdemokratischer Elemente weiterzuentwickeln? Wie robust sind Betriebsrätinnen und Vertrauensleute gegenüber rechtspopulistischen Denkmustern?

Die Studie, die Ende 2019 begann, wurde zu Beginn ihrer empirischen Phase von der Corona-Pandemie und dem tiefsten Absturz der deutschen Industrieproduktion in der Nachkriegszeit überrollt. Daraus ergaben sich nicht nur Herausforderungen für die empirische Praxis. Die durchgeführten Interviews und Befragungen waren von der multiplen Krisensituation geprägt, die auch die aktive gewerkschaftliche Arbeit prägte.

Das SOFI nahm dabei den Topos des Gesellschaftsbilds auf, das Heinrich Popitz, Hans Paul Bahrdt, Ernst A. Jüres und Hanno Kesting 1957 in ihrer Studie *Das Gesellschaftsbild des Arbeiters* entwickelten. Gesellschaftsbilder der Menschen, hier der gewerkschaftlich Aktiven – so die Feststellung –, haben niemals nur eine Quelle, etwa den Arbeitsplatz oder Betrieb. Gesellschaftsbilder setzen sich aus multiplen Erfahrungen zusammen, in die beispielsweise auch das familiäre Umfeld oder Eindrücke aus dem lokalen Umfeld mit eingehen. Gesellschaftsbilder sind aber auch immer normative Orientierungsmarken, die dabei helfen, die Komplexität gesellschaftlicher Prozesse einzuordnen.

Um diese Gesellschaftsbilder herausarbeiten zu können, führte das Team des SOFI mit ausgewählten aktiven Gewerkschafterinnen und Gewerkschaftern, Vertrauensleuten und Betriebsräten Interviews. Zusätzlich suchten die Forscherinnen und Forscher die Ehrenamtlichen an ihren Arbeitsplätzen auf, aber auch in ihren Familien oder an wichtigen Schauplätzen ihres Lebens. Dieser Ansatz stellte sich als sehr gewinnbringend heraus, um die Unterschiedlichkeit von Gesellschaftsbildern verstehen zu können. Arbeit ist zwar ein wesentlicher und prägender Teil des Lebens. Aber er ist nicht der einzige. Ansichten zum Beispiel über Politik, Gesellschaft, Wirtschaft, Infrastrukturen oder Benachteiligung bilden sich nicht nur durch die Arbeit, sondern auch im Zusammenspiel aller Lebensbereiche.

Dieser breite empirische Forschungszugang stellte in Zeiten der Pandemie sowohl Forschende wie auch die beteiligten Aktiven und unterstützenden Geschäftsstellen der IG Metall vor nicht vorgesehene Herausforderungen. Mithilfe von Gruppendiskussionen, persönlichen Gesprächen und einer intensiven Begleitung Einzelner wurden wirkmächtige Gesellschaftsbilder herausgearbeitet. Eine repräsentative Befragung von Aktiven stützte und erweiterte dabei die analytische Arbeit der SOFI-Forscherinnen und -Forscher. Dass diese umfangreiche empirische Arbeit trotz Pandemie dennoch gelang, wäre nicht ohne das große Engagement der Forschenden, aber auch die enorme Bereitschaft der befragten Aktiven und die Unterstützung durch die jeweiligen Geschäftsstellen der IG Metall möglich gewesen.

Die Ergebnisse der Studie sind für die IG Metall bedeutsam und handlungsleitend. Sie fanden Eingang in das Projekt »IG Metall vom Betrieb aus denken«, das eine organisationspolitische Neuorientierung auf den Weg brachte, die die Aktiven in den Betrieben und ihre Unterstützung in den Mittelpunkt stellt. Im Ergebnis führte dies zu einer Verlagerung von Ressourcen und Personal in die Arbeit vor Ort, aber auch zu einer Veränderung der Qualität dieser Arbeit. Mehr Beteiligung, mehr projektbezogenes Arbeiten, Prioritäten setzen, stärker im Team, ein neues Miteinander von Ehren- und Hauptamtlichkeit sind Stichworte der Veränderung gewerkschaftlicher Praxis.

Insoweit erwies sich Forschung als unmittelbar wirkmächtig. Dies wurde dadurch unterstützt, dass Forschungsergebnisse über vielerlei Transferformate im laufenden Forschungsprozess rückgekoppelt wurden. Forschungspraxis als Veränderungspraxis zeichnete auch die Publikationsformate aus. Kurz, lesbar, als Podcast oder Livestream wurde der Erkenntnisstand des Projekts zurückgespiegelt. Insoweit sprengte das Forschungsprojekt in gewinnbringender Weise für alle gleich mehrfach tradierte Wissenschaftspraxis: durchaus eine Blaupause für emanzipatorische Wissenschaft.

Den Forscherinnen und Forschern Martin Kuhlmann, Milena Prekodravac, Stefan Rüb und Berthold Vogel gehört dafür unser Dank!

Als wir 2019 die Idee zu diesem Forschungsprojekt entwickelten, konnten wir nicht ahnen, welche Schwierigkeiten in der Umsetzung durch Pandemie und Krise auf uns zukommen würden. Unser Dank gilt daher auch all den Kolleginnen und Kollegen, die uns bei der Durchführung der Interviews und Befragungen, aber auch den zahlreichen Transferformaten unterstützten.

Berlin und Frankfurt am Main, September 2023

Jörg Hofmann und *Tanja Smolenski*

Vorwort

Das gewerkschaftliche Entwicklungsprojekt »Die IG Metall vom Betrieb aus denken« provozierte Fragen. Was treibt Mitglieder der IG Metall an, Betriebsrätin oder Betriebsrat zu werden oder als Vertrauensperson die Gewerkschaft im Betrieb sichtbar zu machen? Auf welche Erfahrungen oder gar Traditionen können die Gewerkschaftsaktiven zurückgreifen? Wie schauen sie auf die Gewerkschaft, auf ihren Betrieb, auf die Gesellschaft, die sie umgibt? Kurzum, welche Bilder von Arbeitswelt und sozialen Zusammenhängen haben betrieblich Engagierte?

Diese Fragen machen deutlich, dass es für die Zukunft der Gewerkschaften zentral auf die Menschen in den Betrieben ankommt. Politische Programme und Strategien, Projekte und Kampagnen von Gewerkschaften (und jeder anderen Organisation) werden nur dann wirksam, wenn sie vom Engagement aktiver Personen vor Ort getragen werden.

Vor diesem Hintergrund trat der Vorstand der IG Metall an uns im SOFI heran. Wir diskutierten gemeinsam Erkenntnisse der bisherigen Betriebsräteforschung, wir blickten auf Konzepte, die uns einen analytischen und begrifflichen Zugang zu den eingangs genannten Fragen verschaffen sollten. In intensiven Diskussionen fanden wir einen Anknüpfungspunkt besonders interessant, der SOFI-Traditionen ins Spiel bringt und die gewerkschaftlichen Herausforderungen der Gegenwart zugleich gut abbildet. Die Rede ist vom Konzept und Begriff der Gesellschaftsbilder.

Hierdurch wurde ein Forschungsprojekt auf den Weg gebracht, das sich aus unterschiedlichen Blickwinkeln den »Bildern« nähert, die sich ehrenamtlich in den Betrieben aktive IG Metaller:innen von »ihrer« Gesellschaft, die sie in Arbeit, Betrieb und sozialem Alltag umgibt, machen. Das Spektrum unseres Zugangs zu dieser Gruppe reichte von Gesprächen und Diskussionen in Bildungszentren und Geschäftsstellen der IG Metall über mehrmalige und jeweils sehr ausführliche Interviews mit einer ausgewählten Gruppe von Betriebsrät:innen und Vertrauensleuten (inklusive Einblicken in deren betriebliches, nachbarschaftliches und familiäres Umfeld) bis hin zu einer breitflächigen Untersuchung durch eine telefonische Repräsentativbefragung. In Zeiten der Pandemie, in die der Großteil unserer empirischen Erhebungen fiel, waren die Kombination und Realisierung dieser Zugänge kein leichtes Unterfangen, das aber dennoch glückte – auch dank der guten und intensiven Kooperation zwischen Gewerkschaft und Wissenschaft.

Entstanden ist ein Lesebuch, das auf Texten beruht, die zunächst für die gewerkschaftsinterne Arbeit und Diskussion erarbeitet und verfasst wurden. Für die nun vorliegende Buchpublikation haben wir diese Texte überarbeitet, gekürzt und ergänzt. Wir haben Bezüge hergestellt und übergreifende Kapitelverweise eingefügt. Zugleich sprechen die einzelnen Kapitel weiterhin für sich.

In der Einleitung legen wir unsere Überlegungen zu Ausgangspunkten des Forschungsprojekts und unser spezifisches Verständnis von Gesellschaftsbildern und deren Erforschung dar. Kapitel II beleuchtet ausführlich die verschiedenen Bausteine unseres Forschungsprozesses und die Methoden, die dabei zur Anwendung kamen. Dieses Kapitel dürfte vor allem für diejenigen von Interesse sein, die genauer wissen wollen, wie wir im Einzelnen vorgegangen sind und welche Probleme sich uns dabei insbesondere durch die Covid-19-Pandemie gestellt haben. Kapitel III beinhaltet den Kern unseres Gesellschaftsbilderkonzepts: die vier idealtypisch gedachten Gesellschaftsbilder, die wir in der Untersuchungsgruppe gefunden haben, und eine Darstellung, in welcher Weise sich die Sichtweisen und Einschätzungen der von uns befragten ehrenamtlich Aktiven auf diese Gesellschaftsbilder beziehen. Kapitel IV zeigt die vielfältigen gesellschaftlichen und gewerkschaftlichen Zugänge zum ehrenamtlichen Engagement in zwölf Fallgeschichten von Betriebsrät:innen und Vertrauensleuten, mit denen wir in intensivem Kontakt standen und die uns sehr offen Auskunft über ihre Lebensgeschichte und ihre gesellschaftlichen Vorstellungen gaben. Kapitel V enthält die zentralen Ergebnisse einer telefonischen Repräsentativbefragung der in Betrieben ehrenamtlich aktiven IG Metaller:innen. Diese Daten ermöglichen Einblicke in die Zusammensetzung dieser Gruppe, quantifizierende Aussagen zur Verbreitung bestimmter Sichtweisen sowie Einschätzungen zu einigen Einflussfaktoren. Kapitel VI präsentiert Befunde einer inhaltsanalytischen Auswertung unseres qualitativen Interviewmaterials entlang von fünf Untersuchungsdimensionen, die für unseren Gesellschaftsbilder-Ansatz zentral sind: Demokratie, Macht, Solidarität, gesellschaftliche Selbstverortung und Zukunft. Und schließlich werden in den Schlussbetrachtungen des Kapitels VII zwei weiterführende Fragen diskutiert: die Frage des Engagements und die Frage nach der Rolle der Ehrenamtlichen in der Transformation.

Der Begriff des Lesebuchs ist ernst zu nehmen. Interessierte können dieses Buch zur Hand nehmen, darin stöbern und sich von einzelnen Kapiteln inspirieren lassen. Dabei lernen die Leser:innen Betriebsrät:innen und Vertrauensleute in ihrer betrieblichen Praxis und in ihren sozialen Beziehungen kennen. Die Lektüre soll dazu anregen, die vielfältige soziale Wirklichkeit ehrenamtlich aktiver Gewerkschafter:innen wahrzunehmen und dabei Zusammenhänge und Verbindungen herzustellen. Der vorliegende Band hält keine Prognose über die Gegenwart und Zukunft der Betriebsratsarbeit im Besonderen und des gewerkschaftlichen Engagements im Allgemeinen bereit. Es geht um das Sichtbarmachen sozialer Wirklichkeit. Unser Ziel dabei lautet, ein eindrückliches Bild aktiver Gewerkschafter:innen zu zeichnen und deutlich zu machen, dass diese ihre Energie und ihre Überzeugung aus der konkreten betrieblichen Praxis, aber auch aus gesellschaftlichen Erfahrungen gewinnen. Daraus ergeben sich wissenschaftliche und für die Gewerkschaftsarbeit relevante Befunde, Erkenntnisse und Schlussfolgerungen, die sowohl in den einzelnen Kapiteln als auch in deren Zusammenspiel sichtbar werden.

Als Autor:innenteam waren wir von unseren Gesprächspartner:innen in doppelter Hinsicht sehr beeindruckt. Beeindruckend ist erstens, dass und wie sich unsere Befragten in komplizierten Zeiten den komplexen Herausforderungen betrieblicher Interessenvertretung und deren Gestaltung annehmen. Beeindruckend ist zweitens aber auch die normative Grundorientierung, die viele unserer Gespräche prägte. Werte wie soziale Gemeinschaft, Solidarität und Engagement für soziale Gerechtigkeit werden von den allermeisten Befragten sehr hoch gehalten. Zugleich sind viele davon überzeugt, Dinge zum Besseren beeinflussen zu können, und schließlich teilen nahezu alle das Wissen, auf die institutionelle Stärke einer Gewerkschaft zurückgreifen zu können.

Wir schulden der IG Metall großen Dank. Sie ist mit uns das Wagnis eingegangen, ausgehend von einer kleinen Gruppe auf große Fragen der eigenen Organisation zu blicken. Auf Vorstands-, Bezirks- und Geschäftsstellenebene ebenso wie in Bildungszentren wurden uns bereitwillig und unkompliziert Türen geöffnet. Unser Dank gilt den Hauptamtlichen der IG Metall, die sich auf unser Forschungsprojekt einließen und uns willkommen hießen. Tanja Smolenski, Klaus Abel und Jörg Hofmann haben das Projekt von seinem ersten Schritt an mit dem konstruktiv-kritischen Blick von Gewerkschafter:innen begleitet, uns unterstützt und zum Gelingen des Projektes maßgeblich beigetragen. Und: Sie haben Position bezogen, uns aber die Freiheit und den Spielraum belassen, der für wissenschaftliche Forschung unabdingbar ist. Unser Projekt war von einer konstruktiven Spannung von »Engagement und Distanz« (Norbert Elias) getragen – Besseres kann man über das Zusammenwirken von gesellschaftlicher Praxis und wissenschaftlicher Expertise nicht sagen.

Marliese Weißmann hat bis zur Geburt ihres Kindes das Projekt sowohl konzeptionell als auch in seiner praktischen Durchführung wesentlich mit vorangetrieben und wichtige Impulse gegeben. Lena Schulz hat während der Vorbereitung des Projekts einen Literaturbericht geschrieben, der in Teilen in Kapitel I.2 eingegangen ist. Julia Lischewski hat uns bei der Konzeption und Auswertung der Repräsentativbefragung unterstützt. Wir danken ihnen sowie Claudia Bade und Inga Kilian, die in den verschiedenen Phasen der Untersuchung als studentische Mitarbeiterinnen beteiligt waren, und Janina Horchelhahn aus dem Sekretariat des SOFI, die uns bei der Manuskripterstellung unterstützt hat. Unser herzlicher Dank gilt ebenfalls den Kolleg:innen aus dem wissenschaftlichen Beirat, die stets mit konstruktivem Rat dem Projekt zur Seite standen. Nicht zuletzt möchten wir ausdrücklich den Ehrenamtlichen der IG Metall unseren Dank aussprechen, allen voran den Interviewpartner:innen und zahlreichen Diskutant:innen aus den Betrieben, Geschäftsstellen und Bildungszentren, ohne die die Durchführung des Projekts nicht möglich gewesen wäre.

Göttingen, Oktober 2023

Martin Kuhlmann, Milena Prekodravac, Stefan Rüb und *Berthold Vogel*

I. Einleitung

1. Ausgangsüberlegungen

Die IG Metall wird vor Ort und im Betrieb von ihren in Betriebsräten und Vertrauenskörpern ehrenamtlich aktiven Mitgliedern getragen. Doch inwieweit verstehen sich die Ehrenamtlichen als Repräsentant:innen ihrer Gewerkschaft? Wo verorten sie sich selbst in Gesellschaft, Gewerkschaft und Betrieb? Welche Handlungsmacht schreiben sie sich, aber auch der Gewerkschaft dabei jeweils zu? Was zeichnet ihr soziales und politisches Selbstverständnis aus? Welche Vorstellungen haben sie, wie sich Gesellschaft, Gewerkschaft und Betrieb entwickeln und verändern? Mit welcher Haltung und auf der Grundlage welcher Werte formulieren sie Ziele und Perspektiven von Wandel und Veränderung? Kurz: Wer sind diejenigen, die die IG Metall jetzt und in der Zukunft in Betrieb und gesellschaftlichem Alltag repräsentieren?

Das Forschungsprojekt, das wir, ein Team von Forschenden des Soziologischen Forschungsinstituts (SOFI) Göttingen, von 2020 bis 2022 im Auftrag der IG Metall durchführten, zielte darauf, diese Fragen systematisch anzugehen. Denn vieles spricht dafür, dass in Zeiten weitreichender Transformationen von Erwerbsarbeit und Betrieb, die überdies von neuen »autoritären Versuchungen« (Heitmeyer 2018) politisch begleitet werden, den Betriebsrät:innen und Vertrauensleuten eine zentrale Gestaltungsfunktion mit Blick auf die Zukunft der IG Metall zukommt.

Die Studie adressierte zugleich grundsätzliche gesellschaftspolitische und -diagnostische Aspekte der Repräsentation, des Institutionenvertrauens und der inneren Verfasstheit von politischen Organisationen. Gerade in der heutigen Zeit, in der demokratische Institutionen vermehrt angezweifelt und auch angegriffen werden, ist es wichtig, nach den Stabilitätsbedingungen gewerkschaftlichen Handelns zu fragen. Und diese Stabilitätsbedingungen hängen wesentlich von den Träger:innen der Gewerkschaftsarbeit im Betrieb ab. Es waren daher die Gesellschaftsbilder dieser Trägergruppen, die das Projekt interessierten.

Forschung, die auf die Erfassung und Rekonstruktion von Gesellschaftsbildern zielt, erfordert vor allen Dingen eine offene Herangehensweise. Deshalb haben wir die Gesellschaftsbilder von Betriebsrät:innen und Vertrauensleuten in ihrer betrieblichen, lebensweltlichen und biografischen Grundlegung primär mithilfe eines qualitativen Forschungsdesigns untersucht. Zugleich wurden diese qualitativen Befragungen und Beobachtungen durch eine standardisierte Erhebung begleitet und ergänzt.

1.1 Betriebsrät:innen und Vertrauensleute im Blick der Sozialforschung

Das Projekt konzentrierte sich auf Mitglieder der IG Metall, die in den Betrieben Wahlämter übernommen haben und hierdurch ehrenamtlich aktiv sind. Dies können gewerkschaftliche Funktionen als betriebliche Vertrauensleute sein, aber auch Ämter im Rahmen gesetzlicher Regelungen: im Betriebsrat, mitunter auch in der Jugend- und Auszubildendenvertretung oder als Schwerbehindertenvertreter:innen. Diese ehrenamtlich in den Betrieben aktiven IG Metaller:innen zeichnen sich dadurch aus, dass sie sich in dem Dreieck Gesellschaft–Gewerkschaft–Betrieb bewegen und darin positionieren müssen. Sie sind Mandatsträger:innen im Betrieb sowie Funktionsträger:innen und zugleich Repräsentant:innen der IG Metall – aber eben auch eingebunden in weitere arbeits- und lebensweltliche Kreise. Sie agieren in familiären, freundschaftlichen und nachbarschaftlichen Nahbeziehungen, engagieren sich in Vereinen oder zivilgesellschaftlichen Organisationen und nehmen in vielfältiger Weise am lokalen und regionalen Leben teil. Sie beobachten und bewerten dies etwa durch die Nutzung verschiedener Medien, aber auch durch Gespräche im privaten oder betrieblichen Umfeld. Kurzum, die ehrenamtlich aktiven Gewerkschafter:innen haben eine Position in ihrem Betrieb, entwickeln eine Haltung zu ihrer Funktion und machen sich ein Bild von der Gesellschaft, in der sie sich bewegen. Um Gesellschaftsbilder, ihre Entstehung, Entwicklung und Verfestigung, zu untersuchen, war es für das Projekt zentral, Betriebsrät:innen und Vertrauensleute innerhalb des beschriebenen Dreiecks in den Blick zu nehmen.

Seit einigen Jahren erlebt die arbeitssoziologische Bewusstseinsforschung einen Aufschwung. Richtete sich das Forschungsinteresse noch in den 1970er-Jahren auf ein generelles Arbeiterbewusstsein und deren Prägung durch Arbeitserfahrungen, zeigt sich heute ein breiteres Verständnis von Zusammenhängen zwischen Arbeitserfahrungen, Lebensweisen und Orientierungen von Arbeitnehmer:innen im Rahmen sozioökonomischer Veränderungen (Splett 2023; Grimm u.a. 2022; WSI-Mitteilungen 2016). Der Fokus der Bewusstseinsforschung ist universaler und zugleich unspezifischer geworden. Es geht um ein allgemeines Krisenbewusstsein oder um die Frage, ob Prekarität eine sich ausbreitende Erfahrung ist, die sich nicht nur an den »Rändern der Gesellschaft«, sondern ebenso in deren »Mitte« findet. Auch der Rechtsruck, der Wahl für Wahl zum Ausdruck kommt, provoziert die Frage nach Mentalitäts- und Bewusstseinsverschiebungen – nicht zuletzt der Arbeitnehmer:innen. Bei der Renaissance der Bewusstseinsforschung spielen allerdings betriebliche Konstellationen (von Ausnahmen wie Kratzer u.a. 2015 abgesehen) oder betriebliche Gruppen wie Betriebsrät:innen und Vertrauensleute keine zentrale Rolle. Wenn nach gesellschaftlichem Bewusstsein gefragt wird, dann geschieht dies entweder allgemein für die Gruppe der Lohnabhängigen (vgl. Dörre u.a. 2013) oder mit einem engeren Blick auf spezifische politische Orientierungen, wie dies bei neueren Studien zum Rechtspopulismus der Fall ist (vgl. Sauer u.a. 2018; Lütten/Köster 2019).

Wir sind einen anderen Weg gegangen. Um zu verstehen, wie Betriebsrät:innen und Vertrauensleute sich in ihrem betrieblichen und gesellschaftlichen Umfeld sehen und warum sie handeln, wie sie handeln, braucht es einen Zugang, der Betrieb und Büro genauso in den Blick nimmt wie das außerbetriebliche Umfeld und der die Aufmerksamkeit nicht ausschließlich auf gewerkschaftlich-institutionelle Zusammenhänge richtet. Die Erkenntnisse der Gesellschaftsbildforschung von Heinrich Popitz, Hans Paul Bahrdt, Ernst August Jüres und Hanno Kesting in den 1950er-Jahren weisen zum einen mit Nachdruck darauf hin, dass sich die politische Vorstellungswelt nicht allein im Betrieb entwickelt, sondern auch (und möglicherweise stärker als vermutet) in vor- und außerbetrieblichen Erfahrungsräumen (Familie, Schule, Freundeskreise, Medien etc.). Und zum anderen stehen betriebliches und außerbetriebliches politisches Denken und Handeln, also das Engagement, stets in einer Wechselwirkung: etwa in Bezug darauf, inwieweit betriebs- und gewerkschaftspolitisches Engagement im familiären oder freundschaftlichen Umfeld unterstützt und anerkannt, als

selbstverständlich wahrgenommen und gefordert oder aber eher abgelehnt
wird.

Das Forschungsinteresse der Studie richtete sich daher auf die Situationsdeutungen und auf das (gewerkschafts-)politische Handeln im Betrieb,
zugleich aber auch auf das biografische Gewordensein und das Eingebettetsein in familiäre, nachbarschaftliche oder vereinsbezogene Kontexte.
Betriebsrät:innen und Vertrauensleute sind nicht nur betriebliche Funktionsträger:innen; sie leben zugleich in einer Familie, in Nachbarschaften,
Freundschaften und lokalen Bezügen. Diese Perspektive findet nicht nur in
der Forschung wenig Beachtung, sondern kommt auch in gewerkschaftlichen Debatten oftmals zu kurz.

Dabei werden das private und öffentliche Lebensumfeld der gewerkschaftlichen Repräsentant:innen ebenso wie die Erwerbsarbeit selbst durch
Prozesse des demografischen, digitalen und sozial-ökologischen Wandels
herausgefordert. Generationenbeziehungen und Geschlechterverhältnisse
verändern sich. Das Leben in Kleinstädten und Dörfern erhält neue Konturen. Wohnen und Pendeln werden ebenso zu einem übergeordneten Thema
wie Pflege und Gesundheit. Fragen der Migration bestimmen das gesellschaftliche Klima. Die Unsicherheit über die Folgen von Digitalisierung,
Krieg und multiplen Krisen ist groß – man denke nur an die Klimakrise,
den Ausstieg aus fossilen Energieträgern, die zunehmenden geopolitischen
Unsicherheiten und Migrationsbewegungen, aber auch die anhaltenden
Folgen der Transnationalisierung industrieller Produktion. Kurzum, eine
Organisation wie die IG Metall, die betrieblich und gesellschaftlich mit
einem starken Gestaltungsanspruch auftritt, ist mit einer Vielzahl von
Transformationsfeldern konfrontiert. In diesen Feldern muss sich auch die
aktive Gewerkschaftsbasis lokal wie betrieblich bewegen und positionieren.

1.2 Die Frage der Gesellschaftsbilder

Mit Bezug auf Popitz u.a. (2018 [1957]) sind Gesellschaftsbilder nicht als isolierte Vorstellungen von Gesellschaft zu verstehen, sondern zusammen mit
einer Selbstverortung in der Gesellschaft zu konzipieren. Gesellschaftsbilder
haben insofern eine sozialstrukturelle und positionsbezogene Komponente.
Dabei geht es darum zu verstehen, wie Gesellschaft geordnet und welche
Bilder von Gesellschaft gezeichnet werden. Dies können beispielsweise
hierarchische Bilder von Klassen und Schichtungen im Sinne von oben,

Mitte und unten sein oder auch Bilder von Innen und Außen, die Zugehörigkeit und Nichtzugehörigkeit zum Beispiel in betrieblichen Bezügen unterscheiden. Damit verbunden ist dann die Frage: Was ist mein Standort in den Hierarchien und Machtstrukturen, in den Konfliktfeldern und Interessengruppierungen der Gesellschaft? Sich ein Bild von der Gesellschaft zu machen heißt, sich zuzuordnen und abzugrenzen. In welchen Raumdimensionen wird gedacht: betrieblich, lokal, national, transnational? Wer gehört zu »uns«, wer nicht? Was sind Identifikationsgruppen? Welche und wessen Meinungen sind diskutabel, welche nicht? Mit Gesellschaftsbildern ist zudem die Frage nach der subjektiven Handlungsmacht, nach subjektiv wahrgenommenen Handlungs- und Gestaltungsspielräumen in Gewerkschaft, Betrieb, Gesellschaft verknüpft: Was wird als veränderbar begriffen und was nicht (Technik, Markt/Wettbewerb, staatliches Handeln etc.)? Was ist die Griffhöhe gedachter Veränderungen? Wodurch sind gesellschaftliche Entwicklungen gekennzeichnet?

Das Projekt beabsichtigte, Antworten auf die Fragen zu geben, die aktuell innergewerkschaftliche Debatten antreiben, aber auch mit Blick auf die Außenperspektive auf Gewerkschaften von hoher Relevanz sind. Welche Vorstellungen haben Betriebsrät:innen und Vertrauensleute im Hinblick darauf, wie sich Gesellschaft, Gewerkschaft und Betrieb entwickeln und verändern? Verbinden sie mit ihrer Tätigkeit spezifische gesellschaftspolitische Ziele, oder konzentrieren sie sich auf Fragen der Interessenvertretung im Betrieb? Denken sie im Sinne eines erweiterten Mandats gewerkschaftlicher Tätigkeiten, wie es etwa Oskar Negt (2004) beschrieben und den Gewerkschaften empfohlen hat? Welche Rolle spielen Überlegungen zu Macht und Solidarität? Wie verorten sie sich in Gesellschaft, Gewerkschaft und im betriebspolitischen Handlungsraum? Welche Handlungsmacht schreiben sie sich, aber auch ihrer Gruppe oder Organisation (Betriebsrat, Vertrauenskörper, IG Metall) jeweils zu?

Die Fragen zeigen, dass es bei der Erforschung von Gesellschaftsbildern um weit mehr geht als um die Darstellung von Meinungen oder Ansichten. In ihnen manifestiert sich eine verortete und verzeitlichte Sicht auf die eigene und die allgemeine Arbeits- und Lebenswelt. In Gesellschaftsbildern spiegeln sich Orte, an denen Menschen leben und arbeiten. Gesellschaftsbilder haben eine lokale und sozialräumliche Komponente, sie sind geprägt von den Milieus, in und zwischen denen sich Menschen bewegen. Es geht um Zeitpunkte und zeitliche Kontexte, an und in denen Erfahrungen gemacht werden. Gesellschaftsbilder haben eine temporale Komponente, die sich als Generationenerfahrungen manifestiert. Zugleich fließen in Gesellschaftsbilder Deutungen und Erwartungen ein, die Menschen an ihre Vergangenheit, Gegenwart und Zukunft haben. Darauf beziehen sich beispielsweise Abstiegsängste, aber eben auch Hoffnungen, die Gesellschaft mitgestalten und verbessern zu können. Insofern spielen auch normative Vorstellungen und Handlungsorientierungen eine Rolle. Die biografische Grundlegung von Gesellschaftsbildern ist hier ebenfalls von Bedeutung. Sie sind familiengeschichtlich und herkunftsbezogen aufgeschichtet. Die biografischen Erfahrungen, aber auch die derzeitige Lebenssituation prägen die Bilder, die sich jede:r einzelne von der sozialen Umwelt macht. Gerade deshalb bedarf es intensiver Fallstudien mit starken biografisch-narrativen Interviewanteilen.

Das Forschungsprojekt war als explorative Mixed-Methods-Studie angelegt, die nach Gesellschaftsbildern von Betriebsrät:innen und Vertrauensleuten fragt und deren Entstehen auch in lebensweltliche Kontexte stellt. Es kombinierte Methoden der qualitativen und quantitativen Sozialforschung mit dem Ziel, den Anforderungen an Breite und Tiefe der Erhebung unter Beachtung verfügbarer Ressourcen Rechnung zu tragen. Das Untersuchungsdesign bestand aus vier Elementen. Einem breiten explorierenden Einstieg mit Interviews und Gruppendiskussionen (1) folgte eine auf eine gut ausgewählte, kleine Zahl an Befragten fokussierte Intensiverhebung (2), die mittels einer Repräsentativbefragung (3) geöffnet und von einem Prozess der Rückkopplung, Reflexion und Diskussion zentraler Befunde in der IG Metall (4) begleitet wurde (vgl. hierzu im Einzelnen Kapitel II).

2. Gesellschaftsbilder-Ansatz

2.1 Forschung zu Gesellschaftsbildern

Die Forschung zu Gesellschaftsbildern ist mehrdeutig und verfügt nicht über einen klar definierten Forschungsansatz. Methodisch nähert sie sich dem Gesellschaftsbild klassischerweise mithilfe von qualitativ-interpretativen Verfahren. Das Ziel ist die Rekonstruktion von Typen. Für Johann-Ulrich Sandberger (1983) haben Gesellschaftsbilder drei Funktionen: Sie ergänzen Erfahrungen, sie kanalisieren Informationen und Wahrnehmungen und sie steuern Handeln. Um die Primärerfahrungen zu ergänzen, werden Vorstellungen über Phänomene und Sachverhalte entwickelt, die nicht durch eigene Erfahrungen auf ihren Realitätsgehalt geprüft werden können. Gesellschaftsbilder bieten demnach Orientierung in der komplexen sozialen Wirklichkeit, die nicht durch die Erfahrungen eines Einzelnen erfasst werden kann. Die zweite Funktion von Gesellschaftsbildern liegt in der Selektion von Wahrnehmungen und Vorstellungen, die nicht mit dem bisher Erlebten übereinstimmen. Kommt es zu einer erhöhten Diskrepanz zwischen Erfahrungen und Vorstellungen, wird das Gesellschaftsbild überarbeitet oder durch ein anderes ersetzt. Gesellschaftsbilder dienen zudem drittens der Orientierung und Steuerung bewussten Handelns.

Gesellschaftsbilder unterscheiden sich im Hinblick auf ihre Reichweite, Kohärenz und Widerspruchsfreiheit, aber auch hinsichtlich ihres Realitätsgehalts, ihrer Affekt- und Wertbesetzung sowie des Grads ihrer Interessenbindung (Sandberger 1983). So differenzieren beispielsweise Jürgen Habermas, Ludwig von Friedeburg, Christoph Oehler und Friedrich Weltz (1961) in ihrer Studie zum politischen Bewusstsein von Frankfurter Studierenden je nach Geschlossenheit und Reichweite der zugrundeliegenden Bewusstseinsformen zwischen autochthonen, modifizierten und realistischen Gesellschaftsbildern.

In den 1950er-Jahren forschten Popitz, Bahrdt, Jüres und Kesting über viele Monate hinweg in der Hüttenindustrie in Duisburg-Rheinhausen und verfolgten einen für die damalige Zeit innovativen Ansatz. Sie analysierten detailliert die jeweiligen Arbeitsprozesse, lebten vor Ort und befragten 600 männliche Arbeiter mittels offener und geschlossener Fragen zu ihren Arbeitsbiografien und zu ihrer Meinung über die gerade erst wiederbelebte und institutionalisierte Mitbestimmung in Betrieb und Unternehmen. Sie fragten nach persönlichen Wünschen und gesamtgesellschaftlichen Zukunftsvorstellungen, aber auch nach individuellen Ängsten. Damit adressierten die Forscher die Arbeiter sowohl in ihrer Tätigkeit und ihrer gesellschaftlichen und zeithistorischen Positionierung als auch hinsichtlich der Haltungen und subjektiven Einschätzungen.

Das Erkenntnisinteresse lag angesichts des erst wenige Jahre zurückliegenden Nationalsozialismus auf dem »demokratischen Potenzial der Arbeiterschaft«, wie es einleitend Jochen Dreher zu dem 2018 neuaufgelegten Werk *Das Gesellschaftsbild des Arbeiters* nennt.[1] Dort zeigt sich eine »Topik des Sozialen«, die Popitz u.a. in Form von sechs Gesellschaftsbildern darstel-

---

1 Diese Studie wird hier etwas ausführlicher dargestellt, da wir auf diese in besonderer Weise Bezug nahmen.

len und aus den Gesprächen mit den Arbeitern des untersuchten Betriebs rekonstruieren. Diese sechs Gesellschaftsbilder entsprechen Ordnungsvorstellungen in einer Zeit des institutionellen und sozialen Umbruchs. Sie geben Aufschluss über den einzelnen Menschen in der Gesellschaft sowie seine Bezugnahme auf die Welt, die zugleich seine Sichtweise prägt.

Die Autoren gehen von der Grundannahme aus, dass jeder Mensch zu einem gewissen Grad gezwungen ist, handlungsleitende Vorstellungen zu entwickeln, die nicht unentwegt einer Erfahrungs- und Realitätskontrolle unterzogen werden können. In einer extremen Variante kann es so zu einer »doppelten Realität« kommen: auf der einen Seite die Erfahrungswelt, die sich aus real erlebten Ereignissen speist, und auf der anderen Seite eine »soziale Bildwelt«, die eine selbstständige Eigendynamik entwickeln kann und dabei im Extremfall resistent gegenüber Veränderungen des eigenen Erfahrungshorizonts ist. Wie entwickeln sich vor diesem Hintergrund also in sich konsistente Gesellschaftsbilder? Die Autoren greifen hier auf den Begriff der »Verortung« zurück. Demnach verorten sich Menschen in der Gesellschaft, in dem sie die Objektwelt abhängig von ihren jeweils zugesprochenen Bedeutungen in eine Rangordnung bringen. Neben der Strukturierung wohnt der Verortung also auch ein Moment der Bewertung der Objekte sowie der Distanzierung gegenüber Menschen mit unterschiedlichen Tätigkeitsfeldern und Bedeutungszuschreibungen inne. Da Erfahrungen immer nur partiell sind und nie vollständig die gesamtgesellschaftliche Komplexität abbilden, müssen Vorstellungen entwickelt werden, die »über die eigenen unmittelbaren Erfahrungen hinausgehen«. Aus diesen Vorstellungen bildet sich ein Schema, welches der Interpretation und Bewertung von gesellschaftlichen Erfahrungen dient. Dieses Schema, das von den Autoren als Gesellschaftsbild bezeichnet wird, sei nicht statisch, sondern könne auch Reflexionsprozessen unterworfen sein. Nichtsdestotrotz gehen Popitz u.a. davon aus, dass ein Gesellschaftsbild nur dann »funktionieren« kann, wenn es eine gewisse Stabilität sowie Kohärenz besitzt und ein »Mehr« als die eigenen Erfahrungen enthält. Die soziale Verortung und das Gesellschaftsbild bedingen sich folglich wechselseitig: Zur sozialen Verortung bedarf es eines Gesellschaftsbildes und das Gesellschaftsbild konstituiert sich aus Vorstellungen, denen eine bestimmte soziale Verortung anhaftet.

Folglich haben Popitz u.a. zunächst die eigenen Erfahrungen der Befragten untersucht und im nächsten Schritt deren Sichtweisen auf die Gesellschaft ermittelt. Auf Grundlage der skizzierten Konzepte wurde das Gesellschaftsbild des Arbeiters entlang von sechs Typen rekonstruiert.

Bei einem guten Drittel der insgesamt 600 Befragten fanden sich Vorstellungen von der Gesellschaft als statisches oder progressives Ordnungsgefüge. Beim ersten Typus wird die Gesellschaft als statische Ordnung begriffen: Er ist durch eine individuelle Zufriedenheit gekennzeichnet. Die eigene Situation wird hierbei nicht als bedroht oder gefährdet wahrgenommen, wobei die Aufgaben und Interessen, die mit den jeweiligen sozialen Rollen einhergehen, als »sinnvolle und notwendige gesellschaftliche Funktionen hingenommen« werden (Popitz u.a. 2018, 210, Hervorhebung im Original). Demgegenüber betrachtet der zweite Typus das Ordnungsgefüge als progressiv und ist durch sechs Merkmale gekennzeichnet. Zum einen orientiert sich seine Zufriedenheit an einem Entwicklungsstand und nicht wie bei dem ersten Typus an einer Konstante. Zweitens werden aufgrund des technischen Fortschritts weder katastrophale noch bedingungslos optimistische Prognosen erstellt. Drittens ist der zweite Typus eng an die Gewerkschaft gekoppelt und vertritt dementsprechend die Annahme, dass jegliche Initiative von der Arbeiterbewegung ausgehen muss. Der zweite Typus vertritt viertens die Annahme, dass ein Ausgleich der Arbeitgeber- und Arbeitnehmerinteressen möglich ist. Des Weiteren ist dieser Typus dadurch gekennzeichnet, dass die Funktion des Arbeitgebers anerkannt und als notwendiger Anreiz für die Arbeit selbst betrachtet wird. Letztlich ist das wichtigste Merkmal dieses Typus die Wandlungs- und Entwicklungsfähigkeit des Ordnungsgefüges.

Ebenfalls ein gutes Drittel der Befragten lässt sich dem dritten und vierten Gesellschaftsbildertypus zuordnen. Beide Typen sind dadurch gekennzeichnet, dass die Gesellschaft als unabwendbare Dichotomie von »oben« und »unten« wahrgenommen wird. Während der dritte Typus seine gesellschaftliche Verortung als naturgegebenes kollektives Schicksal wahrnimmt und Arbeitswelt wie Weltpolitik einzig auf Grundlage dieser stereotypen Grundvorstellung interpretiert, ist beim vierten Typus die Oben-unten-Dichotomie Folge individueller Erfahrungen gesellschaftlicher Konflikte und weitgehend erfolgloser sozialer Kämpfe.

Nur ein sehr kleiner Teil der Befragten von nicht einmal fünf Prozent versteht laut dieser Studie die Gesellschaft als Klassengesellschaft im engeren Sinne, wobei auch hier wiederum zwei Typen unterschieden werden.[2] Der fünfte Typus sieht die Möglichkeit einer evolutionären Überwindung der

---

2 Ein gutes Viertel der Befragten wurde in der Auswertung nicht berücksichtigt, weil für die Befragten aus unterschiedlichen Gründen kein Gesellschaftsbild ermittelt werden konnte (vgl. hierzu die Tabelle in Popitz u.a. 2018, S. 253).

Klassengesellschaft durch progressive Reformen. Im Gegensatz dazu geht der sechste Typus, der von Popitz u.a. als »Typus des orthodoxen Marxisten« bezeichnet wird, von der Notwendigkeit der Revolution zur Aufhebung der bestehenden Klassengesellschaft aus.

In den skizzierten sechs Typen von Gesellschaftsbildern lassen sich laut den Autoren zwei Gemeinsamkeiten eines weit verbreiteten, typischen Arbeiterbewusstseins benennen: Zum einen nehmen die Industriearbeiter die Gesellschaft als Dichotomie zwischen den Arbeitern »unten« und den Angestellten »oben« wahr und verorten sich entsprechend. Zum anderen beinhaltet das Arbeiterbewusstsein Elemente eines charakteristischen Leistungsbewusstseins und eines Kollektivbewusstseins. Ein differenziertes Leistungsbewusstsein entlang beispielsweise von Qualifikationsstufen, das, so die Vermutung, eine »Auflösung des Zusammengehörigkeitsgefühls der Arbeiterschaft« zur Folge gehabt haben könnte, zeigt sich der Studie zufolge nicht. Vielmehr entdeckten die Autoren bei allen Befragten Elemente eines arbeiterspezifischen Leistungsbewusstseins, welches den körperlichen, produktiven, primären (d.h. gesellschaftlich grundlegenden) Charakter von Arbeit betont und sich dabei bewusst von der Tätigkeit eines Angestellten distanziert. Aus Sicht der Industriearbeiter fehle bei der Arbeitstätigkeit der Angestellten die unmittelbare Sichtbarkeit und Kontrollierbarkeit, nicht nur aufgrund der häufigen räumlichen Trennung zwischen Produktion und Verwaltung, sondern auch wegen der fehlenden Körperlichkeit der Angestelltenarbeit. Zudem leiste die Arbeiterschaft die wertschaffende Arbeit, auf der der wirtschaftliche Erfolg des Gesamtbetriebes beruht, wohingegen Angestellte lediglich sekundäre, verwaltende und kontrollierende Aufgaben erledigen würden. Das Leistungsbewusstsein ist als Element des Arbeiterbewusstseins also vor allem ein Distanzierungsphänomen, welches durch ein Kollektivbewusstsein ergänzt wird. Denn die Industriearbeiter verstehen sich selbst als ein Teil der Arbeiterschaft. Anstatt den Schwerpunkt auf die individuelle Leistung zu legen, wird zwischen »wir hier unten« und »die dort oben« unterschieden. Weil die soziale Mobilität zwischen den dichotomen Extremen schwierig ist und nur in Einzelfällen gelingt, wird die Arbeiterschaft als sozialer Ort empfunden und dessen Zugehörigkeitsgefühl gestärkt. Angestellte sehen sich, so Popitz u.a., hingegen als Teil einer hierarchisch aufgebauten betrieblichen und gesellschaftlichen Ordnung, in denen ein Oben über ihnen ebenso wie ein Unten unter ihnen existiert, und bilden eine hohe Sensibilität für soziale Statuspositionen und mikropolitische Machtkonstellationen aus.

Laut David Lockwood (1966) ging die Forschung bis dato von zwei Spielarten aus, über die Individuen Vorstellungen gesellschaftlicher Sozialstrukturen bilden: erstens über Fragen der ökonomischen Macht und grundlegender Interessengegensätze, die in gewisser Weise eine Dichotomie voraussetzen (überwiegend vorzufinden in der »Arbeiterklasse«) und zweitens über Fragen des Status und hierarchischer Abstufungen, denen ein relationales Modell zugrunde liegt (überwiegend in der »Mittelschicht« vorkommend). Lockwood fügt dem eine dritte, aus seiner Sicht neu entstehende Denkweise hinzu und identifiziert drei idealtypische »Gesellschaftsbilder von Arbeitern«, die mit unterschiedlichen Formen des sozialen Bewusstseins einhergehen: den Typus des »proletarischen Arbeiters«, dessen Gesellschaftsbild vom Machtmodell geprägt ist; den Typus des »ehrerbietigen Arbeiters«, der über ein hierarchisches Bild von Gesellschaft verfügt; und den Typus des »privatisierten Arbeiters«, der im Gegensatz zu den ersten beiden »traditionellen« Typen weniger durch kollektive Eingebundenheit geprägt ist. Sein soziales Bewusstsein bemisst sich vielmehr am Maßstab des Einkommens sowie an Konsumweisen und beruht auf einem monetären Gesellschaftsbild. Typisch für das Gesellschaftsverständnis dieser von Lockwood auch als »neue Arbeiterklasse« bezeichneten Arbeiterschaft sind (so die in den 1960er-Jahren in England durchgeführten Untersuchungen) die Herauslösung aus festen sozialen Gemeinschaften, eine ausgeprägte Familienorientierung sowie ein instrumentelles, auf einen »cash-nexus« reduziertes Arbeitsverständnis (Goldthorpe u.a. 1967; Goldthorpe u.a. 1970).

Anders als die frühen Gesellschaftsbild-Studien der 1950er- und 1960er-Jahre, die Gesellschaftsbilder in einen engen Zusammenhang zur sozialen Lage stellten, hob Richard Scase in seiner Studie *Conceptions of the Class Structure and Political Ideology* von 1974 den Einfluss von weiteren Faktoren auf das Gesellschaftsbild hervor. Durch den Vergleich der Vorstellungen über Klassenstrukturen und soziale Mobilität von schwedischen und englischen Arbeitern konnte er zeigen, dass wohlfahrtsstaatliche Institutionen, das Bildungssystem sowie nationale politische Programme Einfluss auf die Vorstellungen über und die Interpretation von Gesellschaftsstrukturen der Arbeiter hatten (Scase 1974, S. 171).

Nachdem das Konzept der Gesellschaftsbilder mehrere Jahrzehnte aus der Forschung zu gesellschaftlichem Bewusstsein von Beschäftigten verschwunden war, hat es in jüngerer Zeit wieder an Popularität gewonnen. Michael Behr, Anja Happ, Klaus Dörre und Margit Elsner unterscheiden auf

Basis einer schriftlichen Befragung von 500 Beschäftigten eines ostdeutschen Unternehmens der optischen Industrie vier Gesellschaftsbildtypen (im Sinne von Einstellungstypen zur Gesellschaft): Leistungsindividualisten, liberale Aktivierer, sozialreformorientierte Integrierer und kritische Gesellschaftsdistanzierte (Behr u.a. 2013). Helmut Bremer, Peter Faulstich, Christel Teiwes-Kügler und Jessica Vehse rekonstruierten aus 14 Gruppenwerkstätten mit insgesamt 94 Personen unter dem spezifischen Untersuchungsfokus der Bildungsaspirationen und des Lernhintergrunds sechs Gesellschaftsbilder: Gesellschaft als Meritokratie, als Konkurrenzverhältnis, als Dichotomie, als Statushierarchie, als Maschine und als Solidargemeinschaft (Bremer u.a. 2015).

2.2 Eigener Ansatz

Die vorliegende Gesellschaftsbilder-Studie greift die von Popitz u.a. 1957 bearbeitete Forschungsfrage nach den gesellschaftlichen Stabilitätsbedingungen und Veränderungsperspektiven im Zusammenhang mit sozialen Integrations- und Desintegrationserfahrungen auf und rückt sie in einen neuen zeitlichen und sachlichen Zusammenhang. Im Unterschied zu Popitz u.a. sowie späteren Gesellschaftsbilderstudien richten wir unseren Forschungsfokus auf die betrieblich aktive Gewerkschaftsbasis. Wir gehen davon aus, dass das Engagement von gewerkschaftlich organisierten Betriebsrät:innen und Vertrauensleuten in Betrieb, Gesellschaft und Gewerkschaft, in unserem Fall der IG Metall, zur Stabilisierung und Entwicklung gesellschaftlicher Verhältnisse beiträgt. Zugleich prägen, weitergedacht, die Bilder, die sich die betrieblich aktiven Gewerkschafter:innen von der Gesellschaft machen, wiederum die Richtung, Reichweite und Dauerhaftigkeit ihres Engagements – in einer Gewerkschaft, die sich selbst verändert.

Wir schließen an das von Popitz u.a. entwickelte Konzept der Gesellschaftsbilder in zweierlei Hinsicht an. Zum einen gehen wir ebenfalls davon aus, dass die Gesellschaft nicht vollständig erfahrungszugänglich und durchschaubar ist, so dass jede Person gezwungen ist, sich ein Bild von der Gesellschaft zu machen, die hochdifferenziert, komplex und in Bewegung ist. Zum anderen greifen wir die Überlegung auf, dass das Bild, das jemand sich von der Gesellschaft macht, unmittelbar mit der Position, die sich die Person in der Gesellschaft selbst zuschreibt, verbunden ist.

Wir haben das Konzept an die von uns untersuchte Zielgruppe und unseren Untersuchungsfokus insofern angepasst, als wir die in Betrieben ehrenamtlich Aktiven der IG Metall mit ihrem Verständnis und ihrer Praxis des eigenen Engagements zum zentralen Fluchtpunkt unseres Gesellschaftsbilderansatzes gemacht haben. Ein wesentliches Novum unserer Studie betrifft zudem die Ausleuchtung jener Sphären, in der die Gesellschaftsbilder geprägt werden. Nicht nur das betriebliche und gewerkschaftliche Umfeld wurde, wie sonst in der Arbeitsbewusstseins- und Gewerkschaftsforschung üblich, betrachtet, sondern auch das persönliche Nahumfeld und insbesondere die Sozialisation, die über die betrieblichen Erfahrungen hinaus das eigene Bild und die Vorstellungen von Gesellschaft prägen.

Angesichts dieser Ausrichtung haben wir fünf thematische Dimensionen und vier Ebenen der Betrachtung unterschieden, die uns in der Untersuchung der Gesellschaftsbilder leiteten: die Vorstellungen von Macht, Demokratie, Solidarität, den eigenen Platz in der Gesellschaft und die Zukunft gesellschaftlicher Entwicklung einerseits, die Ebenen Betrieb, Gewerkschaft, sozialer Nahraum und Gesellschaft andererseits (siehe Abbildung 1).

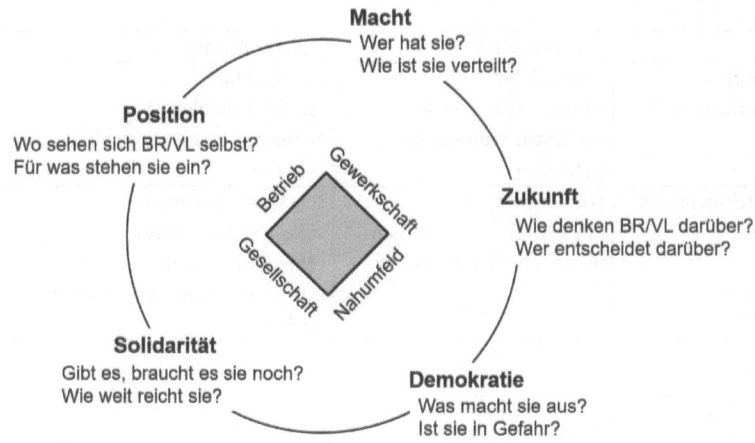

Abbildung 1: Untersuchungsdimensionen und Ebenen des Gesellschaftsbilderkonzepts

Vor diesem Hintergrund verstehen wir Gesellschaftsbilder als Vorstellungswelten davon, wie die Gesellschaft entlang von Sozial- und Machtstrukturen, aber auch entlang von gesellschaftlichen Institutionen strukturiert ist, wie sich das soziale Zusammenleben gestaltet, welchen Platz man selbst in der Gesellschaft einnimmt und wie sich die Gesellschaft entwickelt.

Unser Verständnis von Gesellschaftsbildern ähnelt mit der Betonung ihrer normativen und handlungsorientierenden Funktion den *Social Imaginaries* von Charles Taylor (2004), der mit seinem Konzept historisch situierter normativer Ordnungen (»moral orders«) seinerseits an Edward P. Thompson (1971) anschließt.[3] Gesellschaftsbilder verbinden Erfahrungen mit Praktiken und deren Bewertung sowie Bilder von Zukunft und sind prägend dafür, wie Menschen leben: wie sie sich im privaten Lebensumfeld, in der Öffentlichkeit und in ihrem Arbeitsumfeld orientieren und bewegen; wie, wo und wie stark sie sich engagieren; oder auch wie sie sich positionieren und ihre Interessen definieren. Anders als bei Taylor, dem es um die Bestimmung von grundlegenden Merkmalen westlicher moderner *Social Imaginaries* geht, richtet sich unser Augenmerk dabei auf Unterschiede in den Gesellschaftsbildern der von uns untersuchten IG Metaller:innen, die in Betrieben ehrenamtlich aktiv sind.

Die folgende Tabelle stellt zusammenfassend einige Merkmale des Gesellschaftsbilder-Ansatzes von Popitz u. a. und unseres eigenen Ansatzes vergleichend dar.

	Popitz u. a. 1957	**eigener Ansatz**
Zeitliche Einordnung	1950er-Jahre »junge« Demokratie Mitbestimmung als neue Institution	2020er-Jahre »reife« Demokratie Mitbestimmung als etablierte Institution
Untersuchungsfeld	Hüttenindustrie ein Betrieb – eine Region männliche Arbeiterschaft	IG Metall-Branchen viele Betriebe – verschiedene Regionen Betriebsrät:innen und Vertrauensleute

---

3 »Our social imaginary at any given time is complex. It incorporates a sense of the normal expectations we have of each other, the kind of common understanding that enables us to carry out the collective practices that make up our social life. This incorporates some sense of how we all fit together in carrying out the common practice. Such understanding is both factual and normative; that is, we have a sense of how things usually go, but this is interwoven with an idea of how they ought to go, of what missteps would invalidate the practice« (Taylor 2004, S. 24).

	Popitz u.a. 1957	eigener Ansatz
Erhebungs-methode	qualitative Einzelinterviews (n=600)	Gruppen- und Einzelgespräche (n=190), Intensiverhebung (n=15), Repräsentativbefragung (n=1.017)
Gesellschafts-bilder	umfassende und wiederkehrende Bilder, Figuren und Vorstellungen, mit denen Menschen sich und Gesellschaft, mehr noch: sich in ihrer Gesellschaft wahrnehmen und beschreiben sechs Gesellschaftsbilder, denen sich die Mehrheit der Befragten zuordnen ließ	hinter der Praxis liegende, diese motivierende und lenkende theoretisch-konzeptionelle Verständnisse von Gesellschaft in den Dimensionen Macht, Demokratie, Solidarität, gesellschaftlicher Positionierung und Zukunft vier Gesellschaftsbilder als idealtypische Pole, Bezugnahmen der Befragten auf die Gesellschaftsbilder in unterschiedlicher Weise und Gewichtung
Zeitdiagnostisches Erkenntnisinteresse	Welches Gesellschaftsbild hat die (männliche) Industriearbeiterschaft? Wie ist es um das demokratische Potenzial der jungen Bundesrepublik (besonders in Verbindung mit der Mitbestimmung als neu etabliertes wirtschaftsdemokratisches Element) bestellt? Inwieweit findet sich bei den Arbeitern ein sozialreformerisches oder sozialrevolutionäres Bewusstsein (mit den damit verbundenen Hoffnungen einer Entwicklung hin zu einer sozialeren und gerechteren Gesellschaft)?	Auf Grundlage welcher Erfahrungen mit Gesellschaft und Vorstellungen von Gesellschaft engagieren sich Betriebsrät:innen und Vertrauensleute? Welche Art und welcher Grad gesellschaftlicher Veränderungen (Notwendigkeiten, Möglichkeiten) sind adressiert? Wie ist es angesichts der derzeitigen gesellschaftlichen Krisenprozesse um den wahrgenommenen Wert der Demokratie und die Bereitschaft bestellt, sich dafür zu engagieren und diese zu verteidigen oder gar in Richtung eines Ausbaus wirtschaftsdemokratischer Elemente weiterzuentwickeln? Wie robust sind Betriebsrät:innen und Vertrauensleute gegenüber rechtspopulistischem Gedankengut?

Tabelle 1: Gesellschaftsbilder-Ansatz im Vergleich

II. Vorgehensweise und Methoden

Der Forschungsprozess, auf dem diese Studie beruht, erstreckte sich auf die Jahre 2020 bis 2022. Er bestand aus vier eigenständigen methodischen Bausteinen, die jeweils unterschiedlichen Phasen zugeordnet werden können. Diese Bausteine und zugleich Schritte unseres Vorgehens sind:

- Exploration
- Intensiverhebung
- Repräsentativbefragung
- Dialog und Reflexion

Exploration und Intensiverhebung folgen der Logik qualitativer Sozialforschung und sind durch eine offene und prozessorientierte Herangehensweise geprägt (vgl. Witzel 1985), während bei der repräsentativen telefonischen Befragung geschlossene Fragen zum Einsatz kamen. Schließlich ging es anders als bei den ersten drei Bausteinen in der Phase von Dialog und Reflexion nicht um die Generierung weiterer Daten, sondern um die Erarbeitung von Lesarten des bereits erhobenen Materials der Exploration, der Intensiverhebung und der Repräsentativbefragung sowie um eine interaktive Validierung von Interpretation und Befunden. Der Austausch mit weiteren aktiven Gewerkschafter:innen der IG Metall – obgleich nicht auf diese Phase beschränkt – stand hier im Zentrum. In dieser Phase nahmen wir an zahlreichen gewerkschaftlichen Veranstaltungen teil, stellten interpretative Konzepte und erste Befunde vor und diskutierten intensiv mit Haupt- und Ehrenamtlichen der IG Metall.

Im Verlauf der Untersuchung kam eine Vielzahl von Instrumenten zum Einsatz, die wir im Laufe des Forschungsprozesses jeweils zielgruppen- und forschungsphasenspezifisch entwickelten und in die Erkenntnisse vorangegangener Forschungsphasen eingingen. Diese Instrumente, also

Leitfäden, Fragebögen, Moderationskonzepte, Impulse setzende Materialien etc., dienten der Erhebung und Validierung von Daten. Zugleich war ihre Entwicklung auch immer ein Produkt von Interpretationen und damit Bestandteil des Auswertungsprozesses.

1) Die *Exploration* stand im Zeichen eines breiten Blicks, der es ermöglichte, die Zielgruppe der Betriebsrät:innen und Vertrauensleute kennenzulernen und mit aktuellen Problemlagen in unterschiedlichen Konstellationen vertraut zu werden. Hier wurden vorwiegend Gruppengespräche ausgehend vom betrieblichen und gewerkschaftlichen Umfeld durchgeführt und daraus erste inhaltliche Schneisen geschlagen, die den weiteren Verlauf des Forschungsprozesses mitgestalteten. Im Laufe des Jahres 2020 wurden für die Explorationsphase insgesamt 35 Gruppen- und sieben Einzelgespräche mit 190 betrieblich aktiven IG Metaller:innen geführt.

2) Die *Intensiverhebung* bildete den eigentlichen Kern des Forschungsprozesses. In dieser Phase, die im Herbst 2020 begann und Ende 2021 ihren Abschluss fand, konzentrierten wir uns auf insgesamt 15 Vertrauensleute und Betriebsrät:innen. Dabei wählten wir diese kleine Gruppe sehr sorgfältig aus dem Kreis derer aus, die wir in den Gruppen- und Einzelgesprächen der Explorationsphase kennengelernt hatten. Im Rahmen der Intensiverhebung führten wir mit diesen 15 Personen noch mindestens zwei sehr ausführliche Gespräche in unterschiedlichen Konstellationen vor Ort (im Betrieb, zuhause oder auch im Café), aber aufgrund der pandemiebedingten Kontaktbeschränkungen zum Teil auch per Videokonferenz. Die kleine Fallzahl korrespondiert mit einer offenen Herangehensweise, die als Sammelbegriff für verschiedene Verfahren der qualitativen Forschung steht. Dabei geht es nicht um Repräsentativität in einem statistischen Sinne. Das Ziel der Auswahl war vielmehr eine möglichst große Spannbreite sowie Differenzierung bei der Auswahl der Gesprächspartner:innen. Im Mittelpunkt der Intensiverhebung standen nicht Einschätzungen zu quantitativen Verteilungen, sondern die Rekonstruktion von sinnverstehenden Mustern, die Gesellschaftsbilder als wiederkehrende, zeitlich gebundene Formationen des Sozialen ausmachen (vgl. Mey/Mruck 2014).[1]

Mit den 15 Personen, die sich an der Intensiverhebung beteiligten, wurde ein nachhaltiges Arbeitsbündnis geschlossen. In dieser Phase des

---

1 »Qualitative Forschungsansätze – begrifflich in Opposition und mitunter als Komplement zu quantitativer Forschung gefasst – favorisieren einen sinnverstehenden Zugang zu psychischen, sozialen und kulturellen Wirklichkeiten« (Mey/Mruck 2014, S. 10).

Forschungsprozesses richtete sich unser Forschungsinteresse darauf, uns intensiv mit den biografischen, lebens- und arbeitsweltlichen Aspekten des Engagements und des gesellschaftlichen wie gewerkschaftlichen Bewusstseins einzelner Betriebsrät:innen und Vertrauensleute zu befassen. Hintergrund dieses Vorgehens war die Annahme, dass sich die Gesellschaftsbilder dieser Gruppe nicht allein aus beruflichen und gewerkschaftlichen Konflikterfahrungen, sondern ebenso aus lebensweltlichen und medial vermittelten Erfahrungen speisen. In diesen Kontexten kommen die fünf von uns als zentral bestimmten Dimensionen Macht, Solidarität, Demokratie sowie Zukunft und gesellschaftliche Positionierung in unterschiedlicher Weise zum Tragen und stehen in je eigener Weise in Beziehung zum Engagement in der und ausgehend von der IG Metall.

3) Die *Repräsentativbefragung*, die im Frühjahr 2021 und damit im zweiten Drittel der Gesamtlaufzeit durchgeführt wurde und die an Fragen und Eindrücken aus der Exploration und der ersten Zeit der Intensiverhebung anknüpfte, diente dazu, mit den begrenzten Mitteln einer kurzen telefonischen Befragung einen deskriptiven Überblick über die in Betrieben ehrenamtlich aktiven IG Metaller:innen zu gewinnen und Einblicke in die Verbreitung bestimmter gesellschaftlicher Vorstellungen und Sichtweisen sowie in die Gründe für ihr Engagement zu erhalten. Erhebungsdesign und Fragebogen wurden aufgrund der Projektlaufzeit und der Notwendigkeit, die Erhebung unmittelbar nach der Tarifrunde 2021 durchzuführen, parallel zur laufenden Intensiverhebung und damit vor dem Zeitpunkt ausgearbeitet, an dem die aus dem qualitativen Material entwickelten Gesellschaftsbildertypen vorlagen. Befragt wurden etwas über 1.000 betriebliche Ehrenamtliche der IG Metall, neben Vertrauensleuten und Betriebsrät:innen als den beiden weitaus größten Gruppen auch Mitglieder von Jugend- und Auszubilden-den- sowie Schwerbehindertenvertretungen. Die Auswahl der Zielpersonen für die telefonischen Interviews geschah aus einer Datenbank der IG Metall nach einem strikten Zufallsprinzip. Durchgeführt wurden die telefonischen Interviews durch ein kommerzielles, aber thematisch einschlägig erfahrenes Befragungsinstitut im Zeitraum von Ende April bis Mitte Juni 2021.

4) In der Phase *Dialog und Reflexion* waren wir im Herbst 2021 und Frühjahr 2022 in Bildungszentren und Geschäftsstellen der IG Metall, um vorläufige Befunde und interpretative Konzepte unserer Forschung in gewerkschaftlichen Seminaren, Gremiensitzungen und Veranstaltungen vorzustellen und mit den Beteiligten zu diskutieren. In etwa zwei- bis dreistündigen Einheiten wurden die von uns ermittelten Gesellschafts-

bilder hierdurch einem Praxistest unterzogen, Zitate aus den Interviews entlang der Dimensionen aufgerufen und in Gruppen diskutiert sowie Teile der Repräsentativbefragung interaktiv zur Debatte gestellt. Die in diesem Prozess geführten Diskussionen und erhaltenen Rückmeldungen ermöglichten uns eine Feinjustierung unserer Interpretation und eine Reflexion unserer Begriffe im Hinblick auf wissenschaftliche Genauigkeit einerseits, Verständlichkeit hinsichtlich einer nichtwissenschaftlichen, gewerkschaftlichen Öffentlichkeit andererseits.

Der auf den genannten Bausteinen beruhende Forschungsprozess wurde durch eine zeitliche, eine methodologische und eine konzeptionelle Logik strukturiert.

(1) Der Gesamtprozess folgte einer *zeitlichen Logik* mit vorab feststehenden Start- und Endpunkten der einzelnen Projektphasen. Sachliche und zeitliche Zwänge des gegebenen Projektrahmens mussten dabei ebenso berücksichtigt werden wie Anforderungen der IG Metall (etwa im Hinblick auf die Produktion und Präsentation von Zwischenergebnissen). Um dem engen Zeitrahmen gerecht zu werden, war das Projekt von Beginn an so konzipiert, dass sich einzelne Projektphasen überlappten. Zudem wurde es notwendig, den Ablaufplan an die Covid-19-Pandemie und die damit verbundenen Einschränkungen und Verzögerungen anzupassen.

(2) Die *methodologische Logik* lag in Teilen quer zur zeitlichen Logik und orientierte sich an Öffnungen und Schließungen der Diskussionen rund um die Empirie. Darstellen lässt sie sich mithilfe des Bildes einer Sanduhr: Nach einem offenen Einstieg über die Exploration verdichteten sich Empirie und Analyse mit der Intensiverhebung und wurden mit der telefonischen Repräsentativbefragung und in der Phase von Dialog und Reflexion in die gewerkschaftliche Organisation hinein auf verschiedene Weise wieder erweitert und geöffnet.

(3) *Konzeptionell* strukturierte sich der Forschungsprozess nach Ebenen. Die Ebenen stehen dabei für die unterschiedlichen Sphären, in denen sich das Leben der Betriebsrät:innen und Vertrauensleute abspielt, zu denen sie sich verhalten, die sie aber auch mitgestalten – in ihrem ehrenamtlichen Engagement oder einfach als Menschen in Beziehung zu anderen. Neben den Ebenen »Gewerkschaft« und »Betrieb«, die unmittelbar auf das ehrenamtliche Engagement verweisen, nahmen wir auch die »Gesellschaft« (als abstraktes Gebilde, das sowohl lokale wie generelle Bezüge umfasst) sowie das »Nahumfeld«, als Raum des Privaten und Persönlichen, als weitere Ebenen in den Blick. Die Vorstellungen und Aktivitäten auf diesen vier

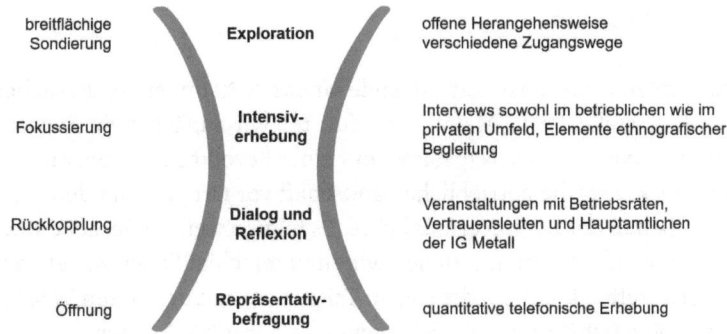

breitflächige Sondierung	Exploration	offene Herangehensweise verschiedene Zugangswege
Fokussierung	Intensiverhebung	Interviews sowohl im betrieblichen wie im privaten Umfeld, Elemente ethnografischer Begleitung
Rückkopplung	Dialog und Reflexion	Veranstaltungen mit Betriebsräten, Vertrauensleuten und Hauptamtlichen der IG Metall
Öffnung	Repräsentativbefragung	quantitative telefonische Erhebung

Abbildung 2: Untersuchungsdesign

Ebenen wurden mit verschiedenen Gesprächsformaten und Beobachtungen erschlossen.

Der Forschungs- und Auswertungsprozess war iterativ-zirkulär angelegt. Das heißt, die verschiedenen Schritte der Erhebung, Auswertung und Rückkopplung waren aufeinander bezogen und inhaltlich nicht voneinander getrennt. Ein iteratives Vorgehen ist vor allem bei qualitativen Forschungsdesigns, wie dem unseren, unerlässlich. Konkret bedeutete dies, dass Eindrücke und Auswertungen aus der Explorationsphase in die Konzeption der Intensiverhebung eingeflossen sind und umgekehrt Erkenntnisse aus der Intensiverhebung zugleich den Blick auf das Datenmaterial aus der Explorationsphase veränderten. Eindrücke und erste Ergebnisse aus beiden Bausteinen, wie beispielsweise Themen oder pointierte Formulierungen aus den Gesprächen, wurden bei der Erstellung des Fragebogens der Repräsentativbefragung berücksichtigt. Dieses Vor und Zurück eines erneuten Durcharbeitens ist dann abgeschlossen, wenn neues Datenmaterial und weitere Auswertungen keine neuen Erkenntnisse mehr zeitigen, sondern die bisherigen nur noch bestätigen und die Untersuchungsergebnisse insofern »gesättigt« sind.

Im Folgenden werden die vier Bausteine des Forschungsprozesses – Exploration, Intensiverhebung, Repräsentativbefragung, Dialog und Reflexion – im Detail dargestellt.

1. Exploration

Die Explorationsphase startete Ende Januar 2020 mit ersten Besuchen einer Geschäftsstelle der IG Metall. Dort führten wir zunächst ein Expert:innengespräch (vgl. Meuser/Nagel 1991) mit einer Bevollmächtigten, die uns einen Überblick über die betriebliche Landschaft vor Ort gab und den Zugang zu Betrieben in der Region ermöglichte. Es folgten weitere Besuche sowie weitere Geschäftsstellen, mit denen wir zu unterschiedlichen Zeiten Vereinbarungen treffen konnten, die sich in Teilen aber mit der ersten Welle der Covid-19-Pandemie und den Lockdowns des Jahres 2020 trafen.

Die Explorationsphase bestand, neben Expert:innengesprächen mit Bevollmächtigten und teilnehmenden Beobachtungen in Sitzungen, vornehmlich aus Gruppengesprächen bzw. -diskussionen, die in einigen wenigen Fällen um Einzelgespräche ergänzt wurden. Der Schwerpunkt lag in dieser Phase insbesondere deshalb auf dem Instrument der Gruppengespräche, weil sie einen breiten Einblick in die Gruppe der Betriebsrät:innen und Vertrauensleute der IG Metall ermöglichten. Die Gespräche zielten darauf, unterschiedliche Positionierungen und Orientierungen kennenzulernen und den Raum für betriebspolitische Debatten zu öffnen, um die Teilnehmenden zu Zuspitzungen ihrer Positionen zu bewegen. Zugleich war es dadurch möglich, gemeinsam geteilte Orientierungen und Emotionalisierungen zu ermitteln.

1.1 Zugang zum empirischen Feld

Der Zugang zu den Betriebsratsmitgliedern und Vertrauensleuten, die in die Exploration einbezogen waren, erfolgte über fünf Geschäftsstellen und drei Bildungszentren der IG Metall, die die Vielfalt der Gewerkschafts-, Betriebs- und Branchenlandschaft abdecken und seitens des IG Metall-Vorstands zu Beginn des Forschungsprojekts vorgeschlagen wurden.

Die Geschäftsstellen befinden sich in unterschiedlichen Bezirken und sind in der Fläche, der Anzahl der von der IG Metall betreuten Betriebe, der Branchenzusammensetzung, aber auch hinsichtlich der gewerkschaftlichen Anbindung der Betriebe und des gewerkschaftlichen Organisationsgrads unterschiedlich aufgestellt. Zwei der fünf Geschäftsstellen sind im Osten Deutschlands gelegen, eine davon ist urbanes Zentrum. Eine westdeutsche Geschäftsstelle, die flächenmäßig groß ist, hat ein vorwiegend ländliches

Einzugsgebiet. Die beiden weiteren Geschäftsstellen sind in Teilen geprägt von Automobil(zuliefer)unternehmen, auch wenn sich die betriebliche Landschaft nicht auf diese reduzieren lässt, da sich dort auch kleine und mittlere Unternehmen sowie spezielle Industriezweige finden und dahingehend in Richtung der Peripherie ausfransen. Für jede Geschäftsstelle wurden weitere verfügbare Informationen, beispielsweise auch zur Demografie oder zur Geschichte der Region, erfasst und im weiteren Forschungsprozess als »Kontextwissen« (vgl. Meuser/Nagel 1991) berücksichtigt. In manchen Fällen wurden die Gespräche und deren Beteiligte direkt von den Geschäftsstellen organisiert und koordiniert, in anderen wurden uns Kontakte aus den Betrieben mitgeteilt.[2]

Während die Geschäftsstellen als relativ stabile Einheiten verstanden werden können, dienten die Bildungszentren in gewisser Weise als Drehkreuze, die es uns ermöglichten, mit Vertrauensleuten und Betriebsrät:innen aus anderen Geschäftsstellen in Kontakt zu kommen; zudem kamen die Beteiligten der Gruppengespräche in den Bildungszentren in der Regel aus unterschiedlichen Betrieben und Regionen und kannten sich zuvor untereinander zumeist nicht oder allenfalls flüchtig. Das Setting im Bildungszentrum bot zudem eine insgesamt gute und entspannte Atmosphäre, in der Diskussionen auch über die begrenzte Zeit hinaus weitergeführt werden konnten.

Wichtig ist an dieser Stelle im Blick zu behalten, dass es in dem Forschungsprojekt nicht um die Erforschung oder gar Bewertung einzelner Geschäftsstellen, ihrer Arbeit oder die Wahrnehmungen von Hauptamtlichen ging (vgl. hierzu Geiling u.a. 2012), sondern um das Engagement der aktiven Gewerkschaftsmitglieder mit einer Funktion im Betriebsrat und/oder im Vertrauenskörper in einem möglichst breiten Spektrum.

---

2 Hierbei ist zu bedenken, dass es durch die Vorauswahl der Geschäftsstellen einen gewissen Kanalisierungseffekt gibt, d.h. dass durch Geschäftsstellen in Teilen gesteuert wurde, wer befragt wird und wer nicht befragt werden kann. Allerdings lässt sich diese Steuerung nicht in eine Richtung denken: Von den Geschäftsstellen wurden zunächst lediglich mögliche Betriebe vorgeschlagen und wir baten die Bevollmächtigten bzw. politischen Sekretär:innen der Geschäftsstellen, möglichst unterschiedliche Branchen und Betriebe zu adressieren. Die betriebsübergreifenden Gruppengespräche fanden in Teilen vor und nach Sitzungen, zum Beispiel des Ortsvorstandes, in der Freizeit statt. Im weiteren Verlauf wurden auch Vereinbarungen unabhängig von der Geschäftsstelle getroffen und in den Bildungszentren gab es zudem die Gelegenheit, über die fünf Standorte hinaus mit Betriebsrät:innen und Vertrauensleuten ins Gespräch zu kommen.

Zu diesem Spektrum zählten beispielsweise nicht nur »alteingesessene« Gewerkschafter:innen, sondern auch gewerkschaftliche »Neulinge«.

1.2 Gruppen- und Einzelgespräche in Geschäftsstellen der IG Metall

In den Gruppengesprächen richtete sich unser Interesse auf die Zusammenhänge von Praxis und theoretischer Reflexion, die sich in der Diskussion unter den Engagierten – »unter seinesgleichen«, mit Erving Goffman (2003) gesprochen – zeigten. Den Gruppen- und Einzelgesprächen lagen unterschiedliche Konstellationen zugrunde, auf die wir nun kurz eingehen werden.

Die Gespräche fanden in Räumlichkeiten des Betriebs bzw. des Betriebsrats oder im Falle betriebsübergreifender Gruppen in den Räumen der IG Metall-Geschäftsstellen statt (zudem aufgrund betrieblicher Covid-19-Vorgaben in einem Fall außerhalb des Betriebs in einem Café).

Unabhängig vom Ort wurde darauf geachtet, eine vertrauensvolle Atmosphäre zu gewährleisten. Hauptamtliche Gewerkschafter:innen und Referent:innen nahmen in der Regel[3] nicht an den Gesprächen teil, unterstützten aber die Organisation der Runden im Vorfeld und ermunterten einzelne Betriebsratsmitglieder und Vertrauensleute in manchen Fällen auch zur Teilnahme. In einigen wenigen Fällen kam es in dieser Phase lediglich zu Einzelgesprächen, die häufig daraus resultierten, dass weitere Betriebsratsmitglieder oder Vertrauensleute nicht von der Arbeit freigestellt werden konnten.

Die durchgängig gestellte Eingangsfrage der Gespräche lautete: »Wo brennt es gerade bei euch im Betrieb?« In den Antworten zeichneten sich Konfliktlinien ab, die sich entlang eines Engagements im Krisenmodus rekonstruieren lassen und eine Momentaufnahme oder ein betriebliches Dauerthema in den Fokus rückten. Aber nicht in allen Betrieben »brannte« es aktuell. So lagen bei einigen der Befragten Auseinandersetzungen in der

---

3 Lediglich in einem Fall war ein Gewerkschaftssekretär bei einem betriebsübergreifend zusammengesetzten Gruppengespräch in der Geschäftsstelle dabei. Als Forschende hatten wir zunächst die Befürchtung, dass sich dies negativ auf die Gruppendynamik auswirken würde. In dieser sehr spezifischen Situation und Konstellation kam dem jungen Gewerkschaftssekretär jedoch eine außerordentlich unterstützende Funktion zu, die positiv zum Diskussionsfluss beitrug, indem er sich im weiteren Verlauf mit einbrachte und auch einen eher stillen Teilnehmer der kleinen Runde zur Gesprächsbeteiligung motivierte.

Vergangenheit, während sich für andere Herausforderungen in der Zukunft stellten und meist sehr vage blieben. Der in den Gruppen- und Einzelgesprächen eingesetzte weitere Leitfaden bestand aus mehreren Blöcken, in denen die zentralen Untersuchungsdimensionen Macht, Demokratie und Solidarität sowie gesellschaftliche Positionierungen und Zukunftsentwürfe aufgerufen wurden. Der Leitfaden wurde im Laufe der Zeit leicht angepasst, sofern eine Frage mehrfach nicht richtig zündete. Für Großgruppen (mehr als zehn Personen) in Bildungszentren kam in manchen Fällen ein modifizierter Ablauf zum Einsatz, der weiter unten skizziert wird.

Die Gespräche wurden mit Einverständnis der Anwesenden mit einem Diktiergerät aufgezeichnet und später transkribiert, das heißt wortwörtlich verschriftlicht. Insgesamt kamen in der Exploration knapp 71 Stunden an Audioaufzeichnungen zusammen. Ferner haben wir, insbesondere zu Beginn der Exploration, ausführliche Protokolle angefertigt, in denen wir subjektive Eindrücke festhielten, vor allem aber das Vorgehen reflektierten und entsprechend, zum Beispiel im Hinblick auf Fragen des Leitfadens, im weiteren Verlauf modifizierten.[4]

In der Explorationsphase wurden in fünf Geschäftsstellen und drei Bildungszentren der IG Metall insgesamt 35 Gruppengespräche und sieben Einzelgespräche durchgeführt.

	betriebliche Gruppengespräche	betriebsübergreifende Gruppengespräche	Einzelgespräche
Geschäftsstellen	23	4	7
Bildungszentren	2	6	-

Tabelle 2: Übersicht Empirie (Exploration)

1.3 Gruppengespräche in IG Metall-Bildungszentren

In den Bildungszentren der IG Metall hatten wir einerseits Gelegenheit, Gruppengespräche in Kleingruppen mit vier bis fünf Beteiligten am Rande oder parallel zu den Seminaren zu führen. In einigen Fällen wurde uns ande-

---

4 Ein Gruppengespräch mit dem Betriebsrat eines Unternehmens der Rüstungsindustrie durfte aufgrund von Sicherheitsauflagen nicht aufgezeichnet werden. Stattdessen liegt hier eine ausführlichere Mitschrift vor.

rerseits in verschiedenen Seminaren ein 90- bis 180-minütiger Zeitraum zur Verfügung gestellt, was aufgrund der Zahl der Seminarteilnehmer:innen an die Organisation und Moderation der Gruppengespräche besondere Anforderungen stellte.[5] Insbesondere ging es auch darum, alle Teilnehmenden zu motivieren, sich aktiv zu beteiligen. Hierzu arbeiteten wir neben der leitfadengestützten moderierten Diskussion mit zwei weiteren methodischen Instrumenten.

Zum einen nutzten wir als auflockerndes Moment und neuen Diskussionsimpuls eine Auswahl an Abbildungen zu unterschiedlichen Schiffstypen mit der Aufforderung an die Teilnehmenden, sich jeweils einem Schiffsbild zuzuordnen, das am ehesten ihrer Wahrnehmung der gesellschaftlichen Verhältnisse entspricht. Die Fotos zeigten zum Beispiel ein Kreuzfahrtschiff, eine Galeere, ein Ruderboot, eine überfüllte Fähre, einen Eisbrecher, einen Schlepper, ein Containerschiff und ein Wrack. Die Schiffsbilder dienten im weiteren Verlauf lediglich als Erzählimpuls. Mögliche Bedeutungen und eigene Deutungen der jeweiligen Schiffe und Boote wurden im Vorfeld im Team diskutiert und ausgelotet, ohne aber interpretative Vorfestlegungen vorzunehmen.

Die Schiffsbilder ermöglichten es, auch in größeren Gruppen mit mehr als zehn Teilnehmenden, einen raschen und fokussierten Gesprächseinstieg zu unterschiedlichen Vorstellungen über die Gegenwartsgesellschaft und ihrer Zukunft zu finden, die in der anschließenden Diskussion mit Fragen des eigenen Engagements und gewerkschaftlichen Handlungserfordernissen verknüpft wurden.

Zum anderen wandten wir die Aufforderung zu spontanen Zurufen als ein weiteres methodisches Instrument an. Hier ging es uns weniger darum, einen Diskussionsimpuls zu setzen, als darum, die assoziativen Verknüpfungen von für unsere Forschung zentralen Begriffen wie IG Metall, Demokratie, Macht oder Solidarität zu ermitteln und alle gleichermaßen zur aktiven Beteiligung zu animieren.

---

5 Die Organisation der Gruppengespräche fand in enger Kooperation und mit großer Unterstützung der Referent:innen und Leiter:innen der Bildungszentren statt.

1.4 Praktische Modifikationen im Zuge der »Corona«-Pandemie

Die Covid-19-Pandemie und damit verbundene Auflagen konfrontierten den Forschungsprozess mit erheblichen Erschwernissen; dies galt für den Ablauf des Projekts sowie für technische und methodische Aspekte. Das Projekt war für die Präsenz in den Geschäftsstellen sowie in den Betrieben und Bildungszentren konzipiert und auf den unmittelbaren Kontakt mit Betriebsrät:innen und Vertrauensleuten angewiesen. Die Covid-19-Pandemie war deshalb mit einer Reihe praktischer Probleme verbunden.

Durch die pandemiebedingten Maßnahmen, insbesondere durch die Lockdowns, änderten sich die Bedingungen unserer empirischen Arbeit schlagartig. Vor dem ersten Lockdown im März 2020 war es möglich, in zwei Geschäftsstellen und einem Bildungszentrum einige Gruppengespräche durchzuführen. Danach waren die Kontaktmöglichkeiten ebenso eingeschränkt wie zunächst auch die Option (und in Teilen die Bereitschaft), die Gruppengespräche über virtuelle Formate fortzuführen. Bereits vereinbarte Termine mussten aufgrund der Reise- und Kontaktbeschränkungen beidseitig abgesagt werden. Als weiterer erschwerender Faktor kam hinzu, dass Betriebsrät:innen häufig selbst betrieblich stark gefordert waren. Vertrauensleute, insbesondere aus der Produktion, waren zudem nur schwer oder gar nicht zu erreichen. Neben den technischen Herausforderungen und damit verbundenen weiteren Aspekten, wie dem Datenschutz in Firmen oder der individuellen technischen Ausstattung, kamen gesundheitliche Sorgen, Einschränkungen und weitere pandemiespezifische Ängste, bezogen auf die wirtschaftliche Lage im Allgemeinen oder die betriebliche Situation im Speziellen, hinzu.

Nachdem sich der Umgang mit Videokonferenz-Tools etabliert hatte, konnte ab Ende April 2020 mit einzelnen Betriebsrät:innen die Erhebung fortgesetzt werden.[6] Es folgten weitere Gespräche in Präsenz, sobald diese ab Juni 2020 wieder möglich waren. Den Auftakt bildeten Gruppengespräche in einem Bildungszentrum sowie in einer Geschäftsstelle, in der auch die Betriebe unter bestimmten Auflagen wieder von Externen betreten

---

6 Dabei kamen abhängig von Gepflogenheiten und Datenschutzbestimmungen in den Unternehmen unterschiedliche Programme zum Einsatz. Nicht in allen Fällen (und nicht mit allen Programmen) funktionierte die Durchführung der Gespräche reibungslos. Zur Aufnahme verwendeten wir auch hier externe Diktiergeräte.

werden durften. Die Möglichkeit, Interviews videobasiert[7] zu führen, kam besonders im zweiten, langen Lockdown, ab November 2020, im ersten Teil der Intensiverhebung vermehrt zum Einsatz. Dabei stellten sich einerseits Routinen im Umgang mit der neuen Situation ein. Andererseits zeigten sich mit der Zeit Gewöhnungs-, aber auch (technikbezogene) Ermüdungseffekte. Ab Juni 2021 konnten auch wieder erste Reisen an Wohn- und Arbeitsorte stattfinden. In diese Zeit fiel dann auch die zweite Phase der Intensiverhebung.

Grundsätzlich verstanden wir die Durchführung von Interviews über Video eher als Ergänzung, die den persönlichen Kontakt nicht ersetzen konnte. Wir nutzten daher jede Gelegenheit, uns vor Ort zu treffen. Ursprüngliche Überlegungen, die Betriebsrät:innen und Vertrauensleute der Intensiverhebung vor Ort in den Geschäftsstellen bzw. an den Wohnorten über einen längeren Zeitraum zu begleiten, konnten nicht verwirklicht werden. Zugleich ließen sich die Betriebsrät:innen und Vertrauensleute stärker als anfangs vermutet auf die Interviewsituation ein und gaben in den online geführten Interviews, die teils biografisch und narrativ ausgerichtet waren, sehr offen, detailliert und umfangreich über sich, ihr Leben sowie ihre Erfahrungen und Zugänge zur Gesellschaft Auskunft.

Eine weitere Beobachtung aus der Zeit: Auch wenn die Betriebsrät:innen und Vertrauensleute in der Corona-Pandemie stark gefordert waren, so blieb doch ihr Engagement konstant. Die Corona-Pandemie als Thema war zum einen während des gesamten Forschungsprozesses präsent. Zum anderen gab es unterschiedliche Intensitäten, mit denen »Corona« als Thema betrieblicher Mitbestimmung verhandelt wurde, auch in Abhängigkeit von der Position des Betriebs sowie den Strukturen vor Ort. Diese Sachverhalte sind mit einigem zeitlichen Abstand noch einmal gesondert zu reflektieren.

---

7 Der Frage, welche Konsequenzen die Ansicht des Eigenbildes bei Interviewten hat (vgl. Böschen 2021), wurde nicht nachgegangen. In einigen Fällen blieb die Kamera der Interviewten aufgrund entsprechender Unternehmensvorgaben ausgeschaltet. Die Diskrepanz von Sichtbarkeit und Unsichtbarkeit müsste an anderer Stelle weiter thematisiert werden und Teil einer ausführlichen, mediensensiblen Methodenreflexion sein, die im Rahmen des Projekts nicht geleistet werden konnte.

1.5 Sozialstruktur des Samples

In die Gruppen- und Einzelgespräche der Explorationsphase waren insgesamt 190 Personen einbezogen. Obwohl es sich dabei nicht um einen Ausschnitt handelt, der Anspruch auf Repräsentativität erheben kann, lohnt sich ein kurzer Blick auf drei zentrale Merkmale dieser Gruppe: ihre Zusammensetzung nach ehrenamtlicher Funktion, Geschlecht und Alter.[8]

In der Explorationsphase wurden neben Gesprächen mit Betriebsrät:innen und Vertrauensleuten auch einige wenige Gruppengespräche mit Schwerbehindertenvertreter:innen (SBV) und Mitgliedern von Jugend- und Auszubildendenvertretungen (JAV) geführt. Diese Herangehensweise ermöglichte zum einen eine Perspektiverweiterung aufgrund zusätzlicher Erfahrungshintergründe, Interessenkonstellationen und Alterskohorten, die nicht bloß ergänzend zu fassen sind. Zum anderen komplettierten sie das Bild ehrenamtlicher Vertretung von Belegschaftsinteressen im Betrieb.[9]

Die folgende Tabelle 3 stellt alle Befragten zugeordnet nach ihren ehrenamtlichen Funktionen dar. In elf Fällen waren Betriebsratsmitglieder zugleich auch offizielle Vertrauensleute. Bei acht Personen war die Funktion nicht eindeutig zu bestimmen oder ruhte zum Zeitpunkt der Befragung.

Funktion	absolut	anteilig
Betriebsrat	75	40 %
Vertrauenskörper	61	32 %
Betriebsrat und Vertrauenskörper	21	11 %
Jugend- und Auszubildendenvertretung	11	6 %
Schwerbehindertenvertretung	14	7 %
Sonstige[10] und k. A.	8	4 %
Insgesamt	*190*	*100 %*

Tabelle 3: Funktion der Befragten (Exploration)

---

8 Die in vielerlei Hinsicht schwierige Kategorie »Migrationshintergrund« (vgl. Fachkommission Integrationsfähigkeit 2020) konnte nicht systematisch ermittelt und dokumentiert werden. Teilnehmende, bei denen ein familiärer Migrationshintergrund vermutet wird, fanden sich vorwiegend in westdeutschen urbanen Zentren, seltener in Ostdeutschland oder in ländlichen Gebieten.
9 So wurde gezielt ein Gruppengespräch im Rahmen eines SBV-Seminars geführt. JAV-Mitglieder (auch als Vertreter:innen der jungen Generation) wurden durch Gruppengespräche im Rahmen von Ortsjugendausschusssitzungen und Jugendseminaren einbezogen.
10 Zum Beispiel Beschäftigte ohne Funktion, ehemalige Betriebsrät:innen und Vertrauensleute.

Was die Geschlechterverteilung betrifft, so liegt diese mit etwas mehr als drei Vierteln an Männern und nicht ganz einem Viertel an Frauen etwas unter dem Frauenanteil von IG Metall-Mitgliedern insgesamt (vgl. Hassel/Schröder 2018). Zugleich entspricht sie einem höheren Wert als bei den betrieblich Aktiven, der in der Repräsentativbefragung etwa 82 Prozent an Männern und 18 Prozent an Frauen betrug.

Geschlecht	absolut	anteilig
Frauen	43	23 %
Männer	147	77 %
Insgesamt	*190*	*100 %*

Tabelle 4: Geschlechterverteilung (Exploration)

Die deutliche Mehrheit der Aktiven, denen wir in der Exploration in Gruppen- und Einzelgesprächen begegnet sind, ist Mitte 40 oder älter. Das durchschnittliche Alter der Befragten der telefonisch durchgeführten Repräsentativerhebung betrug 48,2 Jahre.[11]

Alter	absolut	anteilig
unter 25 Jahre	12	6 %
25 bis unter 35 Jahre	35	18 %
35 bis unter 45 Jahre	33	17 %
45 bis unter 55 Jahre	66	35 %
über 55 Jahre	43	23 %
k. A.	1	<1 %
Insgesamt	*190*	*100 %*

Tabelle 5: Altersverteilung (Exploration)

1.6 Auswertung: Identifikation von Haltungen

Das Ziel der Explorationsphase lautete, auf der Grundlage einer breit angelegten Empirie das Feld der Betriebsrät:innen und Vertrauensleute zu strukturieren. Diese Strukturierung bildete wiederum die wesentliche Basis der

---

11 Dies entspricht, wie Studien zeigen, der Demografie der IG Metall insgesamt (vgl. Demir u.a. 2021).

Fallauswahl. Die Daten der Exploration standen als solche nicht im Zentrum der Gesamtauswertung, sondern dienten vor allem der Vorbereitung der Intensiverhebung. Dabei ging es zum einen darum, die inhaltliche Spannweite abzustecken und die unterschiedlichen Konstellationen, die im Material enthalten waren, auszuloten und festzuhalten. Zum anderen galt es, die Gruppe der IG Metall-Ehrenamtlichen entlang ihrer *Haltungen* im Sinne eines inhaltlichen Kriteriums für die Fallauswahl grob zu kategorisieren.[12]

Die Gruppen- und Einzelgespräche der Exploration wurden (wie auch später die Interviews der Intensiverhebung) wortwörtlich transkribiert und entlang der Untersuchungsfragen, -dimensionen und -ebenen ausgewertet. Zentrale Interviewpassagen, aber auch ganze Transkripte wurden im Team gemeinsam diskutiert und analysiert. Parallel hierzu wurde das Interviewmaterial arbeitsteilig codiert. Eindrücke und Interpretationen wurden in Memos (vgl. Charmaz 2006) festgehalten.[13] Ausgehend von einem betrieblichen bzw. im Fall der Bildungszentren gewerkschaftlichen Setting rückten in den Gesprächen vor allem betriebs-, aber ebenso gewerkschafts- und gesellschaftspolitische Orientierungen in den Vordergrund. In den Auswertungen der Gespräche der Explorationsphase kristallisierten sich vier Haltungen heraus, die gesellschaftliche Orientierungen und Schwerpunkte des betrieblichen Engagements von Betriebsrät:innen und Vertrauensleuten sichtbar werden ließen:

Sozialpartner:innen handeln aus der Gewissheit, dass unterschiedliche Interessen im Betrieb wie auch in der Gesellschaft über institutionalisierte Aushandlungsprozesse in einen Kompromiss überführt werden können, in dem die Interessen der beteiligten Parteien Berücksichtigung finden. Die bestehende gesellschaftliche Ordnung wird prinzipiell anerkannt, akzeptiert und geschätzt; dies gilt für die wirtschaftlichen Zwänge, die es bei der Interessenwahrnehmung und -aushandlung zu berücksichtigen gilt, ebenso wie für das staatliche Institutionengefüge und für den sozialen Zusammenhalt der Gesellschaft, die durch rechtspopulistische Strömungen

---

12 Auch wenn aus diesen und zeitlichen Gründen keine systematische Auswertung des Gesprächs-materials der Exploration vorgenommen wurde, erwiesen sich diese Gespräche als außerordent-lich reichhaltig und gingen neben dem empirischen Material der Intensiverhebung in die über-greifenden Auswertungen (insbesondere des Kapitels IV: Der Blick der Ehrenamtlichen auf die Gesellschaft) ein.

13 Methodisch gesehen kamen in dieser Phase Elemente der »Grounded Theory«-Methode (vgl. Gla-ser/Strauss 1998) zum Einsatz. Technisch erfolgte die Auswertung mithilfe von MAXQDA.

und Prozesse der Individualisierung (»Rückzug ins Private«) als bedroht wahrgenommen werden und zu verteidigen sind.

Arbeits-Kämpfer:innen beziehen ihr Selbstbewusstsein aus den gewerkschaftlich aktiv erkämpften sozialen Errungenschaften in Betrieb und Gesellschaft und sehen zugleich die Notwendigkeit, diese Errungenschaften durch eigenes Interessenhandeln ständig zu verteidigen und weiter auszubauen. Sie greifen die Ideen und Konzepte gewerkschaftlicher Interessenpolitik und Erschließungsarbeit (Betriebsratsgründung, Organisierung, Tarifbindung) bereitwillig auf und setzen sie im eigenen Betrieb um. Erfolge bestärken sie dabei, in diese Richtung weiterzugehen, und binden sie zugleich stärker an die Gewerkschaft.

Für *Postmaterielle* stehen weniger Entgelterhöhungen als vielmehr Arbeitszeitverkürzungen, Gesundheitsschutz und die Vereinbarkeit von Arbeit und Familie im Vordergrund. Ihre Utopie ist die Befreiung »aus dem Trott« fremdbestimmter Arbeit. Nicht so sehr Interessen denn Werte, der Kampf gegen soziale Ungerechtigkeiten, treiben ihr betriebliches Vertretungshandeln. Soziale Gerechtigkeit als Richtschnur des Handelns erstreckt sich aber für sie nicht allein auf Betrieb und Gesellschaft, sondern auch auf die eigene Lebenswelt. Dies beinhaltet den Anspruch gleichberechtigter innerfamiliärer Rollenzuschreibungen und Arbeitsteilungsmuster, was wiederum dem betrieblichen und gewerkschaftlichen Engagement Grenzen setzt.

Nicht-Wertgeschätzte sehen ihren Betrieb und die Gesellschaft gleichermaßen im Umbruch. Ihre Ordnungsvorstellung eines fürsorglichen Unternehmens mit verbindender sozialer Nähe (»wie eine Familie«) ist zerbrochen. Der Glaube an das Gute ist erschüttert. Sie erleben sich als Spielball anonymer Konzernentscheidungen, die für sie weder aus menschlicher noch aus ökonomisch rationaler Sicht nachvollziehbar sind. Die Beschäftigten werden zur Ware, zu Nummern, zu lebenden Kosten. Die Erosion betrieblicher Sicherheit geht mit der Erosion gesellschaftlicher Sicherheit und Abstiegsängsten einher.

Die Identifizierung von Haltungen in der Exploration diente als Zwischenschritt. Die Haltungen sind Zuspitzungen und Vereinfachungen. Sie sind zudem unvollständig, da sie vor allem im Betrieb erfasst wurden und sehr situativ angelegt waren. Sie dienten neben den in Tabelle 6 dargestellten sozialstrukturellen Merkmalen als inhaltliches Kriterium der Fallauswahl der Intensiverhebung.[14] Sie wurden von uns als solche nicht weiterverfolgt; vielmehr konzentrierten wir uns im Fortgang auf die Bestimmung und Ausarbeitung der Gesellschaftsbilder.

Haltungen und Gesellschaftsbilder

Die Haltungen verorten sich im Gefüge der Gesellschaftsbilder (vgl. Kapitel III) eher zwischen als unmittelbar bei den vier Idealtypen: *Sozialpartner:innen* und *Arbeits-Kämpfer:innen* gehen beide von der prinzipiellen Gestaltbarkeit gesellschaftlicher Verhältnisse aus und glauben an Teilhabe und Mitbestimmung (equilibrisch). Die *Sozialpartner:innen* verorten sich dabei eher auf der Achse zum subsidiären, die *Arbeits-Kämpfer:innen* zum dichotomen Gesellschaftsbild. Ist für die sozialpartnerschaftlich Orientierten die politische Arbeit Ausdruck verantwortlich gelebter Demokratie, so ist sie für die *Arbeits-Kämpfer:innen* Mittel zur machtvollen Durchsetzung legitimer sozialer Interessen. Für *Postmaterialist:innen* tritt die Sozial- zugunsten der Kulturkritik zurück. Dabei geht es auch um Aspekte von Selbstverwirklichung. Sie verorten sich auf der Achse vom equilibrischen hin zum fragmentalen Gesellschaftsbild. Die *Nicht-Wertgeschätzten* schließlich sehen sich in der Dichotomie unten oder außen und erleben die zunehmende gesellschaftliche Individualisierung als Schutz- und Wehrlosigkeit gegen die kompetitiven Zwänge des Marktes – eine im Sinne des Wortes typische Aussage ist hier: »wir sind nur noch Zahlen«. Sie verorten sich entsprechend zwischen dichotomem und fragmentalem Gesellschaftsbild.

2. Intensiverhebung

Die Intensiverhebung, in die 15 Vertrauensleute und Betriebsrät:innen einbezogen waren, bildete den eigentlichen Kern des Forschungsprozesses. Sie zielte darauf, das implizite Wissen von IG Metall-Ehrenamtlichen über die Gesellschaft freizulegen. Generell ging es darum, mehr darüber zu erfahren, wie sich diese in gesellschaftliche Zusammenhänge einbringen, wie sie über die Gesellschaft und deren Entwicklung nachdenken und wie sie das eigene Engagement (dazu gehörige Praktiken, dessen Reichweite und Richtung) deuten und bewerten.

---

14 Wichtig war uns dabei, neben den klassischen Haltungen von ehrenamtlichen IG Metaller:innen im Betrieb, also Sozialparter:innen und Arbeits-Kämpfer:innen, auch Postmaterielle und Nicht-Wertgeschätzte ins Sample der Intensiverhebung aufzunehmen, was sich besonders im Hinblick auf Letztere als nicht ganz einfach erwies.

Engagement – eine Schlüsselkategorie

Engagement kristallisierte sich im Laufe des Forschungs- und Auswertungsprozesses als eine Schlüsselkategorie heraus, die sich in den fünf Untersuchungsdimensionen (Solidarität, Macht, Demokratie, Position und Zukunft) und vier Lebensbereichen (Nahumfeld, Betrieb, Gewerkschaft, Gesellschaft) des Gesellschaftsbilderkonzepts (vgl. Abb. 1) gleichermaßen als ein wesentliches vorstellungs- und handlungsprägendes Moment findet.

Engagement geht immer mit dem Ziel einher, eine soziale Besserstellung, sei es von Einzelnen, einer Gruppe oder gesamtgesellschaftlich, aktiv zu erreichen. Es handelt sich um ein aktives Eintreten und einen permanenten Herstellungsprozess, der auf die sozialen Verhältnisse zielt. Reichweite, Dauerhaftigkeit, Fokus und Richtung des Engagements können jedoch sehr unterschiedlich sein. Engagement hat eine zeitliche und eine räumliche Komponente. Engagiert-Sein sowie daran gekoppelte (initiale wie weiterführende) Motive und Handlungen sind prinzipiell veränderlich und verändern sich auch innerhalb der Lebensspanne.

Engagement steht oft im Gegensatz zu Vorstellungen als stabil wahrgenommener und akzeptierter Strukturen und ist von einem Nicht-Gestalten oder Formen des (sozialen) Rückzugs abzugrenzen. Dennoch lässt sich das Engagement nicht einfach kumulieren oder quantifizieren bzw. nicht allein an Ämtern bemessen. So ist uns im Laufe unserer Studie immer auch ein bestimmtes Bild begegnet, das die Aktiven von sich selbst zeichneten: nämlich, dass betriebliches, gewerkschaftliches und gesellschaftliches Engagement über das zu leistende Maß hinaus erforderlich wäre (und oftmals gewerkschaftsseitig gefordert wird).

Das *Engagement* von Betriebsrät:innen und Vertrauensleuten ist in unterschiedlicher Weise institutionell gerahmt (Betriebsverfassungsgesetz, Vertrauensleute-Leitlinien der IG Metall etc.) und verändert sich im Rahmen des institutionellen Settings (Amtsübernahmen, Freistellungen oder Ähnliches) wie auch lebensphasenspezifisch (z. B. familiäre Sorgearbeitsverpflichtungen).

Im Zentrum der Intensiverhebung standen je zwei ausführliche Einzelinterviews mit allen 15 ausgewählten Betriebsrät:innen und Vertrauensleuten. Die beiden Interviews wurden in einem zeitlichen Abstand von mehreren Monaten geführt.

Das biografisch-narrative Interview diente der Ermittlung grundlegender Stationen und Erfahrungen der Lebensgeschichte (Biografie, Lebensumfeld) sowie der Bezüge zu und der Vorstellungen von Gesellschaft, die mit der Erzählung der Lebensgeschichte verwoben sind und mehr oder weniger benannt und erläutert werden (beispielsweise in Bildern von »Peripherie« und »Mitte«). Die zentralen Fragen waren hier: Wie stellen Menschen ihre Lebensgeschichte in größere, gesellschaftliche Zusammenhänge? Welche Handlungsmöglichkeiten sehen sie? Wie kommen sie zum Engagement (bzw. wie kommt das Engagement zu ihnen)? Wie verorten sie sich in ihrem Lebensumfeld und Lebensalltag?

Das fokussierte bzw. themenzentrierte Interview, das die Intensiverhebung abschloss, zielte darauf, die eigene Praxis im Hinblick auf die Gesellschaft zu reflektieren. Wir knüpften hierzu an den bereits artikulierten Erfahrungen und Einstellungen an, brachten zugleich unsere – noch vorläufigen – Interpretationen ein und regten mit abstrakteren Fragen zu Macht, Demokratie, Solidarität, Positionierung und Zukunft zum Nachdenken über die Gesellschaft an, stets bezogen auf die eigene Lebensführung, die eigenen Problemlagen und das eigene Engagement.

Bevor es konkreter um die Instrumente und ihre Anwendung in der Intensiverhebung geht, lenken wir unseren Blick zunächst dezidiert auf die ausgewählten Personen und den Auswahlprozess.

2.1 Sampling

Die Auswahl der Personen für die Intensiverhebung, das sogenannte Sampling, richtete sich nach strukturellen und inhaltlichen Kriterien. Das zentrale inhaltliche Kriterium bildeten die bei der Auswertung der Gespräche der Explorationsphase identifizierten Haltungen (vgl. hierzu im Einzelnen Kapitel II.1.6). Die strukturellen Kriterien für die Auswahl der Personen waren: Funktion (Betriebsrät:in/Vertrauensperson) und Funktionsdauer, Alter, Geschlecht, Wohnort (Ost/West, Stadt/Land), Qualifikation und berufliche Tätigkeit sowie die Branchenzugehörigkeit und Größe der Betriebe (vgl. Tabelle 6 und Kapitel II.2.3). Wichtig war es uns, in den 15 Personen der Intensiverhebung die Heterogenität der Gruppe der betrieblich Ehrenamtlichen der IG Metall entlang dieser Kriterien näherungsweise zu erfassen.

In einem ersten Schritt wurden von einer Auswahl an Beteiligten der Explorationsphase *Steckbriefe* erstellt, die neben der Funktion, der Tätigkeit, der Branche, der Geschäftsstelle, dem Alter bzw. der Lebensphase und dem Geschlecht auch erste Einschätzungen zu ihren *Haltungen* enthielten. Es sollte vermieden werden, nur einen Haltungstyp, beispielsweise »die Sozialpartner:in«, abzubilden. Wir schlossen Personen aus, bei denen wir davon ausgingen, dass sie anderen stark in ihrer Konstellation und Haltung ähnelten. Bei anderen antizipierten wir, dass sie sich akut in einer sehr herausfordernden persönlichen oder betrieblichen Situation befanden, die eine Teilnahme am Forschungsprojekt erschwerte.

In einem zweiten Schritt fragten wir bei den etwa 30 Personen, die wir entlang unserer Auswahlkriterien für die Intensiverhebung ins Auge gefasst hatten, die Möglichkeit und Bereitschaft, sich an der Intensiverhebung zu beteiligen, individuell ab. Der Prozess der Gestaltung und Festlegung des Samples war nicht zuletzt deshalb langwierig und zeitintensiv, weil hier so nicht erwartete Schwierigkeiten aufgetreten sind. In einigen Fällen hatten sich die Lebenssituation und die betrieblichen Umstände zwischenzeitlich teils drastisch verändert. Beispielsweise war eine Niederlassung eines großen Unternehmens in dieser Zeit komplett aufgelöst und die Belegschaft, so auch die Betriebsratsmitglieder, mit denen wir zuvor noch ein Gruppengespräch geführt hatten, entlassen worden. In anderen Fällen zögerten die Betriebsrät:innen und Vertrauensleute angesichts des zeitlichen Pensums, beispielsweise im Fall einer Betriebsrätin, die durch familiäre Pflegeverpflichtungen keine Möglichkeit sah, sich mit uns (virtuell oder in Präsenz) zu treffen. Eine weitere Betriebsrätin war seit dem ersten Lockdown krankgeschrieben, andere gingen in Altersteilzeit oder verließen den Betrieb aus anderen Gründen. In weiteren Fällen mussten Termine kurzfristig abgesagt werden. In einem Fall kam es zu einem längeren Telefoninterview mit einem Vertrauensmann, der in einem großen Automobilzulieferunternehmen arbeitet und der Gruppe der »Nicht-Wertgeschätzten« zugerechnet werden kann. Das Interview erwies sich als außerordentlich interessant und ergiebig, es konnten jedoch keine weiteren Verabredungen getroffen werden, da der Vertrauensmann einer intensiveren Forschungsbeteiligung gegenüber nicht aufgeschlossen war.

Mit denjenigen, die wir letztlich für die Beteiligung an der Intensiverhebung gewinnen konnten und die sich insgesamt unserer Forschung gegenüber sehr aufgeschlossen zeigten, wurde ein »praktisches Arbeitsbündnis« etabliert, das zugleich auf Offenheit, Vertrauen und vor allem auch auf Freiwilligkeit beruhte (vgl. Witzel 1985). Dieses vertrauensvolle Verhältnis war der Grundstein für die Beteiligten, mit uns weiter im Gespräch zu bleiben, sich – zum Teil auch über Hindernisse und mangelnde Zeitressourcen hinweg – die Zeit für die Forschungsbeteiligung zu nehmen und uns sehr offen Einblicke in ihren Lebensweg, ihre Erfahrungen, Lebensvorstellungen und Lebensführung, ihr praktisches Tun und ihre Sicht auf die Gesellschaft zu geben.

Die nachfolgende Tabelle enthält eine Übersicht der 15 in die Intensiverhebung einbezogenen Personen.

Pseudonym	Alter	Kinder	Region	(vormaliger) Arbeitsbereich	Betriebsgröße	Funktion[15]
Alexander	ca. 30	2	Ost	techn. Büro	unter 500	VM
Bettina	ca. 60	2	Ost	Produktion	500 bis 2.000	BRV
Carolin	ca. 40	2	Ost	kaufm. Büro	über 2.000	VF
Chloe	ca. 50	2	West	techn. Büro	über 2.000	VF
Christian	ca. 40	2	Ost	techn. Büro	unter 500	VM/BR
Dennis	ca. 30	2	West	Produktion	500 bis 2.000	BR
Erik	ca. 30	1	Ost	Produktion	über 2.000	VM
Ingrid	ca. 60	2	West	kaufm. Büro	500 bis 2.000	BR
Jens	ca. 50	1	Ost	techn. Büro	über 2.000	BRV
Kim	ca. 25	0	West	Produktion	über 2.000	VF
Leon	ca. 30	0	West	Produktion	500 bis 2.000	BR
Reinhold	ca. 60	3	West	kaufm. Büro	unter 500	BRV
Richard	ca. 50	2	West	techn. Büro	500 bis 2.000	BRV
Ralf	ca. 50	2	West	techn. Büro	über 2.000	VM
Tom	ca. 35	2	West	techn. Büro	unter 500	BRV

Tabelle 6: Personen, die an der Intensiverhebung teilnahmen

2.2 Samplebeschreibung

Das Sample der 15 Personen der Intensiverhebung weist folgende Merkmale auf. Die Beschreibung zeigt das hohe Maß an Heterogenität, das im Sample abgebildet wird.

---

15 BR = Betriebsratsmitglied; BRV = Betriebsratsvorsitzende:r, VF/VM = Vertrauensfrau/-mann.

Lebensphase, Alter und Geschlecht

Das Sample besteht aus zehn Männern und fünf Frauen, davon eine Betriebsratsvorsitzende.[16] Damit sind in unserer kleinen Auswahl Frauen etwas überrepräsentiert (im Vergleich zu 18 Prozent Frauenanteil der Repräsentativbefragung, vgl. Tabelle 11). Etwa die Hälfte der Befragten wohnt mit einem oder mehreren Kindern im gleichen Haushalt. Drei davon, lediglich Männer, haben Kinder unter 14 Jahren. Frauen mit jungen Kindern finden sich in unserem Sample nicht, ebenso keine Alleinerziehenden. Bis auf zwei Personen sind alle in einer festen Partnerschaft und leben mit dem oder der berufstätigen Partnerin in einem Haushalt. Fünf Personen sind unter 40 Jahre alt. Drei Personen befinden sich wenige Jahre vor der Rente bzw. sind über 60 Jahre alt. Wir gehen davon aus, dass die Lebensphase eine gewichtige Bedeutung für das Engagement hat, besonders in der Konstellation mit Betreuungsaufgaben, zu denen auch die Pflege von Angehörigen zu einem späteren Zeitpunkt im Leben zählen kann.

Wohnort und räumliche Mobilität

Sieben Betriebsratsmitglieder und Vertrauensleute wohnen direkt in oder in Vororten der Stadt, in der sie auch arbeiten. Bei sechs davon handelt es sich um Großstädte. Die restlichen acht, und damit die knappe Mehrheit, wohnen, meist in einem Eigenheim, entweder auf dem Land oder pendeln aus anderen, nahegelegenen Ortschaften zur Arbeitsstelle. Bis auf drei Ausnahmen leben die Personen weiterhin am oder in der Nähe ihres Geburtsortes bzw. des Ortes, an dem sie vorwiegend aufgewachsen sind. Eine Person ist aufgrund des Studiums in eine andere Stadt gezogen, eine andere aus Familiengründen in ein anderes Land, beide kehrten jedoch später in ihre Heimatstädte zurück. Fast alle Personen sind überwiegend in Deutschland aufgewachsen, und bis auf eine Person sind alle in Deutschland geboren. Zwei Personen haben eigene grenzüberschreitende Migrationserfahrungen in sehr jungen Lebensjahren. Eine weitere Person verfügt durch einen Elternteil über die doppelte Staatsbürgerschaft. Es finden sich keine Personen der sogenannten zweiten Generation von Zuwander:innen, bei denen beide

---

16 Die Betriebsratsspitze stellt immer noch eine Männerdomäne dar (vgl. Demir u.a. 2021). Der Anteil der IG Metall-Betriebe, bei denen Frauen dem Betriebsrat vorsitzen, liegt bei 14,8 Prozent (vgl. Demir u.a. 2018).

Elternteile in einem anderen Staat geboren wurden und zu einem früheren Zeitpunkt, beispielsweise in der Anwerbephase 1955 bis 1973, nach Deutschland zugewandert sind.[17] Betrieblich aktive Gewerkschafter:innen, bei denen ein familiärer Migrationshintergrund thematisiert wurde, begegneten uns in der Exploration überwiegend im städtischen Raum und im Westen Deutschlands.

Qualifikation

Personen ohne Ausbildung finden sich in unserer Auswahl nicht. Die meisten haben eine Berufsausbildung im technischen oder kaufmännischen Bereich, drei eine Weiterbildung zum Meister und/oder Techniker. Drei Personen im Sample wiederum verfügen über einen Hochschulabschluss. Nicht in jedem Fall entspricht die Tätigkeit der inhaltlichen Qualifikation. Einige haben ganz verschiedene Positionen im selben oder in verschiedenen Unternehmen durchlaufen und sich intern weiterqualifiziert. Eine Person arbeitet oberhalb ihrer Ausbildung zum Zerspanungsmechaniker als fertigungsnaher Programmierer. Ein anderer ist nach einem fachfremden Hochschulstudium über Weiterbildungen zu seiner jetzigen Tätigkeit in der Softwareentwicklung gelangt. Sechs der 15 Personen des Samples sind freigestellte Betriebsratsmitglieder.

Branche, Tarif und Mitgliedschaftsdauer

Drei der 15 Personen arbeiten bei Automobilkonzernen in der Fertigung. In diesen Fällen deckt sich die Betriebszugehörigkeit mit der Mitgliedschaftsdauer, wobei eine Person bereits zuvor IG Metall-Mitglied im Rahmen einer anderen Beschäftigung geworden ist. Die meisten Personen aus diesem kleinen Sample arbeiten in der Metall- und Elektroindustrie in Betrieben mit zwischen 200 und mehr als 10.000 Beschäftigten, mit und ohne Konzernabhängigkeit, meist mit Tarifbindung.[18] Mindestens drei Personen sind erst mit der Wahl in den Vertrauenskörper oder Betriebsrat IG Metall-Mitglied

---

17 Zur Frage der Spezifika migrantischen Engagements siehe Serhat Karakayalı und Celia Bouali (2021).
18 Insgesamt bildet unsere Auswahl der Intensivfälle nicht das gesamte Branchenspektrum der IG Metall ab. So waren die Bereiche Textil, Holz und Kunststoff sowie Handwerk in der Intensiverhebung nicht vertreten, aber zumindest in der Explorationsphase einbezogen.

geworden, zwei arbeiteten zuvor in Betrieben, in denen es keine gewerkschaftliche Anbindung gab. In einem Fall gibt es einen Haustarifvertrag, in einem anderen keine tarifliche Bindung.

Betrieblicher und gewerkschaftlicher Hintergrund

Zehn der 15 Personen haben in dem Betrieb, in dem sie im Erhebungszeitraum arbeiteten, auch ihre Ausbildung gemacht. Vier waren in der Jugend- und Auszubildendenvertretung aktiv. Fünf Personen sind über Umwege zu ihrer aktuellen Beschäftigung gelangt, beispielsweise über Leiharbeit. Lediglich eine Person hat eine übergenerationelle Betriebserfahrung, sprich Vater und Großvater waren schon in dem Unternehmen beschäftigt. Zwei Personen haben eine betriebliche Wendeerfahrung[19]; der jeweilige Betrieb blieb, auch wenn in anderer Form, nach dem Ende der DDR bestehen, und sie blieben weiter dort beschäftigt. Kaum eine Person aus dem engeren Sample der in Westdeutschland Geborenen berichtete, dass die Elterngeneration Bezugspunkte explizit zur IG Metall hatte, wenngleich einige Eltern den DGB-Gewerkschaften insgesamt nahestanden. In einem Fall war der Vater bereits Vertrauensmann, und in einem weiteren ist der Ehemann Betriebsrat (beide ver.di).

Freistellung

Alle Betriebsratsvorsitzenden unseres Samples waren zum Zeitpunkt der zweiten Befragung freigestellt oder, auf eigenen Wunsch hin, zunächst teilfreigestellt. Dies war den Befragten wichtig, um nicht den Anschluss an das Berufsleben zu verlieren. Nicht freigestellte Betriebsratsvorsitzende begegneten uns besonders in kleineren Subunternehmen, jedoch konnte hier auch aufgrund der zeitlichen und psychischen Belastung kein dauerhaftes Arbeitsbündnis geschlossen werden. In einem Fall rückte ein Betriebsratsmitglied als Betriebsratsvorsitzender aufgrund des altersbedingten Ausscheidens seiner Kollegin nach. Eine weitere Person ist bereits seit über zwölf Jahren Betriebsratsvorsitzender und seit vier Amtsperioden im Betriebsrat, während einige andere sich in ihrer ersten Amtsperiode befinden. Die Vertrauensleute, die selbstredend in der Regel keine rechtlich-institutionalisierte Freistellung haben, arbeiten meist in großen und

---

19 Zu der Position von Betriebsräten im Osten und Westen Deutschlands siehe Geiling u.a. (2012).

konzernabhängigen Betrieben. In mindestens vier Betrieben gibt es keine feste bzw. eindeutige Vertrauensleute-Struktur, die sich personell vom Betriebsratsgremium unterscheidet. Nicht alle in die Intensiverhebung einbezogenen Vertrauensleute haben Ambitionen, sich für den Betriebsrat aufstellen zu lassen.

Diese Kriterien bzw. sozialstrukturellen Kategorien stehen nie für sich allein und wurden im weiteren Verlauf der Erhebung und Auswertung immer als Faktoren innerhalb von Konstellationen verstanden, die mit den Gesellschaftsbildern zusammenhängen können, aber nicht müssen. Zugleich verdeutlichen sie die Heterogenität des Samples.

2.3. Biografisch-narratives Interview: der Lebensweg im Mittelpunkt

Mit der Methode des biografisch-narrativen Interviews (vgl. Schütze 1983; Rosenthal 2008) näherten wir uns den Gesellschaftsbildern und dem ehrenamtlichen gewerkschaftlichen Engagement auf spezifische Weise. Biografie heißt dabei mehr als die bloße Abfolge von Ereignissen; gemeint ist die Gesamtheit aller Erfahrungen und wie sie erinnert werden.

»Während sich die mit quantitativen Methoden arbeitende Lebensverlaufsforschung mit den ›faktischen‹ Ereignissen im Lebenslauf beschäftigt, fragt die interpretative Biographieforschung nach den Sinnsetzungsakten und den biographischen Konstruktionen der Biographen und Biographinnen selbst. Es wird nicht gezielt nach vorab definierten Lebensereignissen gefragt – wie z. B. in der Life-Event-Forschung –, sondern aus dem Gesamtzusammenhang der erzählten Lebensgeschichte wird rekonstruiert, welche Erlebnisse für die Befragten selbst biographisch relevant sind, wie sie diese Erlebnisse damals und heute deuten und wie sie versuchen, ihr Leben in einen Sinnzusammenhang einzubetten« (Rosenthal 2002, S. 138).

Allgemein gesprochen geht es bei dieser Herangehensweise um die *Genese*, also das Werden und Handeln in einer Gesellschaft, die sich den Interviewten selbst erschließt und in der sie sich in unterschiedlichen Bereichen, nicht nur im Betrieb, bewegen.

Ablauf

Biografische Interviews folgen einer bestimmten Choreografie. Am Anfang steht eine – zumindest annähernd – gleich formulierte Erzählaufforderung, die gegenüber den Gesprächspartner:innen die Bitte äußert, möglichst viel und eigenständig zu erzählen.

Die biografisch-narrative Herangehensweise hat Vor- und Nachteile. Einerseits ermöglicht dieser Zugang, etwas über vergangene Lebensabschnitte, das Herkunftsmilieu und aktuelle Lebensumstände zu erfahren, die in problem- oder themenzentrierten Interviews kaum zur Sprache kommen. Auch wird der Erzählfluss nicht ständig unterbrochen oder in eine bestimmte Richtung gelenkt. Andererseits richten die Interviewenden die Aufmerksamkeit nicht auf ein Ereignis, das sich für alle generalisieren lässt, sondern setzen eigene Schwerpunkte.[20]

Im Anschluss an die Anfangserzählung können durch Nachfragen gezielte Erzählimpulse gegeben werden, um Erzähllücken zu schließen oder Teile der Anfangserzählung zu vertiefen (zum Beispiel: »Wann bist du in die IG Metall eingetreten?«). Dabei kann an das bereits Erzählte angeknüpft werden, zum Beispiel zum Lebens- oder Berufsweg, zum Weg in das Engagement, zum persönlichen Lebensumfeld jenseits von Arbeit und Betrieb sowie zur alltäglichen Lebensführung. Thematisiert werden hierbei immer auch die Wahrnehmung von Normen, strukturelle Möglichkeiten und daraus resultierende Praktiken, aber auch Kritik an alltagsrelevanten Institutionen.

In unserem Fall wählten wir eine Erzählaufforderung, die nicht beim frühesten Ereignis wie der Geburt oder der ersten Erinnerung ansetzte, sondern die biografische Erzählung in einen Zusammenhang mit ihrer Funktion (als Betriebsrät:innen und Vertrauensleute), ihrem gewerkschaftlichen Engagement und ihren Vorstellungen von Gesellschaft stellte; mit folgendem Wortlaut: *Wir untersuchen, vor welchem Lebenshintergrund Vertrauensleute und Betriebsrät:innen ihre Funktion ausüben. Uns interessieren Ereignisse und Erfahrungen, die den Blick auf Gesellschaft, Leben und Arbeiten prägen. Wir gehen dabei davon aus, dass gewerkschaftliches Engagement und die Vorstellungen von Gesellschaft, die darin eingehen, etwas mit der gesamten Lebensgeschichte und Lebensweise*

---

20 Beispielsweise kamen die Interviewten zu ganz unterschiedlichen Erzählzeitpunkten und mehr oder weniger ausführlich auf den Eintritt in die Gewerkschaft und den Beginn der aktiven Gremienarbeit zu sprechen. Dabei zeigte sich ein interessantes Spektrum hinsichtlich der Motivationen, in die IG Metall einzutreten oder als Betriebsrät:in oder Vertrauensperson tätig zu werden (bei einigen Personen war dies gleichzeitig der Fall). Für einige war der Einstieg eher beiläufig und dabei nicht immer klar, wann und wie es zum Engagement kam. Die gesetzten Anfangspunkte waren recht heterogen und verwiesen auf unterschiedliche Positionierungen und Priorisierungen.

zu tun haben. Wir würden dich deshalb bitten, uns von deinem Leben zu erzählen, von Lebensphasen und Ereignissen, die dich geprägt haben. Du kannst anfangen, wo du möchtest, und dir so viel Zeit nehmen, wie du brauchst. Wir werden dich erst einmal nicht unterbrechen, uns aber ein paar Notizen machen, auf die wir später gegebenenfalls zurückkommen werden.

Auswertung: Rekonstruktion und Vergleich der Fälle

Bei der Auswertung biografischer Interviews werden, je nach Herangehensweise, die »erzählte« wie auch die »erlebte Lebensgeschichte« (vgl. Rosenthal 2008) betrachtet. Die Rekonstruktion der *erlebten Lebensgeschichte* baut auf objektivierbaren, also tatsächlichen Ereignissen auf, wie etwa die Geburt, das Ende der Schullaufbahn, den Eintritt in den Betrieb oder den Wechsel der Position, beispielsweise durch Weiterqualifizierung, und Übernahmen aus dem Status der Leiharbeit. Diese Daten wurden aus den Interviews extrahiert und tabellarisch aufgelistet, also strukturell sequenziert. Zu den jeweiligen Stationen wurden Hypothesen gebildet, wie es in der der objektiven Hermeneutik üblich ist (vgl. ebd.). In manchen Fällen wurden sie durch weitere historische bzw. politische Ereignisse, zum Beispiel die Wiedervereinigung 1989/90 oder die Finanzkrise Ende der 2000er-Jahre, ergänzt. Auch Erfahrungen aus Arbeitskämpfen im Betrieb wurden hier berücksichtigt. Dieses Vorgehen dient der Entwicklung einer Strukturhypothese des Falles, die wiederum erste Vermutungen über das Handeln – hier: das *Engagement* – einer Person ermöglicht und den Blick auf strukturelle Konstellationen lenkt (vgl. Wohlrab-Sahr 1994).

Wie und zu welchem Zeitpunkt im Interview über den Beginn des Engagements berichtet oder dieser gar mit einer Geschichte verknüpft wird, ist Gegenstand der Rekonstruktion der *erzählten Lebensgeschichte*. Hierfür wurden Passagen unterschiedlichen Textsorten zugeordnet (inhaltlich sequenziert), die dann wiederum mit der erlebten Lebensgeschichte in ein Verhältnis gesetzt bzw. mit dieser kontrastiert wurden. Bei diesem Analyseschritt geht es weniger darum, ob die Erzählung mit den realen Gegebenheiten übereinstimmt, als vielmehr um die Beantwortung der Frage, warum die Vergangenheit in der Gegenwart so und nicht anders erzählt wird.

Zu diesen beiden Auswertungseinheiten kamen Feinanalysen hinzu, also die genaue Betrachtung einzelner Passagen, die sich thematisch-abstrakt zuordnen ließen. Dazu wird theoretisch das gesamte Interview in

unterschiedliche strukturelle und inhaltliche Sequenzen unterteilt. Eine dezidiert biografietheoretisch basierte Herangehensweise ist sehr aufwändig,
zumal sich die systematische Durchführung aller Schritte auch aus inhaltlichen Gründen nicht anbot. Im Laufe der Fallrekonstruktion wurden jedoch
immer wieder kontrastierend weitere Fälle hinzugezogen und diskutiert:
etwa betriebliche Konstellationen, aber auch ähnliche oder divergierende
Lebensumstände und Erfahrungen mit der Systemtransformation Ost-
deutschlands, mit Leiharbeit, mit grenzüberschreitender Migration, mit
Diskriminierung, mit Parteizugehörigkeit, mit anderweitigen politischen
oder familiären Sozialisationen und anderes mehr.

2.4 Fokussiertes Interview: Gewerkschaft und Gesellschaft im Mittelpunkt

Standen im ersten Gespräch die Biografie, die alltägliche Lebensführung
und das Lebensumfeld im Visier und im laufenden Kontakt politische Orientierungen und gewerkschaftliches Engagement, so zielte das fokussierte
Interview[21] insbesondere darauf, dazu anzuregen, die betriebliche Situation
und das eigene Engagement im Hinblick auf Gesellschaft und die Untersuchungsdimensionen zu reflektieren und die eigenen Vorstellungen von
Gesellschaft und gesellschaftlicher Entwicklung zu benennen.

Das fokussierte Interview sollte nach Möglichkeit im betrieblichen oder
gewerkschaftlichen Umfeld geführt und idealer Weise mit einem Rundgang
durch den Betrieb verbunden werden. Dies war allerdings in vielen Fällen
allein schon aufgrund äußerer Zwänge nicht realisierbar. Anders als (freigestellte) Betriebsrät:innen haben Vertrauensleute in der Regel keine Möglichkeit, frei über betriebliche Räume und ihre Arbeitszeit zu verfügen. In einigen Fällen trafen wir uns deshalb bei den Interviewpartner:innen zuhause
oder in einem Café als einem von ihnen selbst ausgewählten Ort.

Aus forschungsstrategischen Gründen wurden die fokussierten Interviews (wie auch zuvor die meisten biografischen Interviews und die
Gruppengespräche) von zwei Interviewer:innen durchgeführt. Dies diente

---

21 Das fokussierte Interview ist in der qualitativen Sozialforschung nicht einheitlich definiert. Der
  Begriff findet sich in der Werbepsychologie (Fokusgruppen) und bezeichnet ebenso eine Form
  des narrativen Interviews mit besonderem Erzählstimulus oder des Expert:inneninterviews (vgl.
  Meuser/Nagel 1991). Wir verwenden es als eine Form des leitfadengestützten (offen angelegten)
  themen- bzw. problemzentrierten Interviews (vgl. Witzel 1985).

neben Aspekten der Gesprächsführung insbesondere dazu, Primärbeobachtungen im Projektteam breit verfügbar zu machen. Zum Einstieg wurde deutlich gemacht, dass es im weiteren Verlauf darum gehen werde, die wirksam werdenden gesellschaftlichen Vorstellungen entlang der Dimensionen Macht, Demokratie, Solidarität, Positionierung und Zukunft zu reflektieren. Einen separaten Frageblock bildete das Thema »Gewerkschaft« bzw. die IG Metall.

Zunächst wurden allen Interviewten drei Einstiegsfragen gestellt:

– Wenn du zurückblickst: Wie hat sich in den letzten Jahren und Jahrzehnten die Gesellschaft im Großen wie im Kleinen, aber auch die Arbeitswelt verändert? Überwiegt in deiner Bewertung das Positive oder das Negative?
– Was sind für dich momentan die zentralen gesellschaftlichen Probleme und Herausforderungen?
– Wie müsste eine gute Gesellschaft aussehen? Was gehört für dich dazu? Wie müsste sie organisiert sein?

Aufsetzend auf dem, was wir aus den vorgegangenen Interviews schon erfahren hatten und wussten, fragten wir nach konkreten Verständnissen und Vorstellungen von Machtverhältnissen, der eigenen gesellschaftlichen Positionierung, von Demokratie und Solidarität sowie nach Vorstellungen zu einer künftigen Entwicklung. Die Fragen des Leitfadens dienten als Orientierungslinien, wurden aber nicht systematisch abgearbeitet. Zugleich hatten wir eine Reihe von Ankerfragen definiert, die wir allen Interviewten im gleichen Wortlaut stellten:

– Wie wird sich die Gesellschaft (in den nächsten 20 Jahren) entwickeln?
– Was heißt für dich Solidarität? Und: Gibt es noch Solidarität?
– Wie groß ist dein Vertrauen in die Demokratie?
– Wer hat Macht (in der Gesellschaft)?
– Was ist die IG Metall für dich?

Auch wenn die Fragen gesellschaftlich-abstrakte Themen ansprachen, zielte das Fokusinterview darauf, erfahrungsgesättigte Einschätzungen zu gesellschaftlichen Zuständen und Zukunftsentwicklungen sowie praktische, auf das eigene Handeln bezogene Vorstellungen von Demokratie, Macht, Solidarität und der Selbstverortung im gesellschaftlichen Gefüge zu ermitteln. Das Gespräch sollte zudem dazu genutzt werden, verbliebene Leerstellen und Lücken zu füllen: Es ging daher auch darum, die jeweiligen Themen auf Grundlage des Vorwissens über die Person mittels verschiedener Impulsfragen auszuleuchten, offene Fragen und Irritationen zu thematisieren und damit zu einem umfassenderen Verständnis der Person in ihren unterschiedlichen Facetten zu gelangen.

3. Repräsentativbefragung

Zur Ergänzung der qualitativen Erhebungen wurde in der Gruppe der betrieblich-ehrenamtlich Aktiven der IG Metall (Vertrauensleute, Betriebsrät:innen, Schwerbehinderten- und Jugend- und Auszubildendenvertreter:innen) eine repräsentative telefonische Befragung durchgeführt. Sie zielte darauf, breitflächig aussagekräftige und im statistischen Sinne repräsentative Ergebnisse zu zentralen Projektfragestellungen zu generieren. Es sollte eine Datenbasis geschaffen werden, die es erlaubt, Aussagen über die Verbreitung von Sichtweisen zu treffen sowie zu überprüfen, inwieweit es Unterschiede zwischen verschiedenen Gruppen von Befragten gibt. Neben unterschiedlichen Funktionen der Ehrenamtlichen (insbesondere Betriebsräte versus Vertrauensleute oder Grad der Freistellung) sollten dabei auch relevante strukturelle Faktoren (zum Beispiel Art der Tätigkeit, Betriebsgröße, Branche, Region) sowie sozialdemografisch-personenbezogene Aspekte (Alter, Geschlecht, Ausbildungshintergrund) einbezogen werden. Da die quantitative Befragung aufgrund der begrenzten Projektlaufzeit parallel zur qualitativen Erhebung entwickelt und umgesetzt werden musste, war ein Mixed-Methods-Design, bei dem die Ergebnisse der qualitativen Forschung die Grundlage der Fragebogenerhebung bildeten, nicht möglich.

Damit gewährleistet war, dass es sich um verlässlich repräsentative Aussagen zu quantitativen Verteilungen innerhalb der Gruppe der ehrenamtlich Aktiven handelte, wurde das Sample anhand einer strikten Zufallsauswahl aus der Mitgliederdatei der IG Metall gebildet.

3.1 Fragebogenentwicklung

Der Fragebogen wurde Anfang 2021 erarbeitet und sollte nach der Tarifrunde 2021 zum Einsatz kommen. Zu diesem Zeitpunkt verfügte das Projekt bereits über einen breiten Überblick über die für die Situation der Ehrenamtlichen relevanten gesellschaftsbezogenen Fragen, die vier Gesellschaftsbildertypen lagen als eine grobe Heuristik vor, waren aber noch nicht im Detail entwickelt und empirisch so gesättigt, dass die Fragebogenentwicklung darauf aufsetzen konnte.[22] Der Fragebogen war zudem auf eine Gesprächsdauer von zehn bis maximal 15 Minuten angelegt, was bedeutete, auf wenige und kompakte Frageblöcke hinzuarbeiten.

Der in der Repräsentativbefragung eingesetzte Fragebogen umfasste letztlich 59 Fragen zu folgenden Themen: zum eigenen ehrenamtlichen Engagement, zu gewerkschaftlichen Fragen (Identifikation, Sozialisation, Milieu), zum Wohn- und Arbeitsumfeld (jeweils Zufriedenheit, Zusammenhalt, Zukunft), zu gesellschaftsbezogenen Einschätzungen (entlang der Untersuchungsdimensionen Demokratie, Macht, Solidarität, Positionierung und Zukunft) sowie zu sozialstatistischen Merkmalen (Geschlecht, Lebensphase, räumliche Verortung, berufliche Tätigkeit). Er orientierte sich damit in seiner Grundstruktur an den Dimensionen und Ebenen des Untersuchungskonzepts.

Die qualitative Empirie der Explorationsphase ging in die Fragebogenentwicklung auch dadurch ein, dass die Gruppengespräche einer vorläufigen Grobauswertung im Hinblick auf die gesellschaftlichen Vorstellungen der einbezogenen Vertrauensleute und Betriebsrät:innen unterzogen wurden und dabei identifizierte wiederkehrende Topoi (wie beispielsweise »wir sind nur noch Zahlen« oder »es fehlt an Respekt«) in die Items integriert wurden.

3.2. Operative Umsetzung

Die Durchführung der Telefoninterviews erfolgte von Ende April bis Mitte Juni 2021 durch USUMA[23], einen methodisch und teilweise auch thematisch einschlägigen Befragungsdienstleister. Der eigentlichen Repräsentativbefragung war ein Pretest vorgeschaltet, der sicherstellen sollte, dass die entwickelten Items verständlich und zugleich hinreichend zugespitzt waren, um damit Einstellungsdifferenzen ermitteln zu können.[24] Insgesamt

---

22 Eine Quantifizierung der Gesellschaftsbildtypen mittels Telefonbefragung hätte – sofern sie überhaupt möglich gewesen wäre – eine vollständige, stringente und trennscharfe Operationalisierung der vier idealtypisch konstruierten Gesellschaftsbilder vorausgesetzt.

23 USUMA GmbH, Institut für Marktforschung und Sozialforschung.

24 Zwecke des Pretests waren nicht nur die Erprobung des Fragebogens, das Prüfen von Frageformulierungen sowie der Vorgehensweise. Notwendig erschien er auch, um eine Einschätzung

wurden 60 Pretest-Interviews geführt. Die IG Metall stellte hierfür telefonische Kontaktdaten von 198 Personen zur Verfügung.

Die Kontaktdaten für den Pretest wurden in gleicher Weise wie die Zielpersonen der späteren Haupterhebung nach dem Zufallsprinzip aus der Mitgliederdatenbank der IG Metall ausgewählt. Getestet wurde der vollständige Fragebogen. Zudem wurden mittels einiger Postinterview-Fragen Einschätzungen zur Vorgehensweise, zur Verständlichkeit und Beantwortbarkeit der Fragen sowie zur Zuverlässigkeit der Antworten erhoben. Im Ergebnis zeichneten sich der Pretest wie auch die spätere Haupterhebung durch eine gute Rücklaufquote aus,[25] wobei die Aufteilung der geführten Interviews auf verschiedene soziodemografische sowie strukturelle Gruppen von Befragten auf eine aussagefähige Verteilung hindeutete. Auch in erhebungstechnischer Hinsicht erwies sich die Repräsentativbefragung als praktikabel. Die Fragen waren hinsichtlich ihrer Formulierung im Großen und Ganzen gut verständlich, die Teilnehmenden zeigten sich interessiert und motiviert (was sich in der Hauptphase weitgehend bestätigte) und nur bei einer kleinen Anzahl von Fragen kam es im Ergebnis des Pretests zu einseitigen Verteilungen, die auf eine zu geringe Trennschärfe der Frageformulierungen hindeuteten.

Die schließlich von April bis Juni 2021 durchgeführte telefonische Erhebung beruhte auf einer Zufallsstichprobe, die von der IG Metall aus der Gruppe der Betriebsrät:innen, der Vertrauensleute, der Schwerbehinderten- sowie der Jugend- und Auszubildendenvertreter:innen ihrer Mitgliederdatenbank gezogen wurde. Die Stichprobe umfasste 2.500 Datensätze, die auf eine Zielgröße von 1.000 Telefoninterviews hin angelegt war. Die

---

zu bekommen, wie viele Kontaktdaten aus der insgesamt rund 70.000 Personen umfassenden Grundgesamtheit der Ehrenamtlichen der IG Metall auszuwählen waren, um auf die angestrebte Größenordnung von 1.000 verwertbaren Datensätzen zu kommen. Da es sich bei den Ehrenamtlichen um eine spezifische Befragtengruppe handelt, konnte nicht davon ausgegangen werden, dass Erfahrungen etwa aus Bevölkerungsumfragen ohne Weiteres übertragbar sind. Auf der Grundlage der Erfahrungen des Pretests, bei dem 200 Kontaktinformationen zu 60 verwertbaren Interviews geführt hatten, wurde zunächst davon ausgegangen, dass einschließlich Sicherheitsmarge eine Ziehung von rund 3.500 Zielpersonen notwendig sein würde. In der Hauptuntersuchung erwiesen sich dann jedoch knapp 2.500 Kontaktdaten als ausreichend, um gut 1.000 erfolgreiche Interviews zu führen.

25 Rund 10 Prozent der Zieladressen (Telefonkontaktdaten) erwiesen sich als nicht erreichbar, und ebenfalls lediglich 10 Prozent verweigerten die Teilnahme an der Befragung. Als charakteristisch für die Befragtengruppe erwies sich jedoch, dass eine Vielzahl von Anrufversuchen notwendig war, bis Zielpersonen erstmals erreicht wurden und das Interview schließlich durchgeführt werden konnte.

telefonische Kontaktaufnahme und Durchführung der insgesamt 1.017 verwertbaren Telefoninterviews wurden durch den Befragungsdienstleister besorgt, der im Anschluss daran einen Datensatz mit den codierten Antworten erzeugte und dem SOFI zur Verfügung stellte. Dieser wurde in einem zweiten Schritt von uns durch Informationen angereichert, die die IG Metall auf Basis vorliegender Betriebsdaten[26] zur Verfügung stellte. Einbezogen wurden insbesondere Angaben zur Betriebsgröße, der Region des Betriebes, dem Organisationsgrad, der Tarifbindung sowie der Zugehörigkeit zur Automobilindustrie. Datenverarbeitung und Auswertungen geschahen mittels der Software SPSS.

4. Dialog und Reflexion

Ein besonderer Baustein der Studie bestand in der Organisation eines Dialogprozesses mit einer Vielzahl von Ehren- und Hauptamtlichen der IG Metall. Der Dialog mit ehren- und hauptamtlich aktiven IG Metaller:innen war Teil des Forschungsprozesses im Sinne der Reflexion, Validierung und Rejustierung vorläufiger Befunde. Die Umsetzung erfolgte in Form eines systematischen und intensiven Austausches in verschiedenen Bereichen und auf verschiedenen Organisationsebenen der IG Metall. Im Laufe des Forschungsprozesses gab es immer wieder Gelegenheit, einzelne Teilergebnisse – wie das Gesellschaftsbilder-Modell, Auszüge aus der Repräsentativbefragung oder Schlaglichter auf einzelne Fälle und Dimensionen – in unterschiedlichen IG Metall-internen Öffentlichkeiten (Tagungen, Workshops, Seminaren, Sitzungen) zu präsentieren und mit Haupt- und Ehrenamtlichen zu diskutieren.

Der Kern des Dialog- und Reflexionsprozesses fand in den Bildungszentren und Geschäftsstellen der IG Metall und zu einem Zeitpunkt statt, als die Erhebung (weitgehend) abgeschlossen war. Ziel war es deshalb nicht, weiteres Datenmaterial zu generieren, sondern die bisherigen Interpretationen und Lesarten des empirischen Materials zu prüfen und gemeinsam mit den

---

26 Diese betriebsbezogene Datenbank wird auf der Basis von Angaben von betrieblichen Ansprechpartner:innen und Zuständigen der jeweiligen örtlichen Geschäftsstelle der IG Metall in der Vorstandsverwaltung geführt und aktualisiert. Da es sich hierbei um eine für die Aktivitäten der IG Metall wichtige Datengrundlage handelt, können die Angaben als vergleichsweise aktuell gelten.

Beteiligten (vornehmlich Betriebsrät:innen und Vertrauensleute, aber auch Gewerkschaftshauptamtliche) zu reflektieren. Dazu verfolgten wir ein zwei- bis dreistündiges offenes und interaktives Workshop-Konzept.[27] Wir konfrontierten die Beteiligten mit aussagekräftigen Zitaten aus dem qualitativen Gesprächsmaterial, mit Auszügen und Ergebnissen der telefonischen Befragung und mit den von uns aus dem Gesprächsmaterial entwickelten Gesellschaftsbildern. Wir regten zur eigenen Interpretation, Positionierung und Urteilsbildung an, stellten unsere eigenen Interpretationen zur Diskussion und überprüften sie im Lichte der gemeinsamen Debatte und der von den Teilnehmenden vorgebrachten Überlegungen und kritischen Einwände.

Die Teilnehmenden brachten nicht nur eigene Lesarten der empirischen Befunde mit ein oder gaben konkrete Rückmeldungen zu Begriffen und Konstellationen der Gesellschaftsbilder, sondern diskutierten die Befunde teilweise auch sehr angeregt untereinander. Dies ermöglichte es uns als Forschungsteam, besser zu verstehen, wie aktive IG Metaller:innen unsere Untersuchungsergebnisse wahrnehmen und welche Befunde ihnen eine Handhabe bieten, ihr praktisches Engagement und ihr Bild, das sie sich von der Gesellschaft machen, zu reflektieren und weiterzuentwickeln. Diese Phase des Dialogs und der Reflexion machte einmal mehr deutlich, wie wichtig die Arbeit der Übersetzung wissenschaftlicher Sachverhalte und Ergebnisse in praktische Kontexte ist und welche Rolle dabei anschauliche, für die Praxis handhabbare Begriffe spielen.

---

27 Dagegen orientierten wir uns bei den IG Metall-Veranstaltungen auf Bezirks- und Vorstandsebe- ne eher an klassischen Konzepten des Wissenstransfers, in denen die Präsentation und Diskus- sion von Befunden im Mittelpunkt stehen. Derartige Veranstaltungen fanden in unterschiedli- chen, zum Teil auch in frühen Phasen des Forschungsprozesses statt.

III. Gesellschaftsbilder der Ehrenamtlichen

Im Zentrum der Studie stand die Frage nach Gesellschaftsbildern von Vertrauensleuten und Betriebsrät:innen. Zur Ermittlung dieser Gesellschaftsbilder haben wir ausgehend von den Gesprächsprotokollen der qualitativen Erhebung ein zweistufiges Verfahren gewählt.

In einer ersten Stufe haben wir aus den verschriftlichten Interviews der Exploration und der Intensiverhebung vier Gesellschaftsbilder identifiziert. Bei diesen Gesellschaftsbildern handelt es sich um Idealtypen. Bei der Bildung von Idealtypen, ein Begriff und eine Methode, die von Max Weber Anfang des 20. Jahrhunderts entwickelt wurde, wird das empirische Material so geordnet, dass sachlich eindeutig voneinander unterscheid- und abgrenzbare Begriffe (Typen) gewonnen werden. Dabei geht es darum, typische, verallgemeinerbare Merkmale herauszuarbeiten und von konkreten, individuellen Besonderheiten abzusehen.[1] Im Rahmen der Studie haben wir die gesellschaftlichen Vorstellungen, die wir in den Gesprächen mit den Vertrauensleuten und Betriebsrät:innen vorgefunden haben, im Hinblick auf das damit verbundene Engagement geordnet, verdichtet und zugespitzt.

In einer zweiten Stufe haben wir untersucht, in welcher Weise und Gewichtung sich die Gruppe der von uns untersuchten betrieblich Ehrenamtlichen der IG Metall in ihrer Deutung der gesellschaftlichen Wirklichkeit und in ihrem alltäglichen wie politischen Handeln auf die vier Idealtypen bezieht. Denn die gesellschaftlichen Vorstellungen, die in den Einstellungen und Handlungen, Erwartungen, Ängsten und Sorgen der Ehrenamtlichen

---

1 Max Weber spricht von »gedanklicher Steigerung bestimmter Elemente der Wirklichkeit«, von »Eigenart dieses Zusammenhangs an einem Idealtypus pragmatisch veranschaulichen und verständlich machen«. Idealtypen entstehen durch »Steigerung eines oder einiger Gesichtspunkte und durch Zusammenschluß einer Fülle von Einzelerscheinungen [...] zu einem in sich einheitlichen Gedankenbilde« (Weber 1922, S. 190 f.).

sichtbar werden, kombinieren stets Merkmale unterschiedlicher Gesellschaftsbilder. Dabei können Merkmale eines einzelnen Gesellschaftsbildes prägend sein, in der Regel finden sich aber Mischformen dahingehend, dass auf unterschiedliche Gesellschaftsbilder Bezug genommen wird. Wir haben einerseits für einen Teil der Ehrenamtlichen, die an der Intensiverhebung beteiligt waren, beispielhaft analysiert, inwiefern sie sich auf die vier Gesellschaftsbilder beziehen. Wir haben andererseits den Blick darauf gerichtet, in welcher Gewichtung die Gruppe der untersuchten Ehrenamtlichen in ihrer Gesamtheit auf diese vier Gesellschaftsbilder Bezug nimmt.

1. Vier Gesellschaftsbilder

Folgende vier Gesellschaftsbilder haben wir aus dem empirischen Material idealtypisch herausgearbeitet.

Gesellschaft als verinseltes Nebeneinander – fragmental

Die Gesellschaft verfügt in dieser Vorstellung nicht über ein vereinheitlichendes, kollektives Ganzes. Sie ist eine Ansammlung von Individuen und Gruppen mit jeweils spezifischen Einzelinteressen, Lebensvorstellungen und kulturellen Gepflogenheiten. Sie beruht auf zwei zentralen Prinzipien: Konkurrenz und Autonomie, die einerseits eine individuelle, selbstbestimmte Lebensführung ermöglichen und andererseits eine individuelle Lebensplanung verlangen. Die Menschen sind vereinzelt ohne Bezug entlang eines gemeinsamen zusammenhaltenden Bandes. Die Verfolgung partikularer Interessen dominiert. Die Gesellschaft ist – jenseits der eigenen sozialen Insel im Sinne der konkreten Einbindung in familiäre, nachbarschaftliche, lokale, berufliche oder anderweitige soziale Beziehungen – anonym.

Gesellschaft als durch gemeinsame Werte verbundenes Füreinander – subsidiär

Gesellschaft steht im subsidiären Gesellschaftsbild primär für Ordnung und Gemeinschaft. Die grundlegenden Ordnungsprinzipien der Gesellschaft, die Werte und Institutionen, auf denen sie gründet, aber auch die

Machtstrukturen, sozialen Umgangsformen, Konventionen, Normen und Gepflogenheiten stehen nicht infrage. Gesellschaft beruht auf dem Mittun aller. Alle gemeinsam tragen die Verantwortung dafür, dass die gesellschaftliche Ordnung funktioniert und Bestand hat. Alle haben die Pflicht, zu einem guten Gemeinwesen beizutragen: von der Pflege des öffentlichen Raums über die Aufrechterhaltung von Sicherheit und Ordnung bis hin zum sozialen, kulturellen und demokratischen Engagement. Dazu ist es einerseits notwendig, die grundlegenden Ordnungsprinzipien der Gesellschaft anzuerkennen und die eigene Lebensführung entsprechend auszurichten und andererseits die Gesellschaft entlang der bestehenden und vorgesehenen Handlungsspielräume zu gestalten und weiterzuentwickeln.

Gesellschaft als ständig auszuhandelndes Miteinander – equilibrisch

Gesellschaft ist in dieser Vorstellung nicht konfliktfrei. Entlang von unterschiedlichen Interessen, Werten, Lebensvorstellungen oder auch politischen Positionen brechen Konflikte auf, die es gesellschaftlich zu moderieren und auszubalancieren gilt. Die Gesellschaft wird nicht als ein natürlich gegebenes, sondern als ein ständig auszuhandelndes Miteinander wahrgenommen. Die Vermittlung unterschiedlicher Positionen und Interessen und ein sozialer Ausgleich sind möglich, aber das Ringen darum ist gleichermaßen nötig wie schwierig. Dieses Bild von Gesellschaft beruht einerseits auf dem Vertrauen in demokratische Verfahren, die Aushandlungsprozesse, den Ausgleich widerstreitender Interessen und faire Kompromissbildung prinzipiell ermöglichen. Es basiert andererseits zugleich auf dem Wissen, dass es eines fortwährenden gesellschaftlichen Engagements und (machtvoller) gemeinsamer politischer Anstrengung bedarf, um soziale Gerechtigkeit zu sichern und gesellschaftliche Interessen und Machtverhältnisse in eine Balance zu bringen.

Gesellschaft als sich bekämpfendes Gegeneinander – dichotom

Im dichotomen Gesellschaftsbild sind die gesellschaftlichen Verhältnisse durch verfestigte Ungerechtigkeiten sowie durch kaum überbrückbare Spaltungen geprägt, sei es im Hinblick auf ein privilegiertes Oben gegenüber einem benachteiligten Unten oder auf ein integriertes Innen gegenüber einem marginalisierten Außen. Die Gesellschaft ist polarisiert und gespalten. Das Verbindende und Vermittelnde fehlt. Das soziale Gegeneinander (›wir gegen die anderen‹) statt Miteinander (›wir und die anderen‹) dominiert. Es bestehen klar konturierte Gegnerschaften bei geringer Kompromissbereitschaft, entlang derer sich gesellschaftliche Konflikte zuspitzen.

verinseltes Nebeneinander	durch gemeinsame Werte verbundenes Füreinander	ständig auszuhandelndes Miteinander	sich bekämpfendes Gegeneinander
fragmental	subsidiär	equilibrisch	dichotom
„Gesellschaft, das ist anonym. Jeder muss sehen, wo er bleibt."	„Gesellschaft sind wir alle. Jeder muss seinen Beitrag leisten, damit es funktioniert."	„Gesellschaft, das ist ein ständiger Abgleich unterschiedlicher Positionen."	„Gesellschaft ist reich gegen arm. Die unten sind, verlieren."
Ansammlung von Einzelinteressen und pluralen Lebensentwürfen	gegenseitige Unterstützung, gemeinsame Verantwortung und Verpflichtung für das Gemeinwesen	Ausbalancierung unterschiedlicher Gruppeninteressen, politische Mitsprache und Mitgestaltung	Spannung und Spaltung, das Verbindende und Vermittelnde fehlt

Abbildung 3: Gesellschaftsbilder der Ehrenamtlichen – vier Idealtypen

2. Gesellschaftsbilder und Gewerkschaftsverständnisse

Unseren Befunden zufolge korrespondieren die Gesellschaftsbilder wiederum mit unterschiedlichen Verständnissen gewerkschaftlichen Handelns:

Das Bild der »Gesellschaft als verinseltes Nebeneinander« (fragmentales Gesellschaftsbild) korrespondiert mit einem Verständnis von Gewerkschaft als Verband zur Vertretung der Interessen seiner Mitglieder. Die Pluralität der Mitgliedschaft ist anerkannt. Die Gewerkschaft eröffnet Räume der Diskussion und Beteiligung, die es ermöglichen, dass sich die einzelnen Mitglieder oder Mitgliedergruppen mit ihren jeweiligen individuellen Interessen, Vorstellungen und politischen Positionen einbringen können.[2]

---

2 Vgl. hierzu auch das Konzept der Gewerkschaften als »Diskurs-Organisationen« (Zoll 1991; Negt 1993), das darauf zielte, die Gewerkschaften zu mehr innergewerkschaftlicher Demokratie und zu einer breiteren Beteiligung der interessierten und aktiven Mitgliedschaft an innergewerkschaftlichen Debatten zu politisch-strategischen Fragen, beispielsweise zum ökologischen Umbau der Gesellschaft (den Zoll bereits 1991 explizit anführte), zu ermuntern.

Das Bild der »Gesellschaft als durch gemeinsame Werte verbundenes Füreinander« (*subsidiäres Gesellschaftsbild*) korrespondiert mit einem Verständnis, bei dem Gewerkschaften eine bewahrende Funktion zukommt. Gewerkschaften gelten als Garantinnen von Sicherheit und Verlässlichkeit und als stabilisierende Kraft einer gesellschaftlichen Ordnung, die in ihren Werten, ihren Institutionen und ihrer Leistungsfähigkeit gefährdet ist. Als verantwortliche gesellschaftliche Akteure agieren Gewerkschaften bei der Durchsetzung von Mitgliederinteressen und der Vertretung politischer Forderungen mit Augenmaß und behalten die gesellschaftlichen und ökonomischen Funktionserfordernisse stets im Blick.[3]

Das Bild der »Gesellschaft als ständig auszuhandelndes Miteinander« (*equilibrisches Gesellschaftsbild*) korrespondiert mit einem Verständnis von Gewerkschaft als Organisation, die Mitgliederinteressen vertritt und – wenn nötig auch gegen Widerstand – durchsetzt, aber zugleich die Kräfteverhältnisse und legitimen Interessen der verschiedenen Konfliktparteien anerkennt und im eigenen Vorgehen berücksichtigt. Konflikt geht in diesem Fall zugleich mit dem Willen zu kooperativer Problem- und Konfliktlösung, das heißt mit Angeboten der Interessenvermittlung, Aushandlung und Kompromisserzielung einher. Gewerkschaften werden hier als gestaltende Kraft in Betrieb und Gesellschaft und als Akteure einer institutionalisierten und kompromissorientierten Austragung von (Arbeits-)Konflikten verstanden.

Das Bild der »Gesellschaft als sich bekämpfendes Gegeneinander« (*dichotomes Gesellschaftsbild*) korrespondiert mit einem Verständnis von Gewerkschaft als konfliktbereite und kämpferische Vertretung der Unterdrückten, Ausgebeuteten und Verlierer:innen des ökonomischen und gesellschaftlichen Strukturwandels. Der politische Kampf ist auf eine klar benennbare Gegnerschaft ausgerichtet, betont gegensätzliche Interessen und wird konfrontativ und hart geführt.

Stabilitätsanker, Fels in der Brandung, Hort der Solidarität und der sozialen Stabilisierung der Verhältnisse, aber auch starke Verhandlerin und

---

3 Vgl. hierzu auch das Konzept der Gewerkschaften als »intermediäre Organisationen« (Müller-Jentsch 2009, S. 51 f.; kritisch: Beerhorst 2005). Demnach sind Gewerkschaften »intermediäre Organisationen«, da sie zwischen Mitgliederinteressen einerseits, gesellschaftlichen und ökonomischen Funktionserfordernissen andererseits vermittelnd fungieren. Gewerkschaften als »intermediäre Organisationen« verorten sich zwischen diesem und dem nachfolgend beschriebenen Gewerkschaftsverständnis, je nachdem ob die Ausrichtung stärker auf den System- oder den Mitgliederinteressen liegt.

Nebeneinander fragmental	Füreinander subsidiär	Miteinander equilibrisch	Gegeneinander dichotom
IG Metall als diskussions- und beteiligungsorientierte Organisation und Vertretung pluraler Interessen	IG Metall als Garant von Sicherheit und Verlässlichkeit und als stabilisierende Kraft gesellschaftlicher Ordnung	IG Metall als betriebs-, tarif- und gesellschaftspolitische Gestaltungskraft	IG Metall als Kampf- organisation und Vertretung der Schwachen und Benachteiligten
individualistisch und Autonomie betonend	werteorientiert und -bewahrend	Mitsprache und sozialen Ausgleich einfordernd	kämpferisch

Abbildung 4: Gesellschaftsbilder und gewerkschaftliches Selbstverständnis

gesellschaftspolitische Einflussgröße: All dies sind Charakterisierungen der IG Metall, wie wir sie bei den Ehrenamtlichen verbreitet vorgefunden haben. Zum Teil wird eine stärkere Konfliktorientierung eingefordert, aber nicht als Dauerzustand, sondern als Erfordernis, um die – zunehmend verengten – Spielräume für Gestaltung und Kompromiss gegenüber der Arbeitgeberseite wieder zu erweitern und auf eine neue Grundlage zu stellen.

3. Bezugnahmen der Ehrenamtlichen auf die vier Gesellschaftsbilder

Ansprüche politischer Mitgestaltung und Vorstellungen eines beständig auszuhandelnden gesellschaftlichen Miteinanders bilden, so ein wesentlicher empirischer Befund, die gemeinsame Grundlage des gewerkschaftlichen Engagements der Ehrenamtlichen. Es scheint für die Gruppe der Ehrenamtlichen charakteristisch, dass sie auf ein Gesellschaftsbild Bezug nehmen, das wir als equilibrisch bezeichnen und in dem Aushandlungen und das Ausbalancieren pluraler Interessen und Kräfteverhältnisse entlang demokratischer Verfahren und institutioneller Absicherungen einen zentralen Stellenwert haben. Für die Bedeutung, die diesem Gesellschaftsbild in der Gruppe der Ehrenamtlichen der IG Metall zukommt, lassen sich besonders folgende Erklärungsfaktoren benennen:

– Das Bedürfnis nach stärkerer betrieblicher Mitsprache und Mitgestaltung ist eine wesentliche Motivation, die Beschäftigte dazu veranlasst, sich betrieblich und gewerkschaftlich zu engagieren.

– Hinzu kommt, dass die IG Metall ihre Ehrenamtlichen vornehmlich auf ein Gesellschaftsbild orientiert, das die Vorstellung von Gesellschaft als ein Feld betriebs-, tarif- und gesellschaftspolitischer Interessenauseinandersetzungen, Aushandlungen und Kompromissbildungen in den Fokus rückt.

– Schließlich werden die Bezüge auf ein solches Gesellschaftsbild dadurch verstärkt, dass ihnen in ihrer Funktion als Betriebsrät:innen und Vertrauensleuten eine vermittelnde Position zugeschrieben wird, sich die Ehrenamtlichen zumeist in der Mitte einer von unterschiedlichen Interessen durchzogenen Gesellschaft verorten und sie gerade in ihrer Rolle als betrieblich Aktive mit unterschiedlichen Interessenlagen konfrontiert sind und diese ausbalancieren oder vereinheitlichen sowie nach Kompromissen suchen müssen.

Das equilibrische Gesellschaftsbild kommt aber stets im Zusammenspiel mit anderen Gesellschaftsbildern zum Tragen. Man könnte auch sagen: Das Bild der Gesellschaft als ständig auszuhandelndes Miteinander ist der Fluchtpunkt, auf den von unterschiedlichen Eckpunkten aus und in unterschiedlicher Gewichtung Bezug genommen wird.

Das hier Gesagte ist in Abbildung 5 in Form eines Tetraeders grafisch veranschaulicht.

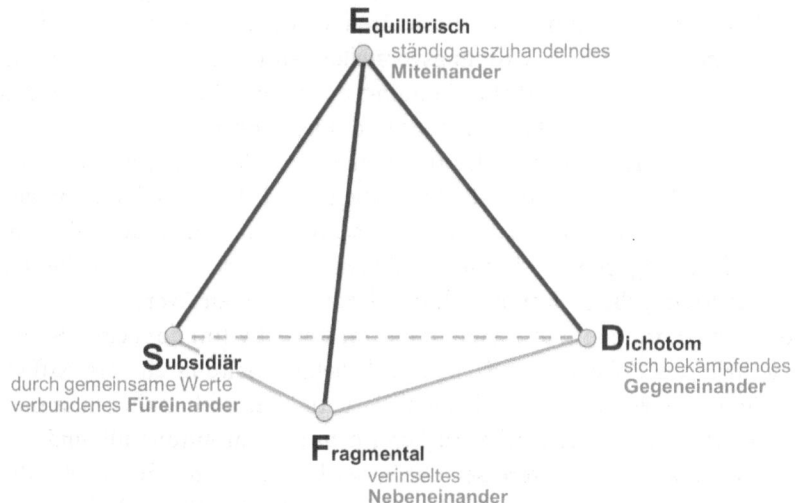

Abbildung 5: Bezugnahmen der Ehrenamtlichen auf die vier Gesellschaftsbilder

Das Bild der Gesellschaft als ein ständig auszuhandelndes Miteinander (equilibrisch) bildet die Spitze, während die drei anderen Gesellschaftsbilder die Eckpunkte der Basis des hier dargestellten Tetraeders darstellen. Zentral zum Verständnis des auf den unterschiedlichen Gesellschaftsbildern beruhenden gewerkschaftlichen Engagements der Ehrenamtlichen sind die drei Kanten, die die an den Eckpunkten aufgetragenen Gesellschaftsbilder (subsidiär, dichotom, fragmental) mit dem an der Spitze platzierten equilibrischen Gesellschaftsbild verbinden.

Verknüpft sich das subsidiäre mit dem equilibrischen Gesellschaftsbild (die Kante S–E des Für- und Miteinander), gründet das ehrenamtliche Engagement darauf, sich daran zu beteiligen, die bestehende gesellschaftliche Ordnung, die als prinzipiell gut gebaut und institutionell gut verfasst wahrgenommen wird, zu verteidigen und weiter auszubauen. Die Ehrenamtlichen verstehen sich hier als Teil einer Wertegemeinschaft guter Demokrat:innen und ihr ehrenamtliches Engagement als Ausdruck gelebter Demokratie. Je stärker sich die Bezugnahme entlang dieser Kante dem equilibrischen Fluchtpunkt annähert, desto stärker rücken die verfügbaren prozeduralen Rechte und institutionellen Freiräume politischer Mitsprache in den Blick und wird die Notwendigkeit hervorgehoben, diese zu nutzen und mit Leben zu füllen. Je mehr sich die Bezugspunkte vom equilibrischen weg hin zum subsidiären Gesellschaftsbild verschieben, können gesellschaftliche Ordnungsvorstellungen in den Fokus rücken, in denen Demokratie und Mitbestimmung zwar einen Teil, aber nicht den wesentlichen Teil der zu bewahrenden Ordnung darstellen.

Verknüpft sich hingegen das fragmentale mit dem equilibrischen Gesellschaftsbild (die Kante F–E des Neben- und Miteinanders), prägen individuelle Interessenorientierungen und Autonomieansprüche das ehrenamtliche Engagement. Betriebsrät:innen und Vertrauensleuten, die sich hier verorten, geht es darum, sich mit ihren Interessen, Werten und Positionen einzubringen und diesen damit im Kollektiv (im doppelten Sinne: innerhalb des Kollektivs und zugleich kollektiv) Geltung zu verschaffen. Je stärker Gesellschaft als individualisiert und verinselt wahrgenommen und gelebt wird, desto stärker rücken Ansprüche an Autonomie und Authentizität, aber auch Interessen der Verwirklichung individueller Berufs- und Lebensentwürfe in den Blickpunkt. Das ehrenamtliche Engagement ist in diesen Fällen unsteter, eine Entscheidung auf Zeit, abhängig von individuellen Lebens- und Karriereplanungen.

Verknüpft sich schließlich das dichotome mit dem equilibrischen Gesellschaftsbild (die Kante D–E des Gegen- und Miteinanders), speist sich das Engagement der Ehrenamtlichen aus der Empörung über eine Gesellschaft, die bestimmte soziale Gruppen benachteiligt (und andere bevorzugt) und Verlierer:innen des gesellschaftlichen und wirtschaftlichen Strukturwandels erzeugt. Die Ehrenamtlichen verstehen hier ihr Engagement als notwendigen Kampf gegen soziale Benachteiligungen, Ungerechtigkeiten und Diskriminierungen: einen Kampf, der betriebs-, gewerkschafts- und gesellschaftspolitisch gleichermaßen zu führen ist und gewerkschaftliche Organisationsmacht voraussetzt. Je stärker die Bezugnahme zu einem Bild der Gesellschaft als sich bekämpfendes Gegeneinander ausgeprägt ist, desto stärker geraten das Verbindende und Vermittelnde und das Gemeinsame bei aller Gegnerschaft aus dem Blick, sind Möglichkeiten politischer Verständigung, Aushandlung und Kompromissbildung verschlossen und gewinnen Ressentiment und Konfrontation an Gewicht. Auseinandersetzungen werden primär als Machtkämpfe erlebt und geführt.

Bei einer Gesamtschau auf die Gruppe der betrieblich Ehrenamtlichen der IG Metall erweisen sich Verknüpfungen entlang aller drei skizzierten Kanten als relevant. Der Stellenwert der vier Gesellschaftsbilder ist jedoch unterschiedlich. Zugleich zeichnen sich folgende generelle Befunde ab:

(1) In der Gruppe der Ehrenamtlichen lassen sich mitunter zwar ausgeprägte dichotome Gesellschaftsvorstellungen mit einer klar konturierten Gegnerschaft finden, diese sind aber alles andere als dominant. Die Gewichtungen entlang der Kante D–E sind vielmehr durch eine starke Verschiebung hin zum equilibrischen Gesellschaftsbild eines auszuhandelnden Miteinanders geprägt.

Die betrieblich Ehrenamtlichen der IG Metall diagnostizieren der Gesellschaft – das zeigen die qualitativen Erhebungen ebenso wie die Befunde der Repräsentativbefragung – zwar verbreitet polarisierte Verhältnisse, Ungerechtigkeiten und Spaltungen. Sie sehen sich aber dabei – von Unterströmungen abgesehen – nicht selbst als Teil einer Dichotomie, zumindest nicht im Sinne eigener emotionaler Betroffenheit und unmittelbarer Handlungsmotivierung. Vielfach leiden sie jedoch unter den von ihnen wahrgenommenen Spaltungen, weil es ihr soziales Gerechtigkeitsempfinden verletzt und gesellschaftliche Zukunftsperspektiven eintrübt. Ausgebeutet und unten, Verlierer:innen sind in der Regel die anderen. Die Ehrenamtlichen selbst fühlen sich als Teil einer breiten, wenngleich kulturell und sozialökonomisch ausdifferenzierten Mehrheitsgesellschaft.

Die wahrgenommenen gesellschaftlichen Polarisierungen, Ungerechtigkeiten und Spaltungen werden zudem weniger im Sinne von Kampf und erbitterter Gegnerschaft als in Form von Mitsprache, Aushandlung und sozialem Ausgleich – equilibrisch – bearbeitet. Beobachtbar sind dabei auch eine gewisse Distanzierung und Kritik an antagonistischen Sicht- und Handlungsweisen (im Sinne von ›Wir gegen Die‹). Ausgeprägt dichotome Gesellschaftsvorstellungen sind somit für das Gros der Betriebsrät:innen und Vertrauensleute nur in geringem Ausmaß deutungsprägend und handlungsleitend.[4]

Vor der Folie der älteren Debatte um die Bedeutung eines dichotomen »Arbeiterbewusstseins« (Popitz u.a. 2018 [1957]; Kern/Schumann 1985 [1970]) spiegelt das Bewusstsein der Ehrenamtlichen einen längeren gesellschaftlichen Prozess der Ausdifferenzierung von Interessenlagen und zugleich der Integration wider, wodurch sie sich weitaus stärker als der Mitte der Gesellschaft zugehörig empfinden.

(2) Wir beobachten Bezugnahmen auf das fragmentale Gesellschaftsbild eines verinselten Nebeneinanders, allerdings in einer geringeren Gewichtung, als wir das angesichts verbreiteter Gesellschaftsdiagnosen einer Individualisierung und Singularisierung (Beck/Beck-Gernsheim 1994; Reckwitz 2017), aber auch angesichts einer zunehmenden Verschiebung der Beschäftigtenstrukturen hin zu – hochqualifizierten – Angestellten (Haipeter 2016), die sich auch in unserem Sample widerspiegelt, erwartet hätten.

Bezugnahmen von Ehrenamtlichen auf das fragmentale Gesellschaftsbild finden sich in unterschiedlicher Weise: in Haltungen, dass letztendlich jeder oder jede auf sich allein gestellt und gewerkschaftliche Solidarität unsicher und brüchig sei, da sie stets aufs Neue organisiert und mobilisiert werden müsse; in Utopien des Rückzugs auf die eigene Scholle oder in die Natur;

---

4 Vereinzelt sind wir im Laufe unserer Untersuchung auch auf Ehrenamtliche gestoßen, die die gesellschaftlichen Verhältnisse in starkem Maße dichotom deuteten – sei es, weil sie sich auf Seiten der Verlierer:innen des sozial-ökologischen und industriellen Wandels verorteten und als im Stich gelassen und ohnmächtig erlebten, oder deswegen, weil sie sich mit ihren politischen Positionen (beispielsweise zu Migration oder zur Corona-Pandemie) an den Rand gedrängt und nicht ernst genommen fühlten.

oder auch in einer hohen Wertschätzung von Leistung, autonomen Lebens-entwürfen und in dem Selbstanspruch authentischen Ich-Seins.

Unsere Befunde bestätigen, dass insbesondere höher- und hochquali-fizierte Vertrauensleute und Betriebsrät:innen auf dieses Gesellschaftsbild zurückgreifen. Aber auch in dieser Gruppe finden sich kaum Vorstellungen einer dezidiert fragmentalen Gesellschaft, sondern stets Mischformen. Ehrenamtliches Engagement scheint mit solchen Vorstellungen nur schwer vereinbar. Gewerkschaftliches und betriebsrätliches Handeln heißt, in Kommunikation, Verständigung und Aushandlung zu treten, um aus einem Nebeneinander ein – wenngleich möglicherweise fragiles und zeitweiliges – Miteinander zu machen. Bezogen auf die grafische Veranschaulichung in Abbildung 5 heißt dies, die Kante F–E ist besetzt, aber geringer als er-wartet und tendenziell mit etwas Abstand zum Eckpunkt F eines dezidiert fragmentalen Gesellschaftsbildes.

(3) Zugleich waren wir überrascht, welch starke Rolle das subsidiäre Ge-sellschaftsbild eines durch gemeinsame Werte verbundenen Füreinanders für das gewerkschaftliche Engagement der Betriebsrät:innen und Ver-trauensleute spielt. Gesellschaft als Verantwortungsgemeinschaft und das Erfordernis der Verantwortungsübernahme für das Gemeinwesen haben im Verständnis der Ehrenamtlichen einen hohen Stellenwert.

Auch hier nimmt die Bezugnahme der Ehrenamtlichen auf das subsidiä-re Gesellschaftsbild in Verbindung mit dem equilibrischen Gesellschaftsbild (ständig auszuhandelndes Miteinander) eine spezifische Färbung an (vgl. die Kante S–E der Abbildung 5). Rekurriert wird besonders auf die demokrati-sche Verfasstheit der bestehenden gesellschaftlichen Ordnung, die die Mög-lichkeiten politischer Mitsprache und Mitgestaltung bereitstellt. »Demokra-tie leben« rückt hier als Begründung und Legitimitätsnachweis des eigenen betrieblichen und gewerkschaftlichen Engagements in den Fokus. Dies be-fördert zugleich eine starke Orientierung auf Gerechtigkeit und Solidarität. Mit anderen Worten: Wir sehen eine starke Bezugnahme auf Vorstellungen einer demokratischen, gerechten und solidarischen Gesellschaft als zu ver-teidigende, aufrechtzuerhaltende und zu verwirklichende gute gesellschaft-liche Ordnung.

IV. Zwischen Betrieb und sozialem Alltag – Fallgeschichten

Aufbauend auf den Porträts einzelner Betriebsrät:innen und Vertrauensleute verweisen die hier versammelten Fallgeschichten auf verschiedene Lebenswege und Konstellationen des Engagements. Neben der Vorstellung der zwölf ausgewählten Ehrenamtlichen, die sich in unterschiedlichen Lebensphasen befinden sowie beruflich, gewerkschaftlich und privat in mannigfaltiger Art und Weise eingebunden sind, geht es um Fragen, wie sie auf die Gesellschaft blicken und wie sie zur IG Metall stehen. Basis der Deutungen sind die idealtypischen Gesellschaftsbilder und Rekonstruktionen aus den biografisch-narrativen und problemzentrierten Interviews. Das Prozessuale, nicht das Abschließende steht im Vordergrund. Eine Fallgeschichte geht nie in einem einzigen Gesellschaftsbildertypus auf, sondern steht jeweils für ein spannungsreiches Dazwischen zwischen mehreren Gesellschaftsbildern.

1. Gerechtigkeit (wieder) herstellen (Bettina)

Bettina war im Laufe ihres Lebens immer wieder mit gesellschaftlichen wie betrieblichen Ungerechtigkeitserfahrungen konfrontiert. Ihr Engagement als Betriebsrätin ist getragen von dem Ziel, zu einer solidarischeren Gesellschaft beizutragen. Dies verbindet sie mit Gewerkschaften, weil diese als mächtige Organisationen in der Lage sind, Ungerechtigkeiten abzumildern.

Bettina empfängt uns in ihrem Kleingarten in idyllischer Atmosphäre. Sie führt uns an prächtigen Blumenbeeten vorbei in die hübsch eingerichtete Laube. Wir nehmen auf der Veranda Platz. Ihr Ehemann ist bereits in Rente, und gemeinsam wohnen sie nicht weit entfernt in einer Kleinstadt im Osten Deutschlands zur Miete.

Aufgewachsen ist Bettina, die heute Ende 50 ist, sehr behütet in einer eher kargen dörflichen Umgebung, in der ihr viele nun selbstverständliche Güter luxuriös erschienen. Sie erinnert sich gerne an ihre Kindheit in der DDR, die so idyllisch wirkt wie ihr Garten, den sie hegt und pflegt. Hier treffen sich Menschen aus unterschiedlichen Milieus und Berufen, in Zeiten von Corona vor allem über den Gartenzaun.

Bettina ist mehr als zehn Jahre Betriebsratsvorsitzende in einem Betrieb, der schon zu DDR-Zeiten Bauteile im Bereich Versorgungstechnik gefertigt hat. Dort hat sie ihre technische Ausbildung gemacht und gearbeitet, bevor der Volkseigene Betrieb von der Treuhand verwaltet und schließlich verkauft wurde. In dieser turbulenten Zeit machte Bettina erste Erfahrungen mit der neuen lokalen IG Metall und Auseinandersetzungen vor Ort, die sie auch heute noch mit Stolz erfüllen. Die Erfahrung von Ungerechtigkeit sitzt tief, aber Bettina konnte durch das Erlebnis einer beteiligungsorientierten und handlungsfähigen IG Metall neue Kraft schöpfen und selbst zur Kämpferin werden. Dass der Betrieb bis heute, im Gegensatz zum Hauptsitz der Firma in Westdeutschland, keinen Tarifvertrag hat, sieht sie als Wermutstropfen. Es sind die kleineren Erfolge in Gestalt von Tarifanlehnung und Betriebsvereinbarungen, wenn auch das große Ziel der Tarifgebundenheit und der Angleichung an die 35-Stunden-Woche nie aus den Augen geriet.

In ihrer Freizeit engagiert sich Bettina in Bürgerinitiativen sowie in einer lokalen Veranstaltungsgruppe. Sie reist gerne. Kultur, die sie am liebsten in Gemeinschaft erlebt, ist ihr sehr wichtig. In ihrem Betrieb organisiert sie das Azubi-Camp und kümmert sich um die Jugend- und Auszubildendenvertretung. In der Geschäftsstelle der IG Metall engagiert sie sich als ehrenamtliche Revisorin und ist Mitglied des Ortsvorstands. Auch nach ihrem Renteneintritt möchte sie in der IG Metall aktiv sein.

Wie blickt sie auf die Gesellschaft?

Bettinas Blick auf die Gesellschaft ist gefestigt, vielleicht gerade deswegen, weil sie in ihrer überaus langen Betriebszugehörigkeit viel einstecken musste. Einerseits ist dieser Blick geprägt durch die entwürdigenden Erfahrungen im Zuge der Privatisierung des Betriebs nach dem Ende der DDR. Bettina war Zeugin, wie Qualifikationen und Geleistetes entwertet und herabgesetzt wurden, ganze Branchen von Landkarten verschwanden und die bestehende Ordnung innerhalb eines kurzen Zeitraums an Gültigkeit verlor. Andererseits ist sie immer wieder damit konfrontiert, dass Menschen in ihrer Umgebung heute Falschinformationen glauben und rechtem Populismus folgen. Besorgt beobachtet sie die dadurch entstehende Polarisierung.

Für Bettina sollte Durchsetzungskraft mit Mitgefühl einhergehen, denn darin liegt für sie die Stärke: Erst wenn emotionale Verbindungen geschaffen werden, wird aus Kämpfen etwas Gemeinschaftliches, aus dem wiederum etwas Neues entstehen kann. Eine gänzlich neue Gesellschaftsordnung wird dabei von ihr nicht herbeigesehnt. Es geht um den Erhalt des kollektiv erfahrbaren Sozialen und die Aufrechterhaltung von individuell zuzugestehender Würde, die immer wieder verletzt werden kann. Verletzungen werden hervorgerufen durch Diskrepanzen bei Löhnen sowie Arbeitszeiten und Renten in Ost und West. Eine weitere, gesellschaftlich tiefsitzende Verletzung geschah für Bettina durch die Agenda 2010: Insbesondere Familien, die für sie besonders schützenswert sind, würden dadurch nicht beschützt, sondern unverschuldet in die Armut getrieben und zusätzlich gesellschaftlich stigmatisiert.

Insofern sieht Bettina die Gesellschaft nicht nur von moralischer Ungerechtigkeit durchzogen, sondern auch von materieller Ungleichheit geprägt, der konkrete Maßnahmen entgegengesetzt werden können, zum Beispiel in Form von besseren Bildungszugängen, Chancengleichheit, durch Infrastrukturen und gerechtere Verteilung. Diese Verteilung berührt gleichermaßen die rechtliche Seite: »Wenn ein Gesetz, dann soll es für alle gelten.« Gruppenbezogene Sonderregelungen, beispielsweise ein früheres Renteneintrittsalter für bestimmte Berufsgruppen, lehnt sie ab.

Bettina setzt sich auch bei infrastrukturellen Fragen in ihrer lokalen Umgebung für Ausgleich und Gerechtigkeit ein. Sich einzubringen ist für sie wesentlicher Bestandteil des Miteinanders in einer Gesellschaft, in der alle den gleichen Respekt verdienen. Wer unverschuldet in eine Notlage gerät, sollte Unterstützung erhalten und einen neuen Platz finden oder an den alten Platz zurückkehren können. Dies gilt gleichermaßen für Geflüchtete wie für Opfer von Flutkatastrophen. Solidarität kennt in dieser Konzeption unter Solidarischen keine Grenzen. Wohlstand sollte für alle da sein, für Chancengleichheit muss gleichwohl gestritten werden. Dafür bedarf es mehr Engagement einer bzw. eines jeden.

Demokratie ist für Bettina ein hohes Gut, das durch rechte und neoliberale Politikpraktiken gefährdet ist. Bettina führt hier rechte Gruppen an, die demokratische Institutionen subtil untergraben oder offensichtlich angreifen. Sie plädiert für mehr Aufklärung und Transparenz. Neoliberalismus hingegen trete weniger offensiv, dafür aber gesellschaftlich zersetzend in Erscheinung. Bettina macht das zum einen an der für sie spürbaren Ellenbogenmentalität fest. Zum anderen entziehen sich Reiche ihrer Meinung nach der Verantwortung, zum Beispiel indem sie Möglichkeiten finden, Steuerzahlungen auf ein Minimum zu drücken.

Bettina sieht demokratische Verfahren als Mittel, Radikalisierung entgegenzuwirken, weil sie die Macht Einzelner oder von Gruppen einhegen. Zugleich kritisiert sie die Hürden demokratischer Beteiligung. In der Demokratie sprechfähig zu sein, setze voraus, Zugang zu Informationen zu haben, der aber nicht hinreichend gewährleistet sei. Demokratie in Betrieb und Gesellschaft ist so gesehen für sie erfahrbar, aber durchaus ausbaufähig.

Wie steht sie zur IG Metall?

Dadurch, dass Bettina einen Teil ihrer beruflichen Biografie in der DDR erlebte, trat die IG Metall für sie erst nach der friedlichen Revolution 1989/90 auf den Plan. Anfang der 1990er-Jahre machte sie die Erfahrung, dass die Gewerkschaft es schaffen kann, Ungerechtigkeit in Teilen abzuschwächen, beispielsweise als sie sich für die Gründung eines Betriebsratsgremiums einsetzte. Für die IG Metall empfindet sie tiefe Dankbarkeit angesichts der Implementierung und Aufrechterhaltung einer sozialen Ordnung, als diese aus den Fugen geriet. Dabei geht es ihr nicht (alleine) um den Rückgewinn materieller Sicherheit, sondern um die Herstellung von Gleichwertigkeit und die Möglichkeit, selbst nach diesem Umbruch, im gleichen Betrieb arbeiten zu können. Allerdings klafft ihrer Ansicht nach noch immer eine sehr große Lücke zwischen Ost und West bei der Arbeitszeit und Rente. Bettina ist hoffnungsvoll, und die jüngsten Entwicklungen zur Angleichung geben ihr recht.

Manche in Bettinas Betrieb denken, dass die Gewerkschaften »die da oben« sind. Für Bettina besteht hingegen die IG Metall aus den Kolleg:innen, die durch ihr Engagement die Organisation, die sie als demokratisch und solidarisch erlebt, stützen und mit Leben füllen. In ihrem betrieblichen Umfeld kämpft sie vehement gegen Vorurteile, die mit der Organisation verbunden werden. Dafür weist sie regelmäßig auf das Potenzial solidarischer Praxis hin: Nur wenn man zusammensteht, kann man etwas erreichen.

2. Seinen Platz einnehmen (Dennis)

Dennis sieht sich in der »Mitte« der Gesellschaft und verteidigt darin seinen Platz. Politisch verortet er sich rechts-konservativ. Er sieht die traditionelle gesellschaftliche Ordnung im Zerfall begriffen. Er schätzt die IG Metall aufgrund ihrer betriebs- und tarifpolitischen Handlungsmacht, steht aber ihrer generellen politischen Ausrichtung eher distanziert gegenüber.

Dennis' Woche ist durchstrukturiert: Neben der Arbeit und dem Betriebsrat widmet er sich der Familie und seinen Leidenschaften und Hobbys – dem Sport, dem Motorradclub und der Freiwilligen Feuerwehr. Er fügt sich gut ein in das dörfliche und betriebliche Leben, und das trotz seines markanten Erscheinungsbildes. Durchtrainiert, mit Zopf, Tätowierungen und seinen bulligen Hunden kann er durchaus einschüchternd wirken. Dies ändert sich rasch, wenn man sich mit ihm unterhält, denn Dennis ist ein sehr zugewandter und freundlicher Mensch.

Dennis ist Anfang 30 und verheiratet. Er hat zwei Kinder im Grundschulalter, wobei das ältere Kind bei seiner vormaligen Partnerin wohnt. Mit seiner Frau, dem gemeinsamen Sohn und den Hunden wohnt er in einem Eigenheim in Süddeutschland. Das Haus, das stets offen für Freunde ist, steht in einem kleinen Ort ganz in der Nähe einer größeren Industriestadt, in der Dennis arbeitet. Aufgewachsen ist Dennis gemeinsam mit seinen Geschwistern in einem Nachbarort; nach der Trennung der Eltern bei seinem Vater, den er als autoritär beschreibt. Zu ihm hat er mittlerweile keinen Kontakt mehr.

Dennis entscheidet sich früh gegen den weiteren Schulbesuch und für die Ausbildung in einer kleinen Schreinerei. Aufgrund eines Arbeitsunfalls verlässt er den Betrieb und wechselt in die Verfahrensmechanik. »Eine gute Entscheidung«, wie er heute sagt. Die Ausbildung in einem vormaligen Familienunternehmen schließt er mit Bravour ab. Heute ist er Großanlagenführer und zunächst als stellvertretender Betriebsratsvorsitzender teilfreigestellt. Als wir ihn und seine Kolleg:innen treffen, läuft gerade eine Entlassungswelle. Unterstützung gibt es durch die IG Metall vor Ort. Betriebsratsvorsitzender ist Dennis später durch das Ausscheiden einer Kollegin geworden.

Dennis ist in seinem Wohnort fest verwurzelt. Insbesondere sein Engagement in der freiwilligen Ortsfeuerwehr, in der er die Funktion des stellvertretenden Abteilungskommandanten innehat, ist ihm wichtig. Dennis hält

sich für verantwortlich, im eigenen Handeln seinen Teil zum Erhalt der ge-
sellschaftlichen Ordnung beizutragen und dem gesellschaftlichen Zerfall vor
Ort entgegenzuwirken. Dies beginnt da, wo das Private öffentlich wird: im
Vorgarten oder im öffentlichen Raum der Straße. Hier heißt es, Ordnung zu
wahren, auf das Erscheinungsbild zu achten, sich angemessen zu kleiden.
Dies gilt im Umgang mit anderen, wo er von sich selbst ebenso wie von an-
deren ein höfliches und hilfsbereites Benehmen erwartet – und von seinen
Kindern verlangt. Handlungsleitend ist es aber auch bei der Übernahme von
Gemeinschaftsaufgaben wie seinem Engagement im Betriebsrat.

Wie blickt er auf die Gesellschaft?

Für Dennis ist die Gesellschaft eine im Zerfall begriffene Ordnung. Die gesellschaftliche Ordnung, auf die sich Dennis bezieht und die er aufrechtzuerhalten versucht, ist – in der kleinen Welt des Betriebs und Wohnorts ebenso wie im Großen der Nation – funktional und hierarchisch gegliedert. Sie
orientiert sich an festen Werten wie Respekt, Höflichkeit, der Anerkennung
von Autorität und Führung, Verantwortung, Loyalität und Gemeinschaft.
Dennis sieht sich selbst als Teil dieser traditionellen Ordnung, die er
nicht infrage stellt. Diese Ordnung setzt Zwänge, bietet Schutz vor persönlicher Willkür und Orientierungslosigkeit und schafft dadurch Verhaltens-
sicherheit. In diesem Sinne sind auch die betriebliche Mitbestimmung und
das Tarifvertragswesen Teil seiner Ordnungsvorstellungen, da sie Regeln,
Rechte und Pflichten definieren und willkürlicher Machtausübung Grenzen
setzen.
Seine Lebensgeschichte erzählt Dennis als Reifungsprozess des Einord-
nens und der Integration in die bestehende Ordnung: Zunächst ein Rebell,
hat er die gesellschaftlich vorgegebenen Regeln und auferlegten Grenzen des
eigenen Handelns akzeptiert. In Dennis' Konzept von Gesellschaft ist jeder
Mensch ein »Glied in der Kette« und sollte von sich aus wissen, welchen Platz
er in diesem mehrfach gestuften Gebilde (nach Alter, Qualifikation oder for-
maler Position) einnimmt und mit welchen Rechten, Pflichten und Verhal-
tensanforderungen dies verknüpft ist.
Die gesellschaftliche Ordnung wird von Dennis als im Zerfall begriffen
wahrgenommen, weil sie im Handeln der Vielen nicht mehr hinreichend reproduziert wird. Hinweise dafür findet er in antiautoritären Verhaltensweisen (beispielsweise bei Auszubildenden), im Rückgang des sozialen und bür-

gerschaftlichen Engagements oder in der schwindenden Wertschätzung gegenüber nichtakademischen Berufen. Denn in der Gesellschaft braucht es nicht nur »Häuptlinge, sondern auch Indianer«, wie er sagt. Er sieht sich zugleich in seiner Kultur angegriffen, weil Konventionen und Werte, die Sicherheit geben, an gesellschaftlicher Anerkennung verlieren. In dem Zusammenhang kritisiert er, dass Patriotismus als anstößig bewertet wird.

Die bestehende alte Ordnung, die zwar streng ist, sich seiner Wahrnehmung zufolge aber durch Fairness und Loyalität auszeichnet, droht durch eine wenig verlässliche, schnelllebige und mobile neue Ordnung abgelöst zu werden: Nicht mehr Menschen, sondern »nur noch Zahlen zählen«; im Wandel vom Familien- zum Konzernunternehmen werden betriebliche Loyalitäten aufgekündigt, traditionelle Werte haben keinen Bestand mehr, Ausbildungsberufe verlieren an Wertschätzung.

Dennis' Solidaritätsgefühl ist begrenzt: einerseits durch nationale Zugehörigkeiten sowie damit verbundene Rechte und Pflichten, andererseits durch die Möglichkeiten, die man ausgehend von der gesellschaftlichen Positionierung hat. Diese Position kann nicht eigenständig eingenommen werden, sie wird zugewiesen. Macht heißt in diesem Sinne Einfluss, die bestehenden Koordinaten zu verändern, zum Beispiel durch Geld. Seinen eigenen Einfluss als Gesellschaftsmitglied, aber auch als Betriebsrat sieht er dahingehend ebenfalls als begrenzt an.

»Demokratie existiert«, so Dennis. Sie funktioniert für ihn aber nicht als ein System umfassender Beteiligung und im Sinne eines Teilhabens, sondern als Bewegung unterschiedlicher, teils divergierender Kräfte, beispielsweise in Form des Konflikts zwischen dem Erhalt von Arbeitsplätzen und klimaschutzpolitischen Anforderungen. Insofern gestaltet sich Demokratie als eine Art Herrschaft einer undurchsichtigen Mehrheit und als potenzielle Unterdrückungsinstanz, die unmittelbare Beteiligung ausschließt. Eigentlich demokratische Prinzipien sieht er in Teilen durch komplexe Verfahren, dynamische Vorgehensweisen und widersprüchliche Richtungsweisungen ausgehebelt. Dennis wünscht sich eindeutige Entscheidungen und Verbindlichkeiten, die zwar zum einen in einem hohen Maße Konfliktstoff enthalten, aber zum anderen ebenso eine Orientierung und ein Orientiert-Werden bieten.

Wie steht er zur IG Metall?

Dennis' Mitgliedschaft und seine Mitarbeit in der IG Metall sind keine Liebesheirat, sondern Zweckbündnis. Er schätzt die IG Metall punktuell als Interessenpartei der Beschäftigten gegenüber der Arbeitgeberseite, distanziert sich aber generell von ihrer politischen Ausrichtung und explizit von der linken Bündnispolitik vor Ort. Sein »Herz schlägt nicht rot«, wie er sagt, und sein Engagement in der IG Metall ist auf betriebs- und tarifpolitische Kernbereiche begrenzt. Er verortet sich patriotisch-konservativ, am rechten Rand des demokratischen Meinungsspektrums, den er mit der CSU verbindet.

Die IG Metall steht ihm dort nahe, wo sie als Verteidigerin der Ordnung auftritt: für geregelte Arbeitsverhältnisse gegen persönliche Willkür und Machtmissbrauch oder für die Interessen der »Sesshaften« gegen die ortlose und blinde Macht der Zahlen. Und sie ist ihm da fremd, wo sie selbst kulturell den Zerfall der Ordnung mit vorantreibt, indem sie beispielsweise Nationalismus bekämpft. In der Bruderschaft seines Motorradclubs, aber auch in der Freiwilligen Ortsfeuerwehr findet er dagegen die kulturelle und emotionale Nähe und Gemeinschaft, die er in der IG Metall nicht eingehen möchte und aufgrund der politischen Differenzen nicht sucht. Dennis hat eine sich festigende Idee davon, was eine »gute« Gemeinschaft ist – sie zeichnet sich durch Homogenität, Grenzen und Stolz auf das Eigene aus.

3. Anderen mit Respekt begegnen (Alexander)

Für Alexander sind individuelle und materielle Sicherheit ebenso wichtig wie ein Miteinander in Pluralität. Er stellt die gesellschaftliche Ordnung nicht infrage, im Gegenteil: Er sieht sie als Stützpfeiler einer guten und im Dienste einer besseren Welt. Die IG Metall steht für ihn für Standortsicherheit, aber auch für eine Organisation, die mit der Zeit geht und gehen muss.

Mit Alexander ein Gespräch zu verabreden, ist nicht ganz einfach. Er ist in Elternzeit, und seine zwei kleinen Kinder fordern ihn sehr. Das jüngste ist erst wenige Monate alt. Planen ist hier schwierig und eine Videokonferenz eröffnet zumindest die Möglichkeit eines Treffens, das sonst kaum zu realisieren wäre. Erst vor kurzem hat Alexander mit seiner Familie ein eigenes Haus, einen Neubau, bezogen. Hier treffen wir ihn und seine Familie erneut.

Zäune zwischen den Grundstücken fehlen derzeit, sie kommen aber noch, wie seine Partnerin versichert. Mit den neuen Nachbar:innen verstehen sich die beiden, die seit der Schulzeit ein Paar sind, sehr gut.

Aufgewachsen ist Alexander mit seinen Eltern und seinen Geschwistern ebenfalls in einer Neubausiedlung im Umland einer ostdeutschen Großstadt. Der Vater arbeitete bis zur Rente bei der Post. Er war aus Überzeugung ver.di-Vertrauensmann. Die Mutter ist wie Alexander Ingenieurin und arbeitete nach dem Ende der DDR als Beamtin in einer Landesbehörde. Seine Eltern begleiteten seinen Bildungsweg und förderten ihn.

Heute ist Alexander Anfang 30 und arbeitet als Ingenieur in einem großen Unternehmen, seit Corona vor allem im Homeoffice. Der Einstieg in dieses Unternehmen erfolgte mit Aufnahme eines dualen Studiums der Elektrotechnik. Daran schloss er berufsbegleitend ein spezialisiertes Masterstudium an. Technik begeisterte ihn schon als Kind. Alexander hätte sich auch einen kreativen Beruf vorstellen können, zumal er ein guter Schüler war, entschied sich dann aber für den »sicheren Weg«. Materielle Unabhängigkeit und Absicherung waren ihm wichtiger als inhaltliche Interessen.

Während des Studiums hatte er ein geringes, aber sicheres Einkommen, mit dem er und seine Partnerin gut haushalten mussten. Angesichts der erwarteten beruflichen Position nahm er diese Entbehrungen als positive Lernerfahrung wahr, dass der Mensch auch mit wenig Geld auskommen kann.

Alexander ist Vertrauenskörperleiter und beteiligt sich an einem örtlichen Arbeitskreis der IG Metall zur Informationstechnologie. Im Betrieb stellt er sich auch mal an die Maschine, seine Funktion als Ingenieur in Zusammenarbeit mit der Fertigung versteht er als unterstützend, nicht als bevormundend. Er sieht sich als praktisch denkenden Mitarbeiter, der auf kollegiale Kooperation und Unterstützung setzt, von der alle, auch das Unternehmen, profitieren. Gerne würde er sich stärker gewerkschaftlich engagieren. Der Spagat zwischen Beruf und Familie erfordert jedoch Abstriche. Für Hobbys, zum Beispiel Computerspiele, die er früher gerne gespielt hat, bleibt kaum Zeit.

Wie blickt er auf die Gesellschaft?

Alexander ist und war schon immer zielstrebig. Sein Lebensweg verläuft in geordneten Bahnen, deren Stationen er aufbauend und mit Bedacht durchschritten hat. Gesellschaft sieht er als eine gegebene, nicht zu hinterfragende Ordnung. Er vertraut gesellschaftlichen Institutionen und richtet sein Handeln an gesellschaftlichen Normen und Konventionen aus. Oder mit seinen Worten: »Ich halte mich gerne ans Gesetz.« Orientierungen geben Zielmarken des beruflichen Aufstiegs: sicherer Arbeitsplatz, Familie und Eigenheim. Dabei geht es ihm weniger darum, zu zeigen, was man hat, sondern mehr um ein Leben im Einklang mit Konventionen, die Sicherheit bieten und darüber hinaus ein solches Leben ermöglichen.

Gesellschaft stellt sich für Alexander als Möglichkeitsraum dar, der Optionen bietet, das eigene Leben zu gestalten und einen sicheren Platz in der Gesellschaft zu finden, der den eigenen Bedürfnissen und Zielvorstellungen, aber auch Fähigkeiten entspricht. Bildung ist dabei für ihn der zentrale Schlüssel, der gesellschaftliche Türen öffnet und Entscheidungsspielräume erweitert.

Alexanders Lebensführung ist weitgehend darauf ausgerichtet, seine individuellen Interessen zu verfolgen und sein persönliches Glück zu finden. Er sieht sich im Gleichklang mit der gesellschaftlichen Ordnung, zu deren Aufrechterhaltung er durch seine individuelle Lebensführung beiträgt. Bei aller Leistungsorientierung besitzt er aber keine Ellenbogenmentalität; sein Fokus ist auf Leistung ausgerichtet, und er verweist auf positive Erfahrungen kollegialer Unterstützung sowohl in Schule und Studium als auch im Berufsleben.

Für Alexander verschränkt sich das Individuelle mit dem Kollektiven. Einerseits hat jeder und jede das Recht auf Unversehrtheit und individuelles Glück, darauf, sein oder ihr Leben nach individuellen Gesichtspunkten zu gestalten. Andererseits verlangt Gesellschaft, sich einzubringen. Seinen Anteil beizutragen, heißt für ihn insbesondere, anderen mit Respekt gegenüberzutreten und sich im Betrieblichen wie im Privaten gegenseitig zu unterstützen. Sich weiterzuentwickeln bedeutet für ihn auch, zur Innovation beizutragen. Dabei geraten etablierte Formen (wie Bildung) und Werte (wie Unterstützung) nicht aus dem Blick.

Für die Zukunft erhofft sich Alexander mehr Offenheit und Austausch. In seinem Bild von Gesellschaft scheint immer wieder ein Fluchtpunkt auf – der eines konfliktfreien Zusammenlebens in einer multikulturell und divers geprägten Gesellschaft. Für Alexander können unterschiedliche Bedürfnisse und Interessen nebeneinander existieren. Seiner Ansicht nach kann dies auch im globalen Maßstab gelten, in dem nicht mehr Ausbeutung, sondern

Befähigung und Kooperation das Mit- und Nebeneinander, auch im Wettbewerb, prägen.

Macht bedeutet für Alexander auf der einen Seite die Möglichkeit, auf soziale Verhältnisse Einfluss zu nehmen und diese in konstruktiv-positiver, aber ebenso in destruktiv-negativer Weise zu gestalten. Demokratie und Rechte sind deshalb aus seiner Sicht unumgängliche Mittel, um Macht zu begrenzen und vor Willkür und Partikularismus zu schützen. Im Betrieb ist für Alexander Demokratie der Form nach gegeben; Rechte stellen hierfür den Instrumentenkasten bereit. Zugleich kritisiert er die Demokratie im Betrieb als unzureichend, da weitreichende Unternehmensentscheidungen der betrieblichen Mitbestimmung entzogen sind. Demokratie erfordert aus seiner Sicht, dass sie gelebt wird und fairen Regeln folgt, auch im globalen Maßstab – »da geht noch was«, wie er betont.

Solidarität bedeutet für Alexander Unterstützung und Hilfestellung für diejenigen, die sich selbst nicht helfen können. Situationen, die mit Ohnmacht einhergehen, können in seiner Vorstellung jede und jeden treffen, wie er am Beispiel der Flutkatastrophen verdeutlicht. Die Ohnmacht erfordert ihm zufolge die Unterstützung und Handlungsfähigkeit der anderen. Handlungsfähigkeit ist die andere Seite der Macht. Alexander sieht sich, bis auf wenige Ausnahmen insbesondere im Betrieblichen, auf der Seite der Handlungsfähigen. Diese Erfahrung stellt eine wesentliche Ressource für sein, wenn auch beschränktes, Engagement dar.

Wie steht er zur IG Metall?

Alexander betrachtete eine Gewerkschaftsmitgliedschaft lange Zeit als Hemmschuh für seine Aufstiegsambitionen zur Führungskraft. Erst eine drohende Standortschließung veranlasste ihn zum Beitritt. Die IG Metall warb damit, die Werksschließung verhindern zu wollen, knüpfte dies aber an eine Erhöhung des Organisationsgrads. Dass der Standort auf der Grundlage eines von der IG Metall angestoßenen Wirtschaftlichkeitskonzepts erhalten werden konnte, überzeugte ihn von der Wichtigkeit gewerkschaftlichen Engagements.

Gewerkschaftliche Solidarität geht für Alexander weiter als die Konzentration auf bereits tariflich erschlossene Betriebe. Eine stärkere gewerkschaftliche Ausrichtung darauf, die Tarifbindung zu erweitern und Erschließungslücken zu schließen, ist für ihn nicht allein aus Solidarität

denjenigen gegenüber geboten, die mit niedriger Entlohnung und schlechten Arbeitsbedingungen zu kämpfen haben, sondern auch notwendig, um
zu einer fairen Konkurrenz jenseits von Löhnen und Arbeitsbedingungen
zu kommen.

In Alexanders Orientierung auf Wettbewerbsfähigkeit und Standortsi-
cherung verbindet sich sein berufliches Rationalisierungsverständnis mit
seinem gewerkschaftlichen Engagement. Alexander möchte dazu beitragen, die Position seines Betriebs ebenso in der internationalen Konkurrenz,
konkret nennt er China, zu stärken. Dies erfordert aus seiner Sicht die
Bereitschaft des Managements und der Beschäftigten gleichermaßen, gegenüber digitalen Neuerungen und Veränderungen der eigenen Arbeit offen
zu sein. In dieser Sichtweise trifft sich Alexander mit der strategischen
Ausrichtung der IG Metall, Digitalisierung nicht zu blockieren, sondern mit
voranzutreiben, verbunden mit dem Ziel, gestaltend Einfluss zu nehmen
sowie Wettbewerbsfähigkeit und gute Arbeits- und Beschäftigungsbedin-
gungen miteinander zu verknüpfen.

4. Recht zur Geltung bringen (Richard)

*Bürger- und Arbeitnehmerrechte, Leistung und Fleiß sind für Richard handlungslei-
tend, weil wesentlich für gesellschaftliche Integration und Teilhabe. Dies schließt die
Notwendigkeit ein, seine Rechte wahrzunehmen und interessenbewusst durchzusetzen. Die IG Metall ist dabei ein wichtiger Bezugspunkt, vor allem auf betrieblicher
Ebene.*

Für unser erstes Gespräch holen uns Richard und ein Kollege in der Ein-
gangshalle des Betriebs ab. Beide tragen T-Shirts mit dem Unternehmens-
logo und sind zunächst eher zurückhaltend. Im Betriebsratsbüro berichten
sie ruhig und sachlich von Krisen im Betrieb und der Unterstützung durch
die IG Metall vor Ort.

Seit 2010 ist Richard im Betriebsrat und ein Jahr danach der IG Metall
beigetreten – in seinem Betrieb, der Teil einer weltweit tätigen Unter-
nehmensgruppe ist, als einer der ersten. Im kleinen Kreis einer Handvoll
Mitglieder haben sie sich in dem Maschinenbaubetrieb mit ein paar hundert
Beschäftigten intensiv organisiert und eine Tarifbindung erreicht. Heute
schaut Richard mit Stolz auf diese bewegte Zeit und die erzielten Erfolge
zurück. Mittlerweile ist er Betriebsratsvorsitzender. Auf eine Vollfreistel-

lung verzichtet er zugunsten seines Berufs und der Option der Rückkehr. Er ist zudem als ehrenamtlicher Arbeitsrichter tätig.

Richard ist Mitte 40 und im Baltikum geboren. Als Kleinkind kam er mit seiner alleinerziehenden Mutter als Spätaussiedler nach Deutschland. Die Wohn- und Lebensverhältnisse waren zunächst sehr einfach. Der Familienverband, zu dem auch entferntere Verwandte gehören, war in dieser schwierigen Zeit eine wichtige Unterstützung und schuf Zusammenhalt. Auch heute noch ist der Kontakt zu vielen intensiv.

Als gelernter Werkzeugmechaniker hat Richard berufsbegleitend seinen Meister gemacht und arbeitet als CAM-Programmierer. Die Weiterqualifizierung war zeitlich sehr aufwändig und hat ihn und seine Familie schwer belastet. Im weiteren Verlauf stellte die Ausbildung der Kinder eine besondere finanzielle Herausforderung dar. Das Geld für Auslandsaufenthalte und Mieten musste abgespart und mittels Mehrarbeit hinzuverdient werden. Richard ist stolz, dass ihm und seiner Frau dies gelungen ist.

Beim zweiten Mal sprechen wir Richard per Videokonferenz zuhause. Er ist entspannt, offen und zugewandt. Zugeschaltet ist er aus seiner Eigentumswohnung in einer süddeutschen Großstadt, in der er mit seiner Ehefrau und den beiden Kindern lebt. Die Siedlung, in der sie wohnen, gilt als sozialer Brennpunkt, die AfD ist stark. Über politische Themen spricht man nur mit den engsten Vertrauten. Richard hat hier fast sein gesamtes Leben verbracht. Er schätzt die Gemeinschaft und bringt sich in die Stadtteilarbeit ein. Seine Frau arbeitet als Krankenschwester. Die Tochter macht gerade ihr Fachabitur und hat ebenfalls einen Ausbildungsplatz in der Pflege in Aussicht. Der Sohn studiert in der Nähe. Richard ist viel mit dem Rennrad unterwegs. Der Wohnwagen steht auf einem Dauercampingplatz, auf dem seine Frau und er regelmäßig die Wochenenden verbringen.

Wie blickt er auf die Gesellschaft?

Richard hat einen pragmatischen Blick auf die Gesellschaft. Aus seiner Sicht geht es darum, einen Platz in der Gesellschaft zu finden, »gesellschaftsfähig«, das heißt selbstständig zu werden und sich und der eigenen Familie ein auskömmliches Leben zu ermöglichen. Die gesellschaftliche Ordnung ist dabei insbesondere entlang beruflicher Positionen strukturiert, die durch Leistung und Fleiß zu erreichen sind und Wohlstand und Teilhabe sichern. Bildung ermöglicht beruflichen Aufstieg und damit gesellschaftliche Mobilität.

Bildung ist in seiner Perspektive eine Frage von Leistungswille und Veranlagung, besonders aber auch von finanziellen Ressourcen.

Die Gesellschaft schenkt dem Einzelnen nichts, aber sie öffnet Möglichkeitsräume, die es zu nutzen gilt. Hier kann es im Kleinen positive Veränderungen geben, im Großen bleibt die Welt hochdynamisch und vom Individuum wenig beeinflussbar. Richard entwickelte dieses Bild von Gesellschaft vor dem Hintergrund geringer Ausgangsressourcen und sieht auch heute noch eine sparsame Lebensführung, verknüpft mit Werten wie Maßhalten, Genügsamkeit, Fleiß und Stetigkeit, um sozialen Aufstieg zu sichern, als Ideal an. Die Architektur der sozialen Sicherungssysteme ist für Richard zutiefst ungerecht, da sie falsche Anreize setzt und diejenigen bestraft, die sich etwas aufgebaut haben; für diese ist Hartz IV kein Sicherheitsnetz, sondern existenzbedrohende Sackgasse.

Richards Wahrnehmung ist geprägt von privaten und betrieblichen Ungerechtigkeitserfahrungen, aber auch von der Erfahrung, dass es möglich ist, Unrecht institutionell abgesichert bekämpfen zu können. Neben dem in Aussicht gestellten Aufstieg durch Bildung ist Recht deshalb sein zweiter zentraler Bezugspunkt zur Gesellschaft.

Die Gesellschaft beruht für Richard nicht auf Fürsorge, sondern auf Rechten, die den rechtlichen Status und damit gesellschaftliche Zugehörigkeit nationalstaatlich definieren. Soziale Ausgleichsmechanismen bestehen, sie müssen aber innerhalb bestehender Rechtsansprüche eingefordert und durchgesetzt werden. Dazu bedarf es rechtlichen Wissens.

Gesellschaftsmitglied zu sein, ist ebenso mit Pflichten verbunden, sowohl legalistisch im Sinne gesetzlicher Anrechte und Anforderungen als auch moralisch im Sinne legitimer Ansprüche an das einzelne Gesellschaftsmitglied für das Ganze. Der soziale Status muss erarbeitet werden und daher müsse auch jeder oder jede sehen, wo er oder sie bleibt – aber nicht in Konkurrenz zu anderen, sondern im Verhältnis zu Arbeitgebern und zum Staat.

Der Markt stellt dagegen keine Gerechtigkeit her. Konzerne haben Macht, die Rahmenbedingungen des »Gesellschaftsvertrags« zu verändern, indem sie sich der Verantwortung entziehen. Wirtschaftliche Krisen erlebt Richard als unkalkulierbare Lebensrisiken, denen er und seinesgleichen weitgehend schutzlos ausgeliefert sind. Mit nicht beeinflussbaren wirtschaftlichen und gesellschaftlichen Unwägbarkeiten geht Richard pragmatisch um: Richard versucht, sich bietende Chancen zu nutzen und aus Krisen das Beste zu machen.

Die Erfahrung, dass man Rechte hat, die man zur Geltung bringen kann und darf, ist handlungsleitend für Richards betrieblich-gewerkschaftliches Engagement. Rechte sind für ihn der Rückhalt, die das Einbringen der eigenen Interessen und Gegenwehr gegen Arbeitgeberwillkür ermöglichen. Das Betriebsverfassungsgesetz und damit der Betriebsrat als rechtliche Institution garantieren einen Bürgerstatus im Betrieb, den es in der Praxis als Betriebsrat auszufüllen gilt. Solidarität ist für Richard hingegen auch jenseits von Status und Institution im Zwischenmenschlichen erfahrbar. Sie äußert sich im Alltag und in der gegenseitigen, punktuellen Hilfestellung.

Richards Verhältnis zur Demokratie ist wenig enthusiastisch: Demokratie funktioniert – leidlich. Die bestehende Parteiendemokratie bewertet er als nicht sehr transparent und in ihrem inhaltlichen Spektrum begrenzt, die Unterschiede zwischen den Parteien seien gering. Die Arbeitswelt sieht er angesichts vertraglicher Vorgaben und Weisungsgebundenheit als wenig demokratisch an. Der Betriebsrat habe eine Kontrollfunktion. Mitsprache gibt es seiner Auffassung nach genug, es stelle sich nur die Frage, ob man mitsprechen will, und er selbst ist da verhalten. Richards Demokratieverständnis lässt sich am ehesten als instrumentell bezeichnen. Demokratische Verfahren und Rechte sind für ihn Machtressourcen in der Auseinandersetzung und Aushandlung von Interessen und damit Mittel zum Zweck eigener Interessenwahrnehmung.

Wie steht er zur IG Metall?

Insgesamt schätzt Richard die IG Metall als eine Organisation, über die er seine Interessen, Vorstellungen und Kämpfe vorantreiben kann. Er ist aktiver Teil der Gewerkschaftsbewegung, wobei er eine Politisierung durch die Position als Betriebsrat erfuhr. Durch die Identifikation mit der IG Metall begann er sich mit gesellschaftspolitischen Themen zu beschäftigen sowie an Demonstrationen oder Protesten, beispielsweise für eine gerechte Rentenpolitik, aktiv teilzunehmen. Die konkrete Arbeit im Betrieb (Erschließung), die Unterstützung der Betriebsratsmitglieder (Schulung, Beratung) und die dadurch ermöglichten Erfolge (Tarifbindung, professionelle und wirksame Betriebsratsarbeit) haben ihn von der Wichtigkeit und dem Nutzen einer starken gewerkschaftlichen Organisation überzeugt.

Sein betriebliches Engagement hat eine »Dynamik angenommen, die so nicht geplant war«: vom einfachen Betriebsratsmitglied zum Amt des

Betriebsratsvorsitzenden, das wiederum ehrenamtliche Funktionen in der
IG Metall nach sich gezogen hat. Zugleich erlebt er sein Engagement als bereichernd. Es ist für ihn Horizonterweiterung und Gemeinschaftserleben,
verbunden mit Aufwertungs- und Anerkennungserfahrungen.

5. Weiter kämpfen (Chloe)

*Für Chloe sind gesellschaftliche Teilhabe und individuelle Teilnahme wichtig. Sie ist
aktive Gewerkschafterin im und außerhalb des Betriebs. Ihr Engagement gründet
darauf, dass sie das gesellschaftliche Versprechen auf Teilhabe für sich wie auch
generell bislang nicht eingelöst sieht.*

Wir treffen Chloe zuhause. Der Einladung fügt sie hinzu, dass wir nicht
erschrecken sollen, denn bei ihr sei es ein bisschen spießig. Sie und ihr
Lebensgefährte wohnen in einem Einfamilienhaus mit Garten in einer
großstädtischen Vorortsiedlung in Norddeutschland. Vor kurzem zuge-
zogen, hat sie eher wenige Berührungspunkte und kaum Interesse an der
Nachbarschaft, was sie aber nicht weiter schlimm findet. Das Pendeln zur
Arbeitsstätte schafft zugleich auch positive Distanz. Wir sind nach der
Frühschicht verabredet. Sie hat Apfelkuchen gebacken und Kaffee gekocht.
Die Wand hängt voller Fotos der Verwandtschaft.
   Chloe ist Mitte 40 und jung Mutter geworden. Ihre zwei Kinder sind bereits erwachsen und ausgezogen. Als Familienmensch, als der sie sich selbst
beschreibt, steht sie in engem Kontakt zu ihnen, ihren Geschwistern und
ebenso zu ihrer Mutter, um die sie sich regelmäßig kümmert. Haus und Garten zu gestalten ist Chloe sehr wichtig; das Tanzen ist darüber hinaus ihre
Leidenschaft.
   Die ersten Lebensjahre verbrachte Chloe zusammen mit ihren Eltern
und Geschwistern in Ghana, woher ihr Vater stammt. Die Mutter beschreibt
sie als »68er-Rebellin« mit starkem Gerechtigkeitssinn, die gesellschaftspolitisch aktiv war und Chloe schon früh mit zu Demonstrationen nahm. Sie
war zugleich die Familienernährerin, während der Vater weniger präsent
war. Chloe brauchte einige Jahre, bis sie sich wieder in Deutschland wirklich
zuhause fühlte.
   Schon als Schülerin an einer freien Schule jobbte Chloe regelmäßig. Bereits hier machte sie Erfahrungen mit dem Arbeitsgericht, weil sich eine Firma weigerte, den Lohn auszuzahlen. Auch in weiteren Beschäftigungsver-

hältnissen erfuhr sie, so ihre Worte, Ausbeutung und Unterdrückung. Nach
einer Ausbildung zur Bürokauffrau in einem Industriebetrieb und Anstel-
lungen in weiteren Unternehmen ist sie zunächst als Leiharbeitnehmerin in
der Lagerlogistik eines großen Automobilunternehmens beschäftigt. Wenige Wochen nach Übernahme in die Stammbelegschaft wurde sie zur Vertrauensfrau gewählt, eine Funktion, für die sich lange niemand in ihrer Abteilung fand. Einige Jahre später kandidierte sie für den Betriebsrat, aber ohne Erfolg. Auch das berufliche Vorankommen stagniert eher, daher konzen-
triert sich Chloe neben der Familie auf das gewerkschaftliches Engagement.
Sie verbindet Frauenpolitik mit dem Kampf gegen Rassismus über Klassen-
grenzen hinweg. Kurzarbeit und die Angst vor betriebsbedingten Kündigun-
gen zeichnen Chloes aktuelle Situation aus, aber nicht in dem Umfang wie
ihre Kolleg:innen, die noch nie in einem anderen Betrieb gearbeitet haben.

Wie blickt sie auf die Gesellschaft?

Chloe schaut selbstbewusst auf ihre Position, auch wenn das Leben es nicht
immer gut mit ihr meinte. Ihr Verständnis wird getragen von der Idee sozialen Fortschritts – als Möglichkeit und Notwendigkeit. Das Gesellschaftsbild
ist mithin weniger ein pragmatisch-realistisches als ein idealistisches, auf
das es hinzuarbeiten gilt.

Geprägt haben Chloe zum einen Erfahrungen materiell unsicherer Lebensverhältnisse, zunächst im Herkunftsland ihres Vaters, zeitweilig aber
auch in Deutschland. Zudem weiß sie das deutsche Bildungs-, Gesundheits-
und Sozialsystem ebenso zu schätzen wie die gewerkschaftliche Beteiligung
und betriebliche Mitbestimmung. Dennoch sind für sie Demokratie, soziale
Gerechtigkeit und Diskriminierungsfreiheit Versprechen einer modernen
Gesellschaft, die noch nicht vollständig eingelöst sind. Mehr noch, sie
sind durch rechte Strömungen bedroht, und das System, mit all seinen
Errungenschaften, könne jederzeit kippen. Insofern sorgt sie sich um die
gesellschaftliche Entwicklung. Gesellschaftliche Errungenschaften müssen
aus ihrer Sicht durch Engagement und politischen Kampf einerseits weiter vorangetrieben und ausgebaut werden. Andererseits gilt es, sie gegen
Angriffe von rechts, die für sie eine konkrete Bedrohung darstellen, zu
verteidigen.

Die Gesellschaft ist für Chloe zwar auf sozialen Ausgleich, demokratische Teilhabe und Mitsprache angelegt. Diese gesellschaftlichen Verspre-

chen sind aus ihrer Sicht aber noch alles andere als verwirklicht. Chloe ist Idealistin und streitbare Kämpferin. Ihre Mutter hat ihr vermittelt und vorgelebt, dass es für eine bessere, freiere und gerechtere Gesellschaft zu kämpfen gilt. Zugleich hat Chloe angesichts ihres beruflichen Werdegangs, aber auch durch Rückschläge, die sie im Privaten ebenso wie in ihrem Engagement hat einstecken müssen, an Idealismus eingebüßt. Sie ist ein Stück weit resigniert.

Chloe sieht sich partiell in einer Position der Nichtzugehörigkeit. Sie ist dazugekommen, kein »Eigengewächs«, was insbesondere für ihre Position im Betrieb gilt. Eher am Rand stehend, bleiben für sie manche Codes und Netzwerke, die Zugehörigkeit und Machtpositionen sichern, verschlossen. Dadurch werden Teilhabe und Zugänge, zum Beispiel zur beruflichen Entwicklung, verwehrt. Entgegen dem Ideal einer demokratischen, durchlässigen und gerechten gesellschaftlichen Ordnung erweist sich das Versprechen auf Teilhabe für sie in Wirklichkeit als ein ständiger Kampf gegen unsichtbare Schranken. Die Nichtzugehörigkeit ist daher der Kontrast zum Ideal einer umfassenderen, schrankenlosen Zugehörigkeit, die die gesellschaftliche und individuelle Bewegung ermöglicht. Und Bewegung heißt für Chloe zu wachsen.

Damit ist Zugehörigkeit gleichermaßen Ziel als auch Ressource. Chloe vermittelt und integriert, auch über politische und Milieugrenzen hinaus, und wendet sich damit gegen den Ausschluss Einzelner und die Spaltung in Gruppen. Bildung ist für Chloe der Schlüssel zur Demokratisierung in einer ungleichen Welt, in der Demokratiefeindlichkeit immer wieder auf dem Vormarsch ist. Sie erfordert aber ebenso den Willen, selbst etwas zu verändern. Das individuelle Streben nach Macht lehnt Chloe dabei ab. Macht zu haben heiße im Zweifelsfall Machtmissbrauch, insbesondere, wenn Macht als Selbstzweck über der Sache steht, wenn sie als »Macht der Gewohnheit« keine Veränderung mehr zulässt oder wenn Macht Herrschaft über andere bedeutet. In diesen Fällen untergrabe Macht Demokratie.

Demgegenüber steht die Macht des Kollektivs, das die Kräfteverhältnisse zu verschieben vermag. Chloe setzt daher auf solidarisches Handeln und das Teilen von Macht im kollektiven Zusammenhang. Positionen werden in diesem Zusammenhang, den sie derzeit primär in der Gewerkschaft erlebt, argumentativ ausgehandelt und praktisch erprobt. Dem Kollektiv gegenüber steht aber auch die Autonomie des Individuums, das sich partiell der Fremdbestimmung zu entziehen vermag und trotz Verantwortungsübernahme nicht für alles und jeden verantwortlich ist. Demokratisch und solidarisch gestützte Macht heißt daher, sich zusammenzuschließen, gemeinsame Ziele zu definieren und diese gemeinsam zu verfolgen.

Die Arbeitswelt ist für Chloe alles andere als demokratisch, sondern folgt Gesetzen des Marktes und der Hierarchie. Die oberste Leitungsebene der Unternehmen hat stets das letzte Wort.

Wie steht sie zur IG Metall?

Chloe sieht sich in ihrem gewerkschaftlichen Engagement, ähnlich wie im Beruf, nicht hinreichend wertgeschätzt. In der IG Metall wird sie in Positionskämpfe verstrickt, die sie einerseits versteht, aber andererseits auch für problematisch hält, sich ihnen aber kaum entziehen kann. Die Erfahrung, dass in der innergewerkschaftlichen Funktionshierarchie, in die sie die betrieblichen Mitbestimmungsstrukturen einschließt, mit harten Bandagen gekämpft wird, schmerzt Chloe umso mehr, da für sie »Gewerkschaft« als Möglichkeitsraum politischen Engagements ein großes Versprechen beinhaltet.

Gewerkschaftliche Organisierung sieht Chloe als zentrale Kraft im Kampf für sozialen Ausgleich, Gerechtigkeit und mehr demokratische Mitsprache. Aus ihrer Sicht wäre ohne die erfolgreich geführten Auseinandersetzungen der Gewerkschaften Ausbeutung weiterhin an der Tagesordnung. Gewerkschaft, das sind für Chloe alle – und nur die Kraft der Vielen vermag es, die Gesellschaft als Ganzes ein wenig besser zu machen.

Die IG Metall als solche schätzt sie als äußerst solidarisch ein. Ihren ersten Berührungspunkt mit dem praktischen Engagement der Gewerkschaft hatte sie bei lokalen Demonstrationen, die an Themen anschlossen, die sie schon ein Leben lang begleiten und gleichsam für die Verwirklichung von Gerechtigkeitsvorstellungen stehen. Viele Jahre später sieht sie die Früchte ihres gewerkschaftlichen Engagements. Als aktive Gewerkschafterin ist die IG Metall, trotz einiger betrieblicher und organisationaler Rückschläge, Teil ihres Lebens geworden und Chloe Teil der IG Metall.

6. Seinen Beitrag leisten (Reinhold)

Reinhold wünscht sich eine gesellschaftliche Ordnung, in der jede:r Leistung bringt und dadurch zu einem stabilen und leistungsfähigen Gemeinwesen beiträgt. Leistung

ist für ihn zugleich der Schlüssel zu gesellschaftlicher Teilhabe und Integration.
IG Metall und Betriebsrat stehen für ihn für Durchsetzungsfähigkeit im Betrieb.

Wir treffen Reinhold vor seinem Betriebsratsbüro. Er begrüßt uns mit kräftigem Händedruck und führt uns dann in die benachbarte Halle. Alle kennen ihn, und er kennt alle sowie jeden Produktionsschritt. Ein familiengeführter Betrieb sei dies, sehr handwerklich geprägt, meint er. Die Arbeitsbedingungen sind nicht immer einfach, aber die Aufträge reißen nicht ab, was einerseits Sicherheit schafft. Personell ist es aber eng, was die Planung andererseits schwierig gestaltet. Vieles muss hier improvisiert werden.

Reinhold ist Anfang 60 und lebt mit seiner Frau und zwei Hunden in einem Eigenheim in einer ländlichen Region im Westen Deutschlands. Er hat vier Stiefkinder. Die Töchter sind verheiratet und haben Kinder, die Söhne studieren. Seine Frau ist gelernte Verkäuferin im Einzelhandel und arbeitet mittlerweile in einem Callcenter. Sein Vater war Handwerker und hat ihn mit »strenger Hand« erzogen, er hat Reinhold aber zugleich unterstützt, wenn er Probleme hatte. Früh musste Reinhold sich sein eigenes Geld verdienen, und dass man für Geld etwas tun muss, Sparsamkeit und Weitsicht wichtig sind, das hat er auch seinen Kindern immer vermittelt.

Nach seinem Hauptschulabschluss hat Reinhold eine Ausbildung als Kfz-Mechaniker in einem kleinen Betrieb absolviert. Berührungspunkte mit Gewerkschaften gab es zunächst nicht. Durch den Aufkauf seines damaligen Arbeitgebers arbeitet Reinhold seit Mitte der 1990er-Jahre im Fahrzeugbau, wo er zuletzt im Vertrieb tätig war. Da er zuvor eine Vielzahl unterschiedlicher Fertigungsbereiche durchlaufen hat, kennt er die betrieblichen Abläufe sehr genau. Die Firma ist hochspezialisiert und besetzt eine Marktnische, die zudem international gefragt ist. Neben ein paar hundert Beschäftigten der Stammbelegschaft gibt es auch Leiharbeiter:innen. Mithilfe der lokalen IG Metall haben sie einen Haustarifvertrag erwirkt. Reinhold ist seit 15 Jahren im Betriebsrat und seit zwölf Jahren Betriebsratsvorsitzender. Kurzzeitig übernahmen andere diese Funktion, gaben aber schnell wieder auf, so dass er auf seinen Posten zurückkehrte. Wer seinen Platz einnimmt oder einnehmen kann, wenn er in Rente geht, ist unklar.

Mit seiner Ehefrau macht er gerne Campingausflüge. Als weiteren Ausgleich zur Betriebsratsarbeit werkelt Reinhold in seiner eigenen kleinen Werkstatt. Reinhold ist Kritiker der damaligen schwarz-roten Bundesregierung unter Angela Merkel und wünscht sich einen politischen Richtungswechsel. Bei der vorletzten Bundestagswahl war er »Protestwähler«. Ein

Fehler, wie er sagt, den er nicht noch einmal wiederholen wird. Eine gewisse Skepsis gegenüber den etablierten Parteien bleibt.

Wie blickt er auf die Gesellschaft?

Reinholds Sicht auf die Gesellschaft zeichnet sich durch eine stabile Ordnung aus, zu deren Aufrechterhaltung er im Rahmen seines Alltags- und Betriebsratshandelns beitragen möchte. Um die Ordnung zu sichern, gilt es, destruktive Kräfte abzuwehren. Insgesamt findet es Reinhold gut, so wie es ist. Kein anderes gesellschaftliches System habe sich als besser erwiesen. Wohl aber gab es, rückblickend betrachtet, Zeiten, die er als wesentlich schlechter einschätzt. Der beobachtbare Wohlstand sei nun auch in anderen Schichten angekommen und darüber hinaus für all diejenigen greifbar, die »ihren Beitrag leisten«.

Gesellschaft ist für Reinhold, fast schon naturgesetzlich, in drei Schichten unterteilt, wobei die Mitte, zu der er sich selbst zählt, den Großteil ausmacht. In dieser Unterscheidung gibt es begrenzte Aufstiege und potenzielle Abstiege, die aber keine tagtägliche Bedrohung darstellen. Trotzdem empfindet Reinhold das Leben als Kampf und die Art und Weise, wie politische Entscheidungen vermittelt und gerechtfertigt werden, kaum mehr verständlich oder nachvollziehbar. Vielmehr vermittelt Politik in Form der Regierung nicht, sondern sie bestimmt, so sieht er das.

Für Reinhold ist Recht alleine nicht in der Lage, das erforderliche Maß an gesellschaftlicher Integration zu leisten, wenngleich es einen notwendigen – differenzierten und häufig auch komplizierten – Rahmen bereitstellt. Jenseits des Rechts vermögen aus seiner Sicht erst individuelle Bildungsanstrengungen, Arbeitsleistung und Anpassungen an bestehende Konventionen und Standards gesellschaftliche Integration herzustellen. Entsprechend bedeutet der Wille zur Leistung auch Wille zur Integration in eine von ihm national gefasste Gesellschaft. Er macht dies an dem Thema Migration fest. Als gesellschaftliche Bruchstelle gefährden Flucht und Einwanderung seiner Meinung nach sowohl den vorhandenen Wohlstand als auch das kulturelle Miteinander und damit den gesellschaftlichen Zusammenhalt. Migration ist in dieser Ansicht nicht Ausdruck einer Krise, sondern die Krise selbst, auf die die Regierung mit falschem Krisenhandeln reagiert hat. Jedoch vermochten es politische Maßnahmen zumindest teilweise, Geflüchtete in und durch Arbeit zu integrieren, sie in die richtige Richtung zu orientieren und ihnen vor allem auch einen Platz in der Gesellschaft zuzuweisen.

Für Reinhold bedeutet Macht Durchsetzungsfähigkeit qua Demokratie, die einen herausfordernden Lernprozess in Richtung Kompromiss darstellt. Solidarität ist mit Stärke verbunden, die wiederum Macht verleiht. Dies heißt jedoch nicht, dass Macht, Demokratie und Solidarität bei ihm nahtlos ineinandergreifen. Macht und Demokratie konkurrieren in Reinholds Gesellschaftsbild manchmal miteinander, vor allem, weil Macht in Teilen mit Autorität korrespondiert und sich daraus ihre Kraft ableiten lässt. Dies sei problematisch, wenn die »falschen Leute an der Macht sind«, auch im Betriebsrat, wenn Prozesse ausgebremst oder »kaputt gesteuert« werden. Demokratie als Beteiligung hingegen erfordert Kompromissbereitschaft und komplexe Aushandlungsprozesse, die gleichsam herausfordern, aber auch in Einheit zu einer gemeinsamen Entwicklung beitragen. Diese Entwicklung ist nur durch unmittelbare Beteiligung und Verpflichtung möglich. Sie bemisst sich am individuellen Wohlstand, an neueren Sicherheiten und einer klaren Richtung.

Die »große Politik« ist nicht Reinholds Thema, wie er sagt, aber die Beteiligung der »einfachen und kleinen Leute« umso wichtiger. Direktere Formen der politischen Beteiligung würde er daher begrüßen. Sehr konkret wünscht sich Reinhold mehr Volksentscheide, insbesondere bei den Themen, die größere Konsequenzen haben. Direkte Demokratie verspricht Integration, er betrachtet sie als Gegenteil einer Minderheitenherrschaft, mit der er sich partiell immer wieder konfrontiert sieht.

Reinhold sieht einerseits das Problem, dass Macht in der Demokratie so eingehegt ist, dass notwendige oder sinnvolle politische Umsteuerungen kaum mehr möglich sind, andererseits aber durchaus die Notwendigkeit, (politische) Macht zu kontrollieren. Er identifiziert zwei zentrale Mechanismen demokratischer Machtkontrolle: Abwahl und zeitliche Begrenzung der Besetzung politischer Ämter. Demokratie heißt für ihn Wahlrecht und das Prinzip zu akzeptierender Mehrheitsentscheidungen. Gelebte Demokratie heißt, den Leuten die Möglichkeit zu geben, sich Gehör zu verschaffen und ihre Meinung durchzusetzen, aber auch, andere Mehrheiten und Kompromisse zu akzeptieren.

Demokratie ist keine geeignete Form zur Führung eines Betriebs. Die innerbetriebliche Demokratie dürfe nicht zu weit gehen, da Entscheidungen getroffen werden müssen; Entscheidungsblockaden des Betriebsrats können die wirtschaftliche Grundlage eines Betriebs gefährden. Das Betriebsratsamt ist deshalb mit einem hohen Maß an Verantwortung verbunden: Es kommt darauf an, Interessen der Beschäftigten zur Geltung zu bringen und zugleich das Wohl des Betriebs im Auge zu behalten.

Solidarität ist für ihn gewerkschaftliche Solidarität im Sinne gemeinschaftlichen gewerkschaftlichen Handelns zur Durchsetzung gemeinsam definierter gewerkschaftlicher Ziele. Der zentrale solidarische Akt ist für ihn die Mitgliedschaft in der Gewerkschaft. Mitgliedergewinnung heißt Zunahme des Organisationsgrades und damit der Verhandlungsmacht gegenüber der Geschäftsleitung. Solidaritätsarbeit ist für ihn Mitgliedergewinnung und -mobilisierung.

Wie steht er zur IG Metall?

Reinhold versteht sich als Gewerkschafter mit »Leib und Seele«. Viel hat er der örtlichen IG Metall zu verdanken, den intensiven Kontakt zu den Hauptamtlichen schätzt er im betrieblichen Alltag. Bei neuen Auszubildenden appelliert Reinhold an Solidarität, die er vor allem auch an der Gewerkschaftsmitgliedschaft festmacht. Authentizität in der Repräsentation ist ihm hierbei ebenso wichtig wie Vehemenz und Durchsetzungsfähigkeit. Wenngleich der Betriebsratsvorsitz Reinholds Profession ist, wie er sagt, lehnt er einen damit verbundenen Karriereweg mit individueller Profilierung und egoistischer Bereicherung »großer Betriebsräte« ab. Die IG Metall steht für ihn für ein »gutes Unternehmen«, dessen unternehmerisches Ziel es ist, im Sinne der Lohnabhängigen Interessen gegenüber den Arbeitgeber:innen durchzusetzen.

Reinhold sieht sich von der örtlichen IG Metall gut beraten und steht umgekehrt selbst für sie ein, komme, was wolle. Mehr als nur starke Partnerin, die Instrumente an die Hand gibt, übernimmt die IG Metall eine Fürsorgeverpflichtung für ihn, die er mit Loyalität dankt. Die Gewerkschaft schafft Sicherheit und Rückfalloptionen, und um diese zu sichern, bedarf es Organisationsstärke. Nur mit dem Rückhalt vieler gelingt es, Arbeitszeiten, Tarife und Renten zu gestalten.

7. Unterstützen und unterstützt werden (Tom)

Tom ist darauf bedacht, seiner Arbeit in verschiedenen Bereichen gerecht zu werden und auch Gerechtigkeit für andere herzustellen. Zugleich sieht er sich in den Zwängen gesellschaftlicher Ordnung gefangen und träumt davon auszubrechen. Verantwortung für gesellschaftliche Verhältnisse zu übernehmen und der Wunsch, dem zu entfliehen, prägen Toms Bild von der Gesellschaft ebenso wie sein Engagement als Betriebsrat. Seine Verbindung zur IG Metall sieht er eher pragmatisch.

Tom holt uns am Empfang ab, wechselt noch ein paar freundliche Worte mit der Kollegin, bevor er uns in sein Büro führt. Auf dem Gang begegnen wir Teilen der Geschäftsführung. »Meine Sparringpartner«, scherzt er. Erst kürzlich hat sein Gremium erfolgreich und nachhaltig eine Verlagerung abwehren können. Das Unternehmen ist Krisengewinner und schreibt sehr gute Zahlen. Toms imposante Erscheinung strahlt Selbstbewusstsein aus, zugleich ist er sehr aufgeschlossen und reflektiert. Wie er sagt, arbeitet er gerne mit den Händen, hat Spaß an Technik wie auch am Sozialen. Ausgleich zur Betriebsratsarbeit findet er beim Sport und in der Vereinsarbeit.

Tom, Mitte 30, lebt mit seiner Partnerin und ihren zwei Kindern in Norddeutschland in einem Eigenheim in unmittelbarer Nähe zu seinen Eltern. Vor dem Lockdown war dort immer viel los, häufig waren Freund:innen zu Besuch, seit der Corona-Pandemie dominieren jedoch Homeoffice und Homeschooling. Seine Partnerin arbeitet in der angrenzenden Gemeinde im Sozialwesen. Sie teilen sich die familiären Verpflichtungen, soweit es geht, was nicht immer leicht ist. Tom ist freigestellter Betriebsratsvorsitzender in einem mittelgroßen Unternehmen, das sich auf Metallverarbeitung spezialisiert hat. Seine Funktion und die IG Metall fordern ihn sehr. Arbeitstage von zehn Stunden und mehr sind nicht selten, und per Handy ist er auch für die Nachtschicht erreichbar.

Als zweitältestes Kind ist Tom in relativ einfachen Verhältnissen aufgewachsen. Seine Eltern arbeiteten viel und konnten ihn und seine Geschwister kaum bei der schulischen Laufbahn unterstützen. Jedoch förderte ihn seine Lehrerin, er begann schon früh mit Karate und schaffte es in die Landesschülervertretung. Nach seinem Hauptschulabschluss absolviert Tom eine Ausbildung als Industriemechaniker und danach einen verlängerten Wehrdienst. Im Anschluss arbeitete er weiter in seinem Ausbildungsbetrieb und machte obendrein seinen Meisterabschluss. Im Betriebsrat ist er schon seit einigen Jahren, als junger Betriebsratsvorsitzender möchte er

»frischen Wind« in die Arbeit des Gremiums bringen. Seine Partnerin hat ihn stets unterstützt und auch in seinen Ansichten stark geprägt. Dass sich beide gleichermaßen beruflich verwirklichen können und in die Familie einbringen, stand immer außer Frage. Politisch verortet Tom sich links. Auf seine kurze, aber steile Karriere bei der Bundeswehr schaut er noch heute positiv zurück: Disziplin, Verantwortung, Kameradschaft leiten ihn im alltäglichen und betrieblichen Umgang. Dieser Lebensabschnitt kommt ihm auch als Betriebsrat zugute, weil er Führungskräften Respekt abverlangt.

Wie blickt er auf Gesellschaft?

Im Laufe seines Lebens hat Tom Unterstützung und Zuspruch in einzelnen Institutionen, wie zum Beispiel der Schule, erfahren. Als Klassensprecher, später als Vertrauensmann und schließlich Betriebsratsvorsitzender lernte er – selbst als Vertreter einer Institution – bereits früh, andere zu unterstützen und Konflikte zu schlichten. Menschen, die Institutionen nach außen hin repräsentieren, bleiben für ihn Menschen, die auch Fehler begehen und aus diesen lernen können und sollten. Konstruktive Kritik findet Tom gut, sie muss jedoch seiner Ansicht nach stets an konkrete Lösungen gekoppelt sein. Kritik um der Kritik willen lehnt er ab, insbesondere bei Detailfragen. Tom sympathisiert mit sozialen und ökologischen Bewegungen wie Fridays for Future, auch weil er sich für seine Kinder eine Zukunft wünscht, der er ansonsten etwas besorgt entgegenblickt. Nachhaltigkeit, Loyalität und Entschleunigung sind Werte, für die er einsteht und für die er sowohl als Familienvater wie auch als junger Betriebsratsvorsitzender kämpft. Betrieblich versteht er sich dabei als Macher und Gestalter.

Gesellschaftlich sieht sich Tom, wie er selbst sagt, »unter einer Glasglocke«, die manchmal seinen Blick auf die Verhältnisse verzerrt. Dabei ist sein Lebensentwurf kein individuelles Projekt, das unabhängig von Unterstützung aufrechterhalten werden kann. Deutlich wird dies, wenn er von der Relevanz seiner Familie spricht, die ihm nicht nur den Rücken freihält, sondern auch Halt gibt. Dieser Halt ist gekoppelt an die Anforderungen des gesellschaftlichen Status, den er mit der Zeit erlangt hat. Tom weiß einerseits die Privilegien der Mittelschicht zu schätzen. Andererseits verweisen diese Vorzüge auch immer wieder auf die eigenen Grenzen der Belastbarkeit.

In Toms Gesellschaftsbild finden sich sowohl Aspekte der autonomen Lebensgestaltung als auch der kollektiven Handlungsmacht. Beide Pole stellen für Tom keinen Widerspruch dar, sie gehen Hand in Hand, wohl aber stehen sie in einem gewissen Spannungsverhältnis zwischen dem, was öffentlich und was privat ist. Gesellschaft stellt Rechte zur Verfügung, mehr noch: Sie verpflichtet zugleich, für sich und andere dauerhaft Verantwortung zu übernehmen. Individuelle Bedürfnisse dürfen dabei aber auch nicht über den gesellschaftlichen Anforderungen stehen.

Für Tom ist die Perspektive eines bedingungslosen Grundeinkommens ein utopischer Fluchtpunkt. Dabei handelt es sich für ihn nicht nur um ein Sicherheitsnetz in vermeintlich naturgewaltigen Krisenzeiten, sondern es bezeichnet auch das Anrecht eines oder einer jeden, über die eigene Lebensgestaltung zumindest auf niedrigem Niveau selbst zu verfügen. Tom verbindet diese Perspektive mit der Hoffnung, dass dadurch mehr und nicht weniger Gemeinsinn freigesetzt werde und so ein bisschen zur Herstellung von Gerechtigkeit beigetragen wird. Eine garantierte finanzielle Grundsicherung würde es auch erleichtern, der eigenen Bedürfnisorientierung zu folgen, der er eine gesamtgesellschaftliche Bedeutung beimisst: Jede oder jeder würde seinen Beitrag leisten, wenn sie oder er die Gelegenheit dazu hätte. Tom selbst sieht sich als solidarisch handelnden Menschen, der Dinge wieder in Ordnung bringt. Neben dem gesellschaftlichen Optimismus, den er damit verbindet, deutet Tom zugleich auch die Perspektive der daran geknüpften Rückzugsoption an, die Zwänge und Fremdbestimmung mit sich bringt.

Tom grenzt sich stark von Paternalismus und patriarchalen Führungsstilen ab, wenngleich damit auch keine Abkehr von Hierarchie und Autorität einhergeht. Der Geschäftsführung begegnet Tom in seiner Funktion sportlich auf Augenhöhe. Er weiß, welche Knöpfe er betrieblich drücken muss, wo aber auch die Grenzen seiner Macht qua Funktion liegen. Zugleich ist das Betriebsverfassungsgesetz seiner Ansicht nach ein wirkmächtiges Instrument und Rahmen, der demokratisches Handeln ermöglicht. Die Novellierung 2021 sieht er als wichtigen, wenn auch kleinen Schritt in die richtige Richtung an. Mehr Demokratie bedeutet in Toms Vorstellung mehr Gerechtigkeit. Ihre vollständige Verwirklichung ginge mit einer anderen Art von Mobilisierung und Prozessen der Beteiligung einher, die quer zum System liegen und nicht mehr mit diesem harmonieren.

Wie steht er zur IG Metall?

Tom findet sich politisch in der IG Metall wieder, auch wenn er nicht mit allen Positionen und Arbeitsweisen der Branchengewerkschaft einverstanden ist. Er unterscheidet dabei zwischen der großen Linie einerseits und alltäglichen Belangen andererseits. Im letzteren Fall sei die IG Metall für »einfache Mitglieder« häufig unnahbar und wenig praktisch orientiert. Im ersteren sieht er – als Ausdruck einer Krise der Sozialdemokratie – ein politisches Vakuum, das die IG Metall zwangsläufig und notgedrungen zu füllen versucht. Die IG Metall ist für Tom eine Organisation, die über ihre unterschiedlichen Ebenen hinweg vor allem von ihren vielfältigen Mitgliedern getragen wird. Sie ist seiner Meinung nach nicht gleichzusetzen mit den »großen Betriebsräten« (beispielsweise der Automobilindustrie).

Die IG Metall, das ist für Tom sehr konkret »Schirm und Netz« zugleich. Seiner Vorstellung nach bündelt sie Interessen, artikuliert Ansprüche und schafft Sicherheit. Das alles schätzt Tom ebenso wie die Auseinandersetzung innerhalb der IG Metall und die Kämpfe nach außen. Trotzdem hat seine Verbindung zur Gewerkschaft, wie er sagt, keinen emotionalen Wert, sie ist pragmatisch-zweckorientiert. Die IG Metall ermöglicht betriebsrätliches Handeln in der Form, wie es von Tom gelebt wird, die IG Metall unterstützt und fordert ihn. Dahingehend ist er loyal und verbunden, er geht aber nicht in dieser Verbindung auf. Ein weitergehendes Engagement reizt ihn und stimmt ihn nachdenklich. Kapazitäten dafür bereitzustellen kann er sich angesichts einer starken familiären und betrieblichen Eingebundenheit derzeit aber nicht vorstellen.

8. Sich einbringen (Ingrid)

Für Ingrid bedeutet Gesellschaft soziales Miteinander und gelebte Demokratie, wobei das darin liegende Potenzial gesellschaftlicher Teilhabe nicht ausgeschöpft ist. Die Gewerkschaft ist für sie ein Ort des Engagements von vielen.

Wir treffen Ingrid erstmalig im Betrieb, in dem sie seit vielen Jahren arbeitet und auch schon als junge Frau ihre Ausbildung gemacht hat. Sie wirkt sehr bedacht und aufmerksam, lässt zuerst die Betriebsratskollegen sprechen. Dann zeigt sie auf ein Plakat: »Nur gemeinsam sind wir stark«, ein Motto, dem sie in allen Lebenslagen folgt. Gern erinnert sie sich an frühere

Zeiten, in denen das Miteinander in der Belegschaft noch stärker ausgeprägt war, man zusammen gefeiert oder sich im Arbeitsalltag einfach nur unterstützt hat. Heute ist alles wesentlich rasanter.

Aufgewachsen ist Ingrid mit zwei Geschwistern, Mutter und Pflegevater im Westdeutschland der 1960er-Jahre. Ihre Kindheit und Jugend waren nicht unbeschwert: Das Geld war knapp, und es gab so einige Schicksalsschläge. Doch die Familie hält zusammen. Man sieht sich in der Tradition einer ländlich geprägten Arbeiter:innenschaft, die Sozialdemokratie gehört ebenso dazu wie das Vereinsleben oder die Kirche. Ein Bildungsaufstieg war in dieser Konstellation für Ingrid als Mädchen nicht vorgesehen. Sie verließ die Schule, um eine kaufmännische Ausbildung aufzunehmen und auf diese Weise etwas zum gemeinsamen Haushalt beizusteuern. Krankheitsbedingt brach sie die Ausbildung ab, kämpfte sich zurück und erhielt, auch durch die Unterstützung des Betriebsrats, eine feste Anstellung als Industriekauffrau in dem Familienunternehmen. Eine positive Erfahrung, von der sie auch heute noch zehrt. Während einer längeren Kindererziehungszeit engagiert sie sich mit vollem Elan bei der Elternvertretung.

Heute ist Ingrid mit Ende 50 weiterhin an ihrem Wohnort sozial eng eingebunden. Mit ihrem Ehemann, der Personalrat ist, und dem gemeinsamen Sohn lebt sie im eigenen Haus unweit ihres Geburtsortes. Die Tochter, bereits ausgezogen, ist regelmäßig zu Besuch. Sie studiert in einer nicht allzu weit entfernten Großstadt, in die es Ingrid selbst nie hingezogen hat. Die eher ruhige Umgebung schätzt sie. Familie ist ihr wichtig und hat in Zeiten von Corona zusätzlich an Bedeutung gewonnen.

Ingrid ist seit knapp zehn Jahren Betriebsrätin und versteht sich als diejenige, die sich um andere kümmert. Als »gute Seele«, wie sie sagt, hat sie immer ein offenes Ohr, vor allem für die Nöte ihrer jüngeren Kolleg:innen. Sie setzt sich für eine geregelte Übernahme der Auszubildenden ein. Am Wohnort ist sie Mitglied im Ortsrat und auch parteipolitisch aktiv. Der Schwerpunkt ihres derzeitigen Engagements liegt aber im kirchlichen Bereich, wo sie frauenpolitisch aktiv ist und sehr viel Zeit und Herzblut investiert.

Wie blickt sie auf die Gesellschaft?

Für Ingrid ist die Gesellschaft mitgestaltungsfähig und zugleich mitgestaltungsbedürftig. Die Herausforderung besteht dabei darin, unterschiedliche Interessen und Positionen angesichts komplexer werdender Verhältnisse

»auf einen Nenner zu bringen«. Was früher nicht infrage stand, beispielsweise die Arbeitsteilung in der Familie (»Männer verdienen das Geld, Frauen kümmern sich um die Kinder«), sieht sie heute als voraussetzungsreichen Aushandlungsprozess, der mit neuen Statusfragen einhergeht.

Ingrids Zugang zu Gesellschaft und gesellschaftlichem Engagement ist Ausdruck eines familiär als selbstverständlich erlebten Kollektivdenkens. Angesichts der prekären Haushaltssituation musste Ingrid schon als Jugendliche ihren Teil zur familiären Reproduktion beitragen. Die Familie fungierte als Erwerbsgemeinschaft, in der nicht nur die Eltern, sondern auch die älteste Tochter Verantwortung zu übernehmen hatten.

Auch in der Gegenwart denkt und handelt Ingrid kollektiv. Nicht individuelle Selbstverwirklichung, sondern die Anerkennung in der Gemeinschaft und das Gefühl, gebraucht zu werden, sind Triebkräfte ihres Handelns. Die gegenseitige Unterstützung, verbunden mit einer nicht hinterfragten Loyalität in der Familie, ist für sie eine grundlegende Erfahrung, die sie auch auf den Betrieb und die Abteilung überträgt. Verbundenheit, Anerkennung und Dankbarkeit, genauso Hilfestellungen, die durch gemeinschaftliches Handeln entstehen, bedeuten ihr sehr viel. Damit einhergehend bedarf es einer Orientierung im politischen Sinne, wie sie sagt, hoffentlich in die »richtige Richtung«.

Ingrids gesellschaftliche Fortschrittsvorstellungen richten sich gegen Unterdrückung, auf die Anerkennung unterschiedlicher Lebensentwürfe und auf die Verwirklichung sozialer Gerechtigkeitsvorstellungen. Sie ist – quasi-natürlich – SPD-sozialisiert im traditionellen sozialdemokratischen Verständnis: als Partei des sozialen Fortschritts und des Kampfes für die Besserstellung derjenigen Menschen, die arbeiten müssen.

Sorgen bereiten Ingrid rechte Strömungen, die die Demokratie gefährden und vielleicht sogar untergraben könnten. Aber auch die globale Ungleichheit, eine unaufhaltsame Beschleunigung, die Verlierer:innen und Abgehängte produziert, sowie eine zunehmende Konkurrenz und Individualisierung sind Teil gesellschaftlicher Entwicklungen, die sie skeptisch betrachtet. Dies betrifft gesellschaftspolitisch ebenso den möglichen Rückbau demokratischer Rechte.

Gelebte Demokratie verlangt in Ingrids Verständnis idealerweise das Mittun aller, die können. In der Gegenwart sieht sie sich aber in einer »eingeschlafenen Gesellschaft«, in der die demokratische Beteiligung und gesellschaftliche Gestaltung höchst unzureichend gelebt werden. Sie selbst engagiert sich in verschiedenen Bereichen: früher als Klassen-, später dann als Elternsprecherin, als Mitglied im Ortsrat, bei der Arbeit als Betriebsrätin und vor allem als aktives Mitglied im Katholischen Frauenverband, zum Beispiel gegen die »Unterdrückung von Frauen« im globalen Süden. Ingrid schätzt es, in all diesen Bereichen Vermittlungsarbeit, beispielsweise zwischen Jung und Alt, zu leisten. Darüber hinaus ist es Ingrid wichtig, ihre Werte leben zu können. Neben dem Recht auf Unversehrtheit ist dies insbesondere Demokratie, die für Ingrid bedeutet, das eigene Leben auf die Art und Weise gestalten zu können, dass niemand dabei geschädigt wird. Dem Anspruch nach stehen Rücksichtnahme, Unterstützung, Befähigung und Beteiligung dabei an erster Stelle.

Ingrid sieht die Gesellschaft als demokratische Ordnung, die den Raum für politische Mitsprache und Aushandlung bereitstellt, den es zu nutzen gilt. Sie selbst lebt Demokratie, indem sie sich aktiv einbringt und Verantwortung übernimmt. Dabei geht es ihr um solidarische Unterstützung und die Durchsetzung rechtmäßiger sozialer Interessen ebenso wie um einen Austausch, der auf Problemlösung, Kompromissfindung und die Vermittlung unterschiedlicher Positionen angelegt ist.

Macht geht für Ingrid zunächst immer mit potenziellem Machtmissbrauch einher. Dagegen bedarf es rechtlicher Regelungen und Kontrollinstanzen, die vor Ausbeutung schützen. Zwar kann das Ausbeutungsverhältnis, vor allem in der Arbeitswelt, nicht gänzlich beseitigt, aber in einem beträchtlichen Sinne abgemildert werden. Sie schreibt sich selbst wenig Macht zu, hofft aber, in ihrem eigenen Wirkungskreis Einfluss nehmen zu können, um die Welt insgesamt durch Vermittlung und Offenheit ein wenig zum Besseren zu gestalten.

Wie steht sie zur IG Metall?

Ingrid trat erst der IG Metall bei, als sie Betriebsrätin wurde. Im Kolleg:innenkreis hieß es, dass eine Gewerkschaftsmitgliedschaft bei den Chefs nicht gern gesehen sei und potenziell zu einer Entlassung führe. Zu den Betriebsratswahlen ließ sie sich aufstellen, weil sie vom Betriebsratsvorsitzenden dazu ermutigt wurde, aber nicht bevor sie mit ihrem Abteilungsleiter gesprochen hatte. Sie arbeitete in Teilzeit, und ihre Arbeit musste erledigt sein.

Die IG Metall passt zu Ingrid. Für sie sind Gewerkschaften Organisationen des demokratischen Ausgleichs, den sie auch selbst anstrebt. Die gewerkschaftliche Idee deckt sich mit ihrer kollektiven Orientierung und ihrer Überzeugung, dass nur gemeinsam Veränderungen möglich sind. Sie steht zur IG Metall, ist sich der Bedeutung einer starken Gewerkschaft bewusst und beteiligt sich aktiv an der Mitgliederwerbung im Betrieb. Ansonsten hält sie sich aber in ihrem gewerkschaftlichen Engagement zugunsten ihrer kirchlichen Aktivitäten zurück.

9. Für Überzeugungen eintreten (Jens)

Jens setzt sich für Demokratie und Mitbestimmung ein, auch weil er sie durch das Erstarken rechter Tendenzen in Gefahr sieht. In der betrieblichen Mitbestimmung übernimmt er ebenso wie in der Stadtpolitik gesellschaftliche Verantwortung. Die IG Metall steht für ihn in der Mitte der Gesellschaft.

Jens holt uns mit dem Auto vom Bahnhof ab. Auf der Fahrt zum Werk zeigt er uns einige Wohnungsbauprojekte, erläutert uns die neuere Stadtgeschichte und erzählt uns von jungen Menschen, die kaum eine berufliche Perspektive in dieser Stadt haben. Dennoch ist er zuversichtlich. Die neuen technologischen Möglichkeiten könnten sich, so seine Hoffnung, positiv auf die örtliche Wirtschaft und das Werk, in dem er als Betriebsratsvorsitzender tätig ist, auswirken, so dass sich die Zukunftsängste der Menschen, denen er tagtäglich begegnet, als unbegründet erweisen.

Seit vier Jahrzehnten arbeitet Jens in diesem Werk, das mit mehreren tausend Beschäftigten der größte Arbeitgeber in einer ostdeutschen Region ist, zwischenzeitlich mehrmals den Besitzer wechselte und heute zu einem großen transnationalen Unternehmen gehört. In den 1980er-Jahren begann er hier seine Lehre als Dreher, später machte er seinen Meister.

Jens ist schon seit mehr als zwei Jahrzehnten Betriebsratsmitglied und seit vielen Jahren freigestellt. Die Entscheidung für die Freistellung ist ihm nicht leichtgefallen, gerne wäre er bei seiner »Mannschaft« geblieben, inzwischen hat er aber großen Gefallen an der Betriebsratsarbeit gefunden, da sie ihm viel mehr Möglichkeiten eröffnete, sich zu entwickeln und ständig dazuzulernen. Den Betriebsratsvorsitz übernahm er vor wenigen Jahren. Dabei ist Jens in »große Fußstapfen« getreten, wie er sagt.

Als Betriebsratsvorsitzender wirkt Jens im Konzern- und Europäischen Betriebsrat, im Aufsichtsrat und in der Tarifkommission. Zudem sitzt er für die SPD, in die er kürzlich eingetreten ist, im Stadtrat. Als klassischer betrieblicher und gewerkschaftlicher Multifunktionär ist er in ein dich-

tes Netz an sozialen Kontakten und Informationen auf unterschiedlichen
Ebenen einbezogen, das es ihm ermöglicht, Fäden zusammenzuziehen,
Zusammenhänge herzustellen und gestaltend Einfluss zu nehmen. Aber
dennoch – oder gerade deshalb – kennt auch er das Gefühl, an die Grenzen
der eigenen Handlungsmacht zu stoßen, ohnmächtig zu sein: insbesondere
dann, wenn die im Ausland sitzende Konzernleitung Entscheidungen über
die Belegschaft und Werksleitung hinweg trifft.

Jens ist Mitte 50 und lebt von Kindheit an in einer mittelgroßen Stadt im
Osten Deutschlands, in die seine Eltern in den 1950er-Jahren wegen einer
sicheren, angesehenen und gutbezahlten Arbeitsstelle gezogen waren. Seine Ehefrau ist bei einer Versicherung angestellt. Sie unterstützt ihn, wo sie
kann, stärkt ihm den Rücken für die politische Arbeit und ist ihm eine gute
Gesprächspartnerin. Beide kümmern sich um die Schwiegermutter, die in
fußläufiger Entfernung wohnt. Ihre gemeinsame Tochter lebt und arbeitet
mit ihrem Ehemann und zwei Kindern mehrere hundert Kilometer entfernt
in Süddeutschland. Jens und seine Tochter sprechen regelmäßig miteinander, Besuche finden meist über die Feiertage statt.

Die Geschichte der Elterngeneration, insbesondere nach der friedlichen
Revolution 1989/90 und ihren Folgen, prägte Jens ebenso wie die Geschichte
der Stadt und des Betriebs. Dem in der DDR herrschenden System stand er
kritisch gegenüber, der Opposition schloss er sich aber nicht an.

Jens schaut lieber nach vorne als zurück. Die Branche, in der er arbeitet,
steht vor erheblichen Umbrüchen, aber er ist zweckoptimistisch, dass die
notwendigen Investitionen in die technologische Erneuerung des Standorts
getätigt werden.

Wie blickt er auf die Gesellschaft?

Jens' Blick auf Gesellschaft ist geprägt von den Erfahrungen zweier unterschiedlicher Gesellschaftssysteme. Die DDR-Gesellschaft erlebte er als
paternalistisch, fürsorglich und disziplinierend zugleich. Eine Übernahme
von Verantwortung als Teil einer bürokratischen Herrschaft lehnte er ab.
Anwerbeversuche sowohl in die Nationale Volksarmee als auch in die SED
wies er zurück. Die Nachwendegesellschaft führte dagegen das Versprechen demokratischer Beteiligung und Mitgestaltung mit sich. Die neuen
Unsicherheitsverhältnisse, die in den Nachwendejahren durch Insolvenzen,
Entlassungswellen und Massenarbeitslosigkeit hervorgerufen wurden und

für Jens in sozialen Abstürzen im Bekannten- und Verwandtenkreis persönlich erfahrbar wurden, aber auch die betrieblichen Restrukturierungen und die stadtstrukturellen Veränderungen, die damit verbunden waren, zeigten ihm zugleich die politische und rechtliche Gestaltungsbedürftigkeit einer der Marktkonkurrenz unterworfenen Gesellschaft. Er erkannte für sich, dass im Vergleich zur DDR-Gesellschaft die westlichen Gesellschaften offener, vielfältiger und pluraler, allerdings ungleicher und von den Interessenlagen her umkämpfter sind. Sie bedürften deshalb einer breiten demokratischen Mitgestaltung, um Machtbalancen und soziale Ausgleichsprozesse herzustellen und marktlich bedingte Fehlentwicklungen einzuhegen. Die demokratische Gesellschaft ist für ihn gleichermaßen gestaltbar und gestaltungsbedürftig. Sie ist ein Feld politischer Auseinandersetzungen, das die gewerkschaftliche und parteipolitische Organisierung und die Besetzung politischer Funktionen verlangt. Lehnte er eine Verantwortungsübernahme in der DDR-Gesellschaft ab, weil er damit in seinen Augen zu einem Teil des staatlichen Machtapparates geworden wäre, so sieht er die Übernahme von Verantwortung in der demokratischen Gesellschaft (durch das Bekleiden von betrieblichen, gewerkschaftlichen und politischen Vertretungsfunktionen) als Möglichkeit, gesellschaftliche und betriebliche Verhältnisse in seinem Sinne mitzugestalten.

Die Übernahme betrieblicher, gewerkschaftlicher und lokalpolitischer Verantwortung bringt Jens zugleich in eine herausgehobene Position, die ihn zumindest im Lokalen als öffentliche Person sichtbar macht. Wer aus der Menge heraustritt und seine Stimme erhebt, zieht Anerkennung und Wertschätzung, aber auch Gegnerschaft und Feindseligkeiten auf sich. Gesellschaftliche Verantwortungsübernahme gestaltet sich für ihn deshalb ambivalent. Einerseits ist es eine große Bürde, in schwierigen Zeiten Verantwortung zu tragen, andererseits sieht er sich angesichts des Erstarkens einer gewaltbereiten extremen Rechten bedrohlich exponiert und schutzlos, sollte sich diese Entwicklung weiter fortsetzen. Anzeichen dafür sieht Jens schon jetzt in der zunehmenden Feindseligkeit gegenüber wissenschaftlichen Expert:innen, staatlichen Repräsentant:innen (von Politiker:innen über Regierungsbeamte bis hin zu Feuerwehr und Polizei) oder Gewerkschaftsfunktionär:innen. Sie zeigt sich in verbalen Übergriffen, einschüchterndem Auftreten oder auch in dem Aufbau einer Bedrohungskulisse gegenüber Politiker:innen in Gestalt von Fackelaufmärschen vor Privathäusern bis hin zu Gewalttätigkeiten. In seinen Augen ist dies gleichfalls Ausdruck eines aufgrund zunehmender sozialer Ungleichheit rauer werdenden gesellschaftlichen Klimas.

Demokratische Mitgestaltung heißt für Jens, für seine Überzeugungen einzutreten und ihnen Gehör und Mehrheiten zu verschaffen: im betrieblichen, gewerkschaftlichen, parteipolitischen und gesellschaftlichen Raum gleichermaßen. Dabei hält er mit seinen Überzeugungen selbst dann nicht hinter dem Berg, wenn ihm bewusst ist, dass er damit anecken könnte, zum Beispiel weil es der Partei- oder Gewerkschaftslinie widerspricht.

Jens passt sich an gesellschaftliche Verhältnisse an, richtet sich auf das aus, was er vorfindet: früher auf die von ihm so bezeichnete »Notgemeinschaft« in der DDR, heute auf ein individualisiertes und in plurale Interessengruppen zerfasertes Gemeinwesen, das neue Schwierigkeiten und Notwendigkeiten mit sich bringt. Er verweist beispielsweise auf Probleme gewerkschaftlicher Mitgliedergewinnung und -aktivierung, denen mit individueller Ansprache und dem Bezug auf Eigeninteressen, nicht aber mit Druck begegnet werden müsse.

Jens' gewerkschaftliches und politisches Engagement ist ausgerichtet an der Idealvorstellung einer sozialen Demokratie, wobei das Soziale zugleich die Anerkennung ökologischer Notwendigkeiten einschließt. Demokratische Rechte sind für ihn der Grundstein, um weitergehende soziale Rechte zu erkämpfen und unterschiedliche Interessen in der Gesellschaft in eine faire und allgemein akzeptierte Balance zu bringen. Den Arbeitnehmer:innen gelingt es aber nur dann, demokratische Macht zu entfalten, wenn sie sich zusammenschließen. Demokratische Rechte sind Jens zufolge eine entscheidende Voraussetzung, Interessen der abhängig Beschäftigten zur Geltung zu bringen. Sie sind jedoch nur die Basis, die es ermöglicht, sich gewerkschaftlich zu organisieren und solidarisch zu handeln, um so die verfügbaren demokratischen Institutionen und Rechte mit Leben zu füllen. Die praktische Umsetzung demokratischer Rechte kann zurückgedrängt und schlimmstenfalls durch autoritäre und gewaltsame Formen der Interessendurchsetzung abgelöst werden, wenn sie nicht kontinuierlich verteidigt und gelebt werden.

Wie steht er zur IG Metall?

Jens ist überzeugter Gewerkschafter, was für ihn zugleich heißt, sich innerhalb der Organisation einzubringen und für die eigenen Überzeugungen zu streiten. Die IG Metall versteht er als eine Solidargemeinschaft abhängig Beschäftigter, die letztlich – und soweit dies für eine Massenorganisation möglich ist – auf demokratischer Selbstorganisation beruht. Stützpfeiler dieser Selbstorganisation sind die Vertrauensleute, denen er dies in seiner Ansprache zu vermitteln versucht und die er zugleich als notwendige belegschaftsnahe Organisationsstruktur für seine Betriebsratsarbeit betrachtet. Jens war in der Nachwendezeit selbst einige Jahre Vertrauensmann, bevor er in den Betriebsrat gewählt wurde.

Als Mitglied im Ortsvorstand, in der Tarifkommission und in der Delegiertenversammlung sowie als Betriebsratsvorsitzender eines Großbetriebs mit hohem gewerkschaftlichen Organisationsgrad verfügt er über formale wie informelle Einflusskanäle auf den verschiedenen Organisationsebenen der IG Metall. Umgekehrt nimmt er den Hauptamtlichen-Apparat der IG Metall gerade im arbeitsteiligen Zusammenspiel der Organisationsebenen Geschäftsstelle, Bezirksleitung und Vorstand als äußerst unterstützend für die eigene betriebspolitische Arbeit wahr.

Für Jens sind gewerkschaftspolitisch zwei Grundsätze wichtig: zum einen, dass gewerkschaftliche Forderungen am Machbaren, also einer realistischen Einschätzung der eigenen Machtbasis, ausgerichtet sind; zum anderen, dass Gewerkschaften in ihrer gesellschaftspolitischen Ausrichtung in der Mitte der Gesellschaft bleiben. Andernfalls drohe ihnen, dass sie als Organisation marginalisiert und ihre Mitglieder zur Zielscheibe von Feindseligkeiten oder politischer Verfolgung werden könnten.

10. Sich nicht verlieren (Kim)

Kim bewegt sich in unterschiedlichen sozialen Welten. Die Gesellschaft ist für sie ein Möglichkeitsraum individueller Gestaltung. Die Gewerkschaft schätzt sie, wo sie als soziale Bewegung erfahrbar ist.

Kim fällt auf: von der Haarfarbe bis zu ihren Piercings und markanten Tätowierungen. Dabei ist sie aufmerksam, reflektiert und in ihrer Argumentation besonnen, auf Ausgleich in politisch hitzigen Zeiten aus, was älteren Kollegen in der Gruppendiskussion, wo wir sie zum ersten Mal treffen, wohlwollend registrieren. Ein weiteres Mal treffen wir Kim zwischen zwei Lockdowns in einem angesagten Viertel in einem Café. Sie erzählt von ihrer Schulzeit und Jugend, dem Milieu, in dem sie aufgewachsen ist, und davon, wie dieses eher weniger zu ihrem derzeitigen Beruf passt.

Kim ist Ende 20 und lebt allein in einer kleinen Mietwohnung einer süddeutschen Großstadt. Ihre Mutter, eine links orientierte Sozialarbeiterin, engagiert sich für schwer zugängliche Gruppen der Gesellschaft. Mit ihr bereiste Kim die Welt, kehrte aber stets in die Stadt zurück, mit der sie schon immer verbunden war. Der Vater war zunächst in der Werbebranche tätig und arbeitete später im Bildungsbereich. Die Eltern trennten sich noch vor ihrer Einschulung. Früh war Kim mit Ungleichheit in unterschiedlichen Kontexten konfrontiert, meist jedoch auf sicherer Distanz zu dieser und behütet. Die Großeltern, die auf dem Land wohnen, prägten sie ebenso wie ihre Eltern, mit denen sie nach wie vor sehr verbunden ist. In ihrer Jugend ist Kim darüber hinaus mit verschiedenen Subkulturen, von Techno bis Körperkunst, in Berührung gekommen.

Nach dem Abitur studierte Kim zunächst zwei Semester Maschinenbau, entschloss sich dann aber für eine Ausbildung als Industrie- und Fertigungsmechanikerin in einem großen Betrieb der Automobilindustrie, wo sie seitdem arbeitet. Mit Ausbildungsbeginn wurde Kim, wie in diesem Betrieb üblich, IG Metall-Mitglied, bald darauf Jugend- und Auszubildendenvertreterin und schließlich Teil der Vertrauenskörperleitung. Hier erlebt sie eine positive Gemeinschaft, schätzt die Bildungserlebnisse und den Austausch.

Kim kann sich nicht vorstellen, ein Leben lang am Band zu stehen oder nur im Büro zu sitzen. Daher hat Kim ihre Arbeitszeit reduziert und studiert parallel Forstwirtschaft. In ihrer Freizeit geht sie unterschiedlichen Hobbys nach: Sie kümmert sich um ihre Katze und ihre Pflanzen, zudem interessiert sie sich für Motorsport und engagiert sich in sozialen Bewegungen. In Kims Freundeskreis arbeiten viele im öffentlichen Dienst oder studieren. Mit der Gewerkschaft können die wenigsten etwas anfangen.

Wie blickt sie auf die Gesellschaft?

Authentizität, Selbstbestimmung und Selbstbehauptung stehen im Zentrum von Kims Auseinandersetzung mit Gesellschaft, die sich als offenes Feld pluraler Interessen und Kulturen darstellt und ständiger Aushandlung und Ausbalancierung bedarf. Einerseits ein riesiger Möglichkeitsraum unterschiedlichster Lebensweisen, nimmt Kim Gesellschaft andererseits als von Konventionen, kompetitiven Auslesemechanismen und Machtverhältnissen durchzogen wahr. Zwar geben Konventionen Lebenswege vor, jenseits des Konventionellen eröffnen sich aber gesellschaftliche Freiräume und Optionen. Gerne schaut sie daher links und rechts des Weges. Mit den gewählten Freiräumen und Ausbrüchen sind jedoch auch Risiken und Unsicherheiten verbunden.

Gesellschaft ist für Kim das Leben außerhalb des Sicherheit bietenden Privaten, das ungeschützt Öffentliche. Sie »richtet einen zu«, übt Gewalt aus, unterteilt in Dazugehörende und Außenseiter. Kim erlebt Gesellschaft als Gruppendruck, als Kampf um Anerkennung und Selbstbehauptung, als das komplizierte und fordernde Zwischenmenschliche. Kim ist auf der Suche nach ihrem Platz und ihrem Weg in der Gesellschaft: nach einem erfüllenden Beruf, nach Freiräumen fernab hegemonialer Konventionen, aber auch nach Orten des Rückzugs und der Heimeligkeit.

Angesichts ihrer Bildungsvoraussetzungen und der guten Ressourcen der Herkunftsfamilie stehen Kim vielfältige Berufs- und Lebenswege offen. Aber die durchlässige Gesellschaft geht einher mit Leistungsdruck. Angesichts als Zumutungen und Anstrengungen erfahrener gesellschaftlicher Anforderungen sehnt sie sich nach einer kleinen, sicheren und autarken Welt, in die sie sich ab und zu zurückziehen und dem Druck entziehen kann.

Institutionen, Normen und Konventionen werden als Disziplinierungsinstanzen erlebt, die durch Ausgrenzungs-, Leistungs- und Konkurrenzmechanismen wirksam werden. Ihre Utopie ist es, einen Raum zu haben, der sich gesellschaftlichen Normen, Konventionen und Zwängen entzieht. In der eigenen Lebenspraxis schwankt sie zwischen der Sicherheit gesellschaftlicher Integration und der Freiheit Konventionen sprengender, subkultureller Praxis. Daher vermeidet Kim die Einbindung in geschlossene institutionelle und organisationale Zusammenhänge, weil sie sich dadurch in ihrer Autonomie und Authentizität eingeschränkt sieht. Dies gilt für Mannschaftssport und Vereinsleben und noch stärker für politische Funktionen. Parteipolitik, aber auch Betriebsratspolitik ist für sie das Nicht-Authentische: wahltaktisches Verhalten und das Verfolgen individueller Karriereinteressen. »Am Ende geht es nur um Stimmen«, sagt sie.

Kim hat ein liberales Verständnis gesellschaftlichen Miteinanders, das auch bei rechtspopulistischen Äußerungen eine Politik des Zuhörens und Ernstnehmens einfordert, beispielsweise wenn Sorgen und Ängste gegenüber Zuwanderung formuliert werden. Eine verfestigte politische Polarisierung, in der es nur noch Gegnerschaft, aber keinen Austausch mehr gibt, findet sie bedrohlich. Sie lehnt es ab, wenn Menschen pauschal in eine »rechte

Ecke« gestellt werden, wenn sie Kritik, beispielsweise an der Flüchtlingspolitik, üben.

Ihr Engagement richtet Kim an den Bedürfnissen und Ressourcen der eigenen Lebenssituation aus und versucht dies mit positiven Gemeinschaftserfahrungen zu verbinden. Solidarität ist für sie ein tiefes Erleben von Verbundenheit, eines Füreinanderdaseins und Zusammenstehens, das »Gänsehaut« erzeugt und Glücksmomente schafft. Solidarität verlangt dabei zugleich, eigene Interessen und Empfindlichkeiten zumindest zeitweilig für die gemeinsame Sache zurückzustellen. Streiks – aber auch Konzerte – sind für Kim Orte, wo Solidarität erfahrbar wird.

Die Macht der Gesellschaft ist für Kim in den konventionellen Zwängen spürbar, die die alltäglichen sozialen Beziehungen und Interaktionen durchziehen und mit Ausgrenzungen von Nichtangepassten verbunden sind. Auch für sich selbst sucht Kim immer wieder nach Möglichkeiten, aus den gesellschaftlichen Zwängen auszubrechen und ein Umfeld zu finden, in dem sie so anerkannt ist, wie sie ist.

Kim sieht die Möglichkeiten demokratischer Partizipation, kritisiert aber zugleich deren Grenzen. Partizipationsangebote entpuppen sich zum Teil als Pseudobeteiligung, bei der die Meinung der Leute zwar angehört, jedoch nicht berücksichtigt wird. Sie beklagt zudem die Lobbymacht der Unternehmen, die demokratischen Prozessen zuwiderläuft. Einflussnahme, auch demokratische, ist aus ihrer Sicht ohne Organisierung, Bewegung und Konflikt nicht möglich. Zugleich sorgt sie sich angesichts einer zunehmenden politischen Polarisierung um die Kultur demokratischer Vermittlung und Verständigung.

Wie steht sie zur IG Metall?

Die IG Metall ist Lebensabschnittsgefährtin, Kims Beziehung zu ihr auf die derzeitige Lebensphase beschränkt. Diese Beziehung ist einerseits durch eine kritische Distanz geprägt. Ihr gefällt die IG Metall da, wo sie als soziale Bewegung agiert, der Basis Freiräume für politische Aktivitäten öffnet und Demonstrationen und Protest organisiert, aber auch, im Sinne ihrer vielfältigen Mitglieder, durchsetzungsstark ist. Dagegen findet sie die organisationalen Strukturen der IG Metall problematisch, auch weil sie den Eindruck hat, dass die Betriebsrät:innen, die die IG Metall im Betrieb repräsentieren, nicht immer transparent bei der Entscheidungsfindung sind und kritischeren Betriebsratsmitgliedern ein »Maulkorb umgebunden« wird. Weil sie selbst sich den Mund nicht verbieten lassen wollte, lehnte sie die ihr angebotene Kandidatur für den Betriebsrat ab.

Auch in Bezug auf die IG Metall hält Kim das Prinzip freier Entscheidung und Freiwilligkeit sehr hoch. Dies gilt für die Frage des Gewerkschaftsbeitritts ebenso wie für den gewerkschaftsinternen Diskurs. Gezielte Mitgliederwerbung lehnt sie ab. Nur wer wirklich überzeugt sei, sollte in die Gewerkschaft eintreten. Die innergewerkschaftliche Debatte sollte durch Vielfalt und Offenheit gegenüber abweichenden Meinungen geprägt sein, nicht durch Ausgrenzung. Dennoch hat sie ein positives Gewerkschaftsbild, das auch auf ihr Leben jenseits des Betriebs ausstrahlt.

11. Krisen etwas entgegensetzen (Ralf)

Gesellschaftlich sieht sich Ralf zwischen Freiheit und Zwang. Er navigiert wider die Ordnung und trotzdem im Strom. Gewerkschaften sind für ihn ideeller Bezugspunkt der Arbeiter:innenschaft, mit der er sich verbunden fühlt. Zugleich fremdelt er mit persönlichem Aktivismus.

Ralf sitzt in einem Stuhlkreis eines arbeitszeitpolitischen Seminars der IG Metall. Die Teilnehmer:innen sind zum Großteil bei Automobilherstellern oder -zulieferern beschäftigt. In der Diskussion kommen sie auf die Einführung eines bedingungslosen Grundeinkommens als Möglichkeit zu sprechen, immerwährenden Krisenerscheinungen dauerhaft etwas entgegenzusetzen. Angesichts von Digitalisierung, Dekarbonisierung und Corona ist die Angst vor krisenbedingten Standortschließungen und Massenentlassungen im Raum allgegenwärtig. Vorhandene staatliche Sicherungssysteme bilden in der Wahrnehmung der Anwesenden kaum ein Netz, das es vermag, sie im Ernstfall vor dem persönlichen Ruin zu bewahren. Ralf, der in der Diskussion auffällt, weil er weniger aus einer Betroffenheits-, sondern stärker aus einer gesellschaftlichen Perspektive argumentiert, versteht das bedingungslose Grundeinkommen insbesondere als eine Frage des Respekts. Denn es würde allen ermöglichen, ein ordentliches, wenn auch bescheidenes Leben zu führen, ohne sich dafür schämen zu müssen, auf staatliche Unterstützung angewiesen zu sein.

Ralf ist Akademiker und arbeitet als technischer Angestellter in der Entwicklungsabteilung eines Automobilzulieferunternehmens. Er ist Anfang 50

und lebt mit seiner Familie zur Miete in einem Nachkriegshäuschen mit klei-
nem Hinterhof am Rand einer westdeutschen Großstadt. Seine Frau kommt
aus Peru, wo sie sich auch kennenlernten. Ihre zwei Kinder gehen noch zur
Schule. Wir treffen ihn zunächst online und dann noch einmal bei ihm zu
Hause am Esszimmertisch. Immobilien sind in der Region sehr teuer und
für »Normalverdiener«, so sein Wortgebrauch, kaum mehr erschwinglich.
Ralf betrachtet diese Entwicklung mit Sorge. Er ist in der Stadt aufgewachsen und fühlt sich ihr verbunden. Seine Kindheit verbrachte er als Schei-
dungskind unter finanziell prekären Bedingungen größtenteils in der Obhut
seiner Großmutter.

Lange hat er ein Leben jenseits von Ehe, fester Arbeit und Eigenheim
geführt. Nach dem Abitur zog er für ein Anthropologie-Studium nach
Norddeutschland. Da er auf Unterstützung durch sein Elternhaus nicht
bauen konnte, finanzierte er seinen Lebensunterhalt mit diversen Jobs.
Unter anderem arbeitete er eine Zeit lang als Selbstständiger mit eigener
Dienstleistungsfirma und jobbte als Werkstudent in der Schwerindustrie.
Letzteres war eine körperlich belastende und langfristig verschleißende
Arbeit, die ihm die Misere des Arbeiter:innendaseins bewusst machte, sich
aber in seinem Fall angesichts guter Entlohnung und des absehbaren Zeit-
horizonts einigermaßen erträglich gestaltete. Sein Studium beendete Ralf
ohne Aussicht auf langfristige Arbeitsmöglichkeiten in seinem Fachgebiet,
so dass er sich – nach einigen Umwegen – für eine Weiterbildung im EDV-
Bereich entschied, die ihn schließlich zu seiner jetzigen Tätigkeit führte.
Über eine Bekannte gelangte er mit Mitte 30 zu einer Anstellung bei einem
großen Automobilzulieferer, in dem Betrieb, wo er einige Jahre später Vertrauensmann und IG Metall-Mitglied geworden ist und wo er auch heute
noch arbeitet.

Wie blickt er auf die Gesellschaft?

Die Gesellschaft in ihrer bestehenden kapitalistischen Organisationsform
und zugleich demokratischen und sozialstaatlichen Verfasstheit ist für
Ralf einerseits Fremdbestimmung, die insbesondere über Lohnabhängigkeit und in der Erwerbsarbeit erfahrbar wird, andererseits ein Netzwerk
vielfältiger und bereichernder Sozialbeziehungen sowie eine kollektive Organisation, die Leistungen bereitstellt und Raum für individuelle Freiheiten
lässt.

Ralfs Blick auf Gesellschaft ist geprägt durch sein Streben nach Selbstbehauptung und seine Suche nach einem individuell passenden – moralische Ansprüche und materielle Bedürfnisse gleichermaßen befriedigenden – Lebensentwurf unter den Bedingungen gesellschaftlicher Fremdbestimmung. Einerseits bietet die Gesellschaft Freiräume und eine Pluralität von Lebensweisen und -entwürfen. Andererseits weiß Ralf aus eigener Armuts- und Prekaritätserfahrung in Kindheit und Jugend, dass die Möglichkeit, ein selbstbestimmtes und gutes Leben zu führen, nicht allen gleichermaßen offensteht. Lohnabhängigkeit im Sinne fehlender Rücklagen und damit der Notwendigkeit, seinen Lebensunterhalt durch Erwerbsarbeit zu sichern, setzt einer selbstbestimmten, freien Lebensführung eine harte äußere Grenze. Die Lohnabhängigkeitserfahrung deutet Ralf als gemeinsame Klassenerfahrung und begründet, dass er sich der Arbeiterklasse bis heute zugehörig fühlt oder, wie er selbst sagt, dass er ein »Arbeitnehmerklassenkind« ist.

In Ralfs Verständnis reproduziert und gestaltet die Lebensführung der Leute in Summe die gesellschaftlichen Verhältnisse. Alle tragen zum guten gesellschaftlichen Zusammenleben bei und damit auch Verantwortung dafür, dass dieses Zusammenleben funktioniert. Die Lebensführung im Privaten, aber auch im Beruflichen wird dadurch gesellschaftlich und politisch. Beispielhaft nennt er seine eigene Familiengestaltung, die mit ihrer Multikulturalität die Gesellschaft bereichere und modernisiere. Dabei bilden für ihn Leistungsgerechtigkeit, Solidarität und Mündigkeit die zentralen Prinzipien einer guten Lebensführung.

Sein Anspruch auf Leistungsgerechtigkeit gründet auf seinen Erfahrungen von Armut und Lohnabhängigkeit und ist für ihn Zeichen seiner Solidarität mit der Arbeitnehmer:innenschaft. Nur diejenigen, die einen in ihren Möglichkeiten stehenden gesellschaftlichen Beitrag leisten, können auch gesellschaftliche Unterstützung und Fürsorge erwarten. Erwerbsarbeit ist damit bei ihm widersprüchlich besetzt: Sie ist einerseits ein Leistungsbeitrag für die Gesellschaft und schränkt andererseits die eigene Selbstbestimmung ein, indem sie Unterordnung und Weisungsgebundenheit verlangt.

Solidarität ist für Ralf Anspruch an sich selbst wie auch an die Gesellschaft insgesamt; angesichts der ökologischen Grenzen des Planeten braucht es darüber hinaus zugleich ein Bewusstsein für die Notwendigkeit weltweiten solidarischen Handelns. Unter Solidarität versteht er dabei, füreinander einzustehen und miteinander zu handeln, aber auch die Interessen und Bedürfnisse anderer mitzudenken und im eigenen Handeln zu berücksichtigen. Seine Solidarität endet, wenn sie ausgenutzt und dadurch das Prinzip der Leistungsgerechtigkeit verletzt wird, beispielsweise wenn staatliche Sozialleistungen »erschlichen« werden. Ralf ist überzeugter Demokrat. Gerade deshalb ist er von der demokratischen Wirklichkeit nicht restlos überzeugt. Da ist zum einen die zu große (Lobby-)Macht der Wirtschaft, die auf demokratische Entscheidungen, beispielsweise in der Steuer- und Finanzgesetzgebung, Einfluss nimmt. Da sind zum anderen die fehlende Mündigkeit, Eigenverantwortung und Bildung vieler Mitbürger:innen – alles Voraussetzungen einer funktionierenden Demokratie. Und letztlich existiere die hierarchische Struktur demokratischer Repräsentation, die das Prinzip demokratischer Selbstbestimmung aus seiner Sicht nur sehr vermittelt zur Geltung kommen lässt.

Wie steht er zur IG Metall?

Ralf hat kein eindeutiges Verhältnis zur IG Metall. Er kann der Idee der Gewerkschaft als kollektive Organisation, die gegen Ausbeutung und Fremdbestimmung der abhängig Beschäftigten kämpft, sehr viel abgewinnen. Ins Schwärmen gerät er zudem noch immer, wenn er an die Kampagne und den Kampf der IG Metall für die 35-Stunden-Woche zurückdenkt, obgleich er diesen nur von außen erlebte. Und auch heute beschreibt er sie als einen Verband, dem es gelingt, Organisationsmacht aufzubauen und die Leute zu solidarischem Handeln zu bewegen.

Zugleich ist eine gewisse Distanz spürbar. Ralf ist erst spät in die IG Metall eingetreten. Er war fast fünfzig und schon mehr als zehn Jahre im Betrieb. Und es hat einen Anstoß von außen gebraucht: die Anfrage, ob er nicht Vertrauensmann werden möchte. Er lässt sich darauf ein, weil er für sich selbst Vorteile sieht, mal vom Arbeitsplatz wegzukommen, aber auch aus Verantwortungsgefühl für die Sache. In unseren Gesprächen mit ihm wurde verschiedentlich deutlich, dass er nicht zu stark in die Organisation hineingezogen werden möchte. Er identifiziert sich mit der Idee, fremdelt jedoch mit der gewerkschaftlichen Praxis, weil er den Autonomieverlust fürchtet. Als Vertrauensmann versteht er sich insbesondere als Bindeglied zwischen den Beschäftigten in seiner Abteilung und dem Betriebsrat, indem er Probleme aus der Belegschaft in den Betriebsrat trägt und Informationen vom Betriebsrat in die Abteilung vermittelt. Er möchte sich aber von der IG Metall nicht in die Verantwortung nehmen lassen, neue Mitglieder zu werben.

Und er sieht sich beruflich und familiär bereits ausgelastet genug, so dass ein stärkeres gewerkschaftliches Engagement für ihn ausgeschlossen ist.

12. Sich der Gewerkschaftsarbeit hingeben (Erik)

Eriks Bild von der Gesellschaft ist geprägt durch die Suche nach Zugehörigkeit und positiver Gemeinschaft, insbesondere auch, weil Gesellschaft seiner erfahrungsgesättigten Ansicht nach viele Gefahren bereithält. Die IG Metall schützt ihn und bietet eine politische Heimat.

Wir treffen Erik in einem IG Metall-Bildungszentrum, in dem er und seine Kolleg:innen aus dem Vertrauenskörper ein Wochenseminar besuchen. In der Gruppendiskussion geht es heiß her bei der Frage, was legitime Mittel des Protests sind. Ein Kollege kritisiert linksradikale Ausschreitungen, brennende Autos und Angriffe auf die Polizei. Erik hält dagegen und erzählt von Neonazi-Übergriffen in Ostdeutschland, von der Notwendigkeit, sich gegen diese zu wehren, aber auch von der Ohnmacht, die damit einhergeht. Später sagt er uns, dass er im betrieblichen Umfeld darauf bedacht ist, seine eigene linksradikale Vergangenheit nicht zu thematisieren.

Ein weiteres Mal treffen wir Erik zunächst online, einigermaßen ausgeschlafen nach einer langen Nachtschicht, in der er auf eigenen Wunsch langfristig arbeitet. Zurzeit widmet er einen großen Teil seiner freien Zeit gewerkschaftlichen Aufgaben. Seine erste Leidenschaft gilt vor allem dem Fußball. Erik ist Ende 20 und lebt alleine in einer kleinen Wohnung in einer Großstadt, in der sich auch sein jetziger Arbeitgeber, ein ostdeutscher Standort eines großen Automobilunternehmens, befindet. Aufgewachsen ist Erik in einer ostdeutschen Kleinstadt nach der Trennung der Eltern bei seinem Vater, der Kfz-Mechaniker ist und wie einige Verwandte in der Automobilindustrie arbeitet.

In seiner Jugend war Erik Teil der örtlichen Punkszene, die zum Angriffsziel gewalttätiger Rechter wurde. Er bewegte sich in der links-autonomen Szene und beteiligte sich an militanten antifaschistischen Aktionen. Angesichts immer bedrohlich werdender Situationen verließ er nach der Schule die Stadt und verbrachte einige Zeit ohne festen Wohnsitz. Später zog er zu seiner Schwester in die ›alten‹ Bundesländer, kehrte dann aber wieder zurück und absolvierte eine Ausbildung.

Schon immer wollte Erik in einem der großen deutschen Automobil-unternehmen arbeiten, was ihm nach mehreren Jahren in Leiharbeit auch glückte. Erstmalig nahm er dort an Jugendaktionen der IG Metall teil, bevor er bei seinem jetzigen Arbeitgeber rasch zum Vertrauensmann gewählt wurde. Nun ist er stellvertretender Vertrauenskörperleiter und organisiert selbst Aktionen. Mittelfristig möchte er selbst Vertrauenskörperleiter wer-den. Eine Betriebsratskarriere hat er perspektivisch im Blick. Noch sieht er sich aber nicht bereit dazu, sich in diesem stark juristisch geprägten Feld zu bewegen.

Wie blickt er auf die Gesellschaft?

Eriks Blick auf die Gesellschaft ist geprägt durch die Erfahrung des Kampfs gegen rechts, sei es auf der Straße, in der Familie oder im Betrieb. Schon als Jugendlicher war er damit konfrontiert, dass Neonazis den öffentlichen Raum beherrschten und auch vor physischer Gewalt nicht zurückschreck-ten. Vor dem Hintergrund fehlender Unterstützung durch Institutionen, zum Beispiel staatlicher Organe wie der Polizei, konnte er sich erst durch die Antifa-Gruppe aktiv wehren.

Der Rechts-Links-Gegensatz manifestiert sich bei Erik als ein politischer Kampfmodus und als Wir-gegen-die-Denken, das gute Zugehörige und bö-se Andere, die klein- und fernzuhalten sind, unterscheidet. In seiner politi-schen Arbeit im Betrieb spielt der Kampf gegen rechte Einstellungen, Sym-bole und Ausdrucksformen ebenfalls eine Rolle. Sie zeigen sich immer wie-der in Gestalt politischer Grenzüberschreitungen und konkreter Organisie-rungsversuche einer rechten Gruppe gegen die IG Metall. Teile der näheren Verwandtschaft verortet Erik ebenfalls am rechten Rand des politischen Mei-nungsspektrums. Materiell abgesichert, aber kleinbürgerlich und kleinka-riert im Denken, wie er sie beschreibt, lehnen sie alles ab, was fremd er-scheint. Erik erkennt darin ein Bedürfnis nach vermeintlicher Sicherheit.

Gesellschaft ist für Erik die alltägliche und unmittelbare Erfahrung: frü-her in der Kleinstadt, heute »auf dem Hallenboden«. Handlungsmöglichkei-ten in dieser Gesellschaft sind gekennzeichnet durch Auseinandersetzungen und partiell auch durch körperliche Grenzüberschreitungen. Dabei geht es weniger um Profilierung, sondern um das Erkämpfen und die Verteidigung von Räumen. Den Raum »der Mitte«, der Vermittlung, des Austausches und des Übergangs gab es in Eriks Wahrnehmung von Gesellschaft lange Zeit vordergründig nicht. Als Vertrauensmann verschiebt sich sein Zugehörigkeitsempfinden vom links-autonomen Rand in die links-gewerkschaftliche Mitte. Auch wenn Referenzen jenseits der Extreme ausbleiben, positioniert sich Erik dabei mittlerweile in einem traditionellen Rollen- und Werteverständnis einer »normalen« Lohnarbeitsexistenz, das er anstrebt. Dazu gehören Vorstellungen von einem sicheren Arbeitsplatz, der das Auskommen der Familie sichert, sowie Werte wie Höflichkeit und Hilfsbereitschaft, die er für selbstverständlich erachtet. Erik sieht das soziale Miteinander dadurch gefährdet, dass diese Werte allmählich aus dem Alltag verschwinden, sie nicht mehr wahrgenommen oder ignoriert werden. Praktisch versucht er solchen Erosionserscheinungen entgegenzuarbeiten, indem er demonstrativ höflich ist.

Die Arbeit ist für Erik mehr als Gelderwerb. Sie strukturiert den Alltag und öffnet einen sozialen Raum, den es zu füllen gilt. Erik erlebt den Betrieb als einen Ort des kollegialen Austausches, des gewerkschaftspolitischen Kampfes sowie des Aufbaus und der Pflege von Freundschaften.

Vorstellungen von Macht, Solidarität und Demokratie, die Erik vor allem im Betrieblichen erlebt und erleben möchte, sind vordergründig verknüpft mit frei gewählter Gruppenzugehörigkeit, die geschlossen für etwas steht und sich gegen etwas richtet, zum Beispiel antidemokratische Tendenzen. Das Fortbestehen der Demokratie ist in diesem dualistischen Konzept vor allem eine Frage des Kräfteverhältnisses, das jederzeit kippen kann.

In diesem Sinne sind die Seiten klar benannt und Erik positioniert sich »auf Arbeitnehmerseite«, wenngleich zum Kompromiss bereit. Macht bedeutet in diesem Sinn auch Abhängigkeit, die einen respektablen Umgang miteinander notwendig macht. Solidarität erlebt Erik insbesondere bei Aktionen, bei denen das Kollektive im Vordergrund steht. Alleine ist man, in Eriks Vorstellung, angreifbar und tendenziell schwach. Dabei hat er häufig die Erfahrung gemacht, selbst auf sich verwiesen und zurückgeworfen zu sein – eine unangenehme Erfahrung, der er temporär durch die Gewerkschaftsarbeit entfliehen kann.

Wie steht er zur IG Metall?

Erik hat durch die Abgrenzung, zum Beispiel von der Arbeitgeberseite oder den Rechtsextremen, positive Zugehörigkeit und Anerkennung erfahren. Er sucht die Gemeinschaft, Identifikationsmöglichkeiten und zugleich eine das eigene Leben strukturierende Ordnung im Sinne einer Orientierung. Nachdem er sich von der linken Szene abgewendet hat, findet Erik in der IG Metall eine neue politische Heimat, in der er neue Formen der Gemeinschaft und Wertschätzung erlebt. Dabei geht es für ihn auch darum, den Betrieb als sicheren Ort, einen Ort ohne Gewalt, zu erleben, an dem er aktiv mitarbeitet und diesen mitgestaltet. Zu Beginn noch etwas fremdelnd, hat er die Gewerkschaftsarbeit »Stück für Stück lieben gelernt«, weil er Partizipation und Rückhalt erlebt hat.

Die Gewerkschaft ist für Erik Zusammenhalt nach innen und Kampforganisation nach außen. Man kennt und unterstützt sich in gewerkschaftlichen Kreisen und weiß um seinen Platz dort. Die Mitgliedergewinnung und die Organisation von Gemeinschaftserlebnissen durch gemeinsame Aktivitäten, Gespräche und Aktionen betrachtet er deshalb als zwei wesentliche Aufgabenfelder seiner Gewerkschaftstätigkeit. Erik beherrscht diese Felder virtuos und hat schon so manche ausdrucksstarke Aktion auf die Beine gestellt. Sein Erleben von Gewerkschaft beschränkt sich jedoch im Wesentlichen auf den Betrieb und die Möglichkeit, dort aktiv zu sein und im Kollektiv zu agieren.

Eine basisnahe Vertretungsarbeit hält Erik für unerlässlich, besonders in einem Großbetrieb, in dem die freigestellten Betriebsrät:innen kaum mehr die Nachtschicht aufsuchen, um mit den Kolleg:innen zu sprechen, Konflikte einzufangen und gegebenenfalls zu schlichten. Erik braucht auch diese Form des Rückhalts.

13. Resümee

Die in diesem Kapitel vorgestellten Fallgeschichten zeigen jenseits ihrer Vielfalt einen von allen Gesprächspartner:innen geteilten Anspruch, sich für die soziale Gemeinschaft, für ein Miteinander und für gerechte soziale Verhältnisse zu engagieren. Nicht selten geht das Engagement sogar über den Betrieb hinaus. Mal haben konkrete betriebliche Erfahrungen gewerkschaftliches Engagement zur Folge gehabt; in anderen Fallgeschichten wird deutlich, dass der Anspruch, sich für die soziale Gemeinschaft zu engagieren, in betrieblich-gewerkschaftlichen Aktivitäten Anknüpfungspunkte gewonnen hat und dabei verstärkt wurde. Die Perspektiven dieses Engagements variieren dabei zum einen deutlich. Nicht nur bringen bestimmte Lebenswege und vielfältige betriebliche Bedingungen unterschiedliche Perspektiven auf die Gewerkschaft hervor, sondern auch unterschiedliche Vorstellungen von Gesellschaft, die wiederum handlungsleitend für das betriebliche, gewerkschaftliche und gesellschaftliche Engagement sind. Zum anderen spiegeln die Fallgeschichten überlappende Erfahrungen und Ansprüche der Ehrenamtlichen wider, was vor allem in ihrem Engagement sowie ihrem Gerechtigkeits- und Gemeinsinn zum Ausdruck kommt – auch wenn die Auffassungen darüber, was Gerechtigkeit konkret bedeutet, im Einzelfall durchaus unterschiedlich sein können.

So zeigt sich bei *Bettina* eine Sicht auf die Gesellschaft, die durch ihre langjährige Betriebszugehörigkeit und die entwürdigenden Erfahrungen während der Privatisierung nach dem Ende der DDR geprägt ist. Sie beobachtet besorgt, wie Falschinformationen und rechter Populismus die Gesellschaft polarisieren. Dies teilt Bettina mit weiteren Ehrenamtlichen, wie etwa Chloe und Jens. Für Bettina ist ein empathisches Miteinander neben Durchsetzungskraft entscheidend, um Gemeinschaft und soziale Verbindung zu schaffen. Sie kritisiert Ungerechtigkeit und Ungleichheit, fordert bessere Bildung, Chancengleichheit und gerechtere Verteilung. Sie strebt dabei keine neue Gesellschaftsordnung an, sondern den Erhalt sozialer Bindungen und individueller Würde.

Als klassischer Multifunktionär ist *Jens* zugleich Gestalter gesellschaftlicher Verhältnisse vor Ort. Auch sein Blick auf die Gesellschaft ist geprägt von Erfahrungen in der DDR und damit von einem Miteinander, dem er skeptisch gegenüber blieb. Damals lehnte er ein weiterführendes betrieblich-politisches Engagement ab, sieht es aber heute als Möglichkeit zur notwendigen Veränderung in Zeiten der Transformation. Demokratie bringt für ihn die Verantwortung mit sich, Machtbalancen und soziale Ausgleichsprozesse zu schaffen. Jens sieht sich dabei in einer ambivalenten Position, da er öffentlich sichtbar ist und damit Anerkennung erhält, aber auch Feindseligkeiten ertragen musste. Das Erstarken einer extremen Rechten bedroht für ihn nicht nur das betriebliche Miteinander, sondern stellt eine existenzielle Bedrohung dar.

Während Ausgrenzung für viele vage bleibt, war *Chloe* immer wieder selbst mit Diskriminierung und Barrieren konfrontiert. Zugehörigkeit und Teilhabe sind dadurch eingeschränkt, auch in ihrem beruflichen Umfeld. Obwohl Chloe die Errungenschaften des deutschen Bildungs- und Sozialsystems sowie die Gewerkschaftsbeteiligung schätzt, sieht sie diese Versprechen als unvollständig verwirklicht und die Gesellschaft durch rechtsextreme Strömungen bedroht. Zugleich ist ihr Gesellschaftsbild getragen von Idealismus, es setzt auf sozialen Fortschritt, Demokratie, Gleichberechtigung und Gerechtigkeit. In diesem Bild zeigt sich ein Miteinander, das allerdings nicht eingelöst ist, sondern gegen Gegensätze kämpft. Dabei lehnt Chloe individuelles Streben nach Macht ab. Stattdessen setzt sie auf die Macht des Kollektivs und solidarisches Handeln.

Auch *Ingrid* betont einerseits die Bedeutung von kollektivem Denken und Handeln. Geprägt wurde dieses Bild in der Familie, die als Erwerbsgemeinschaft agierte und in der gemeinschaftliche Unterstützung und Loyalität wichtige Werte darstellen, ein sozialer Aufstieg aber nicht vorgesehen war. Andererseits betrachtet Ingrid die Gesellschaft als veränderbar. Ingrids Vorstellungen vom gesellschaftlichen Fortschritt beinhalten soziale Gerechtigkeit und die Anerkennung unterschiedlicher Lebensentwürfe. Sie engagiert sich aktiv in verschiedenen Bereichen, um Vermittlung, Unterstützung und Demokratie als Mit- und nicht als Gegeneinander zu fördern. Macht betrachtet Ingrid ebenso kritisch und betont die Notwendigkeit von rechtlichen Regelungen und Kontrollinstanzen, um Machtmissbrauch zu verhinden.

Das Spannungsverhältnis zwischen autonomer Lebensgestaltung und kollektiver Handlungsmacht zeigt sich bei *Tom* deutlich. Es prägt sein Verständnis von Gesellschaft als Zusammenleben und manifestiert sich in seiner positiven Auffassung vom bedingungslosen Grundeinkommen als utopischem Möglichkeitsraum. Zugleich lehnt Tom Paternalismus und patriarchale Führungsstile ab, obwohl er orientierende Hierarchien und Autoritäten teilweise für notwendig hält. Tom glaubt stets an das Potenzial demokratischen Handelns, besonders im betrieblichen Kontext, und betrachtet das Betriebsverfassungsgesetz als Instrument zur Förderung von Gerechtigkeit. Gewerkschaften bieten Schutz und ein Netzwerk, das Interessen bündelt und Sicherheit schafft, aber auch die Grenzen des Kollektiven aufzeigt.

Für die Grenzüberwindung steht in gewisser Weise *Alexander*, der mit seinem zielstrebigen und geordneten Lebensweg ein ausgeprägtes Institutionenvertrauen an den Tag legt. Sein Fokus ist auf stetigen Aufstieg und individuelles Glück gerichtet, während er sich im Einklang mit der Gesellschaft sieht und zugleich kollegiale Unterstützung betont. Er verknüpft das Individuelle mit dem Kollektiven in einem Neben- und punktuellen Miteinander, das von gegenseitigem Respekt und wechselseitiger Unterstützung geprägt ist. Er hofft auf mehr Offenheit und ein multikulturelles Zusammenleben in der Gesellschaft und sieht Kooperation als zukünftigen Weg im globalen

Maßstab. Macht und Demokratie sind für ihn wichtige Werkzeuge zur Begrenzung von Willkür.

Eriks Gesellschaftsbilds wurde durch seinen Kampf gegen rechtsextreme Kräfte geformt. Dabei gestaltet sich Gesellschaft teilweise als Ort des Gegeneinanders, an dem Erik alltägliche und unmittelbare Erfahrungen mit Auseinandersetzungen und Grenzüberschreitungen macht. Traditionelle Werte wie Höflichkeit und Hilfsbereitschaft vermisst er in der Gesellschaft. Er wünscht sich einen sicheren Arbeitsplatz und einen Platz in der Arbeitswelt und Gesellschaft. Erik thematisiert Fragen von Macht und Solidarität vor allem im betrieblichen Kontext und betont die Bedeutung von Zugehörigkeit. Demokratie hängt seiner Meinung nach vom Kräfteverhältnis zwischen Kapital und Arbeit ab. Geschlossenheit und Solidarität sind für ihn besonders wichtig, um Angriffe auf Arbeitnehmerrechte abwehren zu können.

Das Gesellschaftsbild von *Ralf* ist hingegen eher geprägt von einer ambivalenten Sichtweise auf die kapitalistische, demokratische und sozialstaatlich geprägte Gesellschaft. Er sieht sie einerseits als Quelle der Fremdbestimmung, insbesondere durch Lohnabhängigkeit, andererseits als ein Netzwerk vielfältiger sozialer Beziehungen und als kollektive Organisation, die individuelle Freiheiten zulässt. Ralf strebt nach Selbstbehauptung und einem Lebensentwurf, der sowohl moralische Ansprüche als auch materielle Bedürfnisse erfüllt, obwohl gesellschaftliche Fremdbestimmung ihn einschränkt. Er betont die Bedeutung von Leistungsgerechtigkeit, Solidarität und Mündigkeit als Prinzipien einer guten Lebensführung.

Auch *Kim* strebt nach Autonomie. Ihr Gesellschaftsbild gestaltet sich dabei als vielfältiges Feld pluraler Interessen und Kulturen, das ständiger Aushandlung und Ausbalancierung bedarf. Hier zeigt sich zunächst ein Nebeneinander, in dem Möglichkeiten und Freiräume jenseits von Konventionen ebenso existieren wie Unsicherheiten. Zugleich sucht sie aber auch nach einem Platz in der Gesellschaft, sehnt sich nach Sicherheit, während sie gegenüber institutionellen Normen und Konventionen skeptisch bleibt. Dabei offenbart sich ein liberales Verständnis des gesellschaftlichen Miteinanders, in dem unterschiedliche Meinungen in legitimer Weise gehört werden sollen. Solidarität ist für sie ein tiefes Erleben der Verbundenheit und des Zusammenstehens, für das auch die Gewerkschaft steht.

Richard hat einen pragmatischen und über weite Strecken fragmentierten Blick auf die Gesellschaft. Bildung sieht er als Schlüssel zum Aufstieg, doch finanzielle Ressourcen spielen eine ebenso wichtige Rolle. Die Abhängigkeit von sozialen Sicherungssystemen ist ein angstbehaftetes Gegenbild zu seinem Lebensentwurf, während Rechte und das Rechtssystem für ihn zentral sind, diesen zu realisieren. Die Gesellschaft beruht für Richard aber ebenso auf Pflichten, sowohl gesetzlichen als auch moralischen. Richard engagiert sich gewerkschaftlich und betrieblich, während sein Verhältnis zur Demokratie eher skeptisch ist: Er sieht sie als Mittel zur Durchsetzung von Interessen. So sind auch demokratische Verfahren und Rechte für ihn vornehmlich Machtressourcen in Auseinandersetzungen und Verhandlungen von Interessengruppen.

Für *Dennis* ist Gesellschaft ein ineinandergreifendes Füreinander, das er zugleich im Zerfall begriffen sieht. Traditionelle Werte wie Respekt, Autorität und Gemeinschaft, die eine stabile Ordnung konstituieren, verlieren an Wert. Er selbst betrachtet sich als Teil dieser Ordnung und akzeptiert ihre Regeln und Grenzen, da sie den Platz des Einzelnen in der Gesellschaft sichern. Demokratie stellt sich für Dennis als eine Art Herrschaft der undurchsichtigen Mehrheit dar. Insbesondere kritisiert er komplexe Verfahren und widersprüchliche Richtungsweisungen, aber auch politische Entscheidungen insgesamt. Er wünscht sich mehr Eindeutigkeit und Verbindlichkeit, auch wenn dies Konflikte mit sich bringt. Der politischen Ausrichtung der Gewerkschaft steht er trotz seines betrieblichen Engagements unverändert mehr als skeptisch gegenüber.

Reinhold betrachtet die Gesellschaft als eine stabile Ordnung, die, ähnlich wie für Dennis, auf Werten wie Respekt, Autorität und Gemeinschaft beruht. Reinhold schätzt die bestehende Ordnung, die Gesellschaft sieht er in ein Oben und Unten unterteilt, wobei er sich selbst in der Mitte verortet. Gesellschaftliche Integration wird für ihn durch Leistung und Anpassung erreicht. Leistungsverweigerung betrachtet er dabei als eine Bedrohung für den Wohlstand und den gesellschaftlichen Zusammenhalt. Für ihn ist Macht eng mit Demokratie und Solidarität verbunden, obwohl sie manchmal konkurrieren. Er wünscht sich mehr direkte politische Beteiligung und unterstützt Volksentscheide. Im Betrieblichen bevorzugt er jedoch Entscheidungen und Verantwortung gegenüber demokratischen Prozessen. Für Reinhold ist Solidarität vor allem gewerkschaftliche Solidarität durch Mitgliedschaft und Mobilisierung.

Im Anschluss an die Ausführungen in Kapitel III.3 lassen sich die Ehrenamtlichen, die den Fallgeschichten zugrunde lagen, innerhalb des Bezugsrahmens der vier idealtypischen Gesellschaftsbilder auf den drei Fluchtachsen hin zum equilibrischen Pol wie folgt verorten:

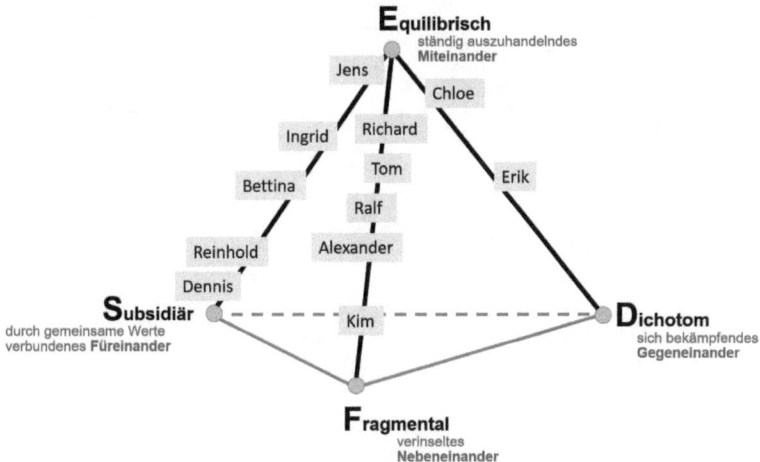

Abbildung 6: Verortung im Bezugsrahmen der Gesellschaftsbilder

V. Ergebnisse der Repräsentativbefragung

In den Fallgeschichten ist deutlich geworden, dass die ehrenamtlich als Vertrauensleute oder Betriebsrät:innen aktiven Gewerkschaftener:innen keine homogene Gruppe sind. Ihre Lebenswege und ihre Erfahrungen in der Gesellschaft sind verschieden, unterschiedlich sind auch ihre Erwartungen an die Gewerkschaft und das Verständnis der eigenen Rolle als Interessenvertreter:innen. Es zeigten sich jedoch auch einige Gemeinsamkeiten: etwa bei der Bedeutung, die sie den Gewerkschaften zumessen, oder bei der Einschätzung, dass aktive Interessenvertretung in der Arbeitswelt unverzichtbar ist. Durchweg verbreitet waren in den Interviews und Gruppendiskussionen außerdem eine Wahrnehmung fortbestehender gesellschaftlicher Ungleichheiten und Ungerechtigkeit sowie die Kritik hieran – auch wenn die von den Einzelnen betonten Ungerechtigkeiten und die Ausrichtung sowie die Adressaten von Kritik keineswegs einheitlich waren.

Sich einen Überblick darüber zu verschaffen, ob die von uns intensiver begleiteten Ehrenamtlichen Ausnahmen darstellen oder ob sie stellvertretend für die mehreren 10.000 Vertrauensleute und Betriebsrät:innen stehen können, ist nicht ganz leicht. Neuere, repräsentative Untersuchungen zu Strukturmerkmalen oder Sichtweisen der Gruppe der in den Betrieben ehrenamtlich Aktiven oder auch nur verlässliche, allgemein zugängliche Daten sozialstatistischer Art liegen nicht vor. Mit der im Rahmen unserer Studie durchgeführten telefonischen Repräsentativbefragung ist somit erstmals ein Überblick über diese, für die Gewerkschaften wichtige Personengruppe möglich. Wie schon in Kapitel II.3 dargelegt, ermöglichten uns der Umfang sowie der Zeitpunkt der Befragung zwar keine Verortung der Befragten bezogen auf die vier Gesellschaftsbilder; auch war damit keine Berechnung von Verteilungen möglich. Die durch den Rückgriff auf die Mitgliederdatei der IG Metall eröffnete Gelegenheit einer strikten Zufallsauswahl der Befragten aus der Grundgesamtheit aller Vertrauensleute, Betriebsrät:innen, Jugend-/Auszubildendenvertreter:innen sowie Schwerbehindertenvertreter:innen gewährleistete aufgrund der dadurch gesicherten statistischen Repräsentativität jedoch, einen Überblick darüber zu geben, um wem es sich bei der Gruppe der Ehrenamtlichen handelt, wodurch diese sich in sozialstatistischer, wirtschafts- und betriebsstruktureller Hinsicht auszeichnet und wie die Ehrenamtlichen über ihr Engagement, Gewerkschaften und die Gesellschaft denken.

Weil die Anzahl der Fragen, die in den Telefoninterviews gestellt werden konnten, begrenzt war, lassen sich jeweils zwar nur einige Aspekte beleuchten. Der erzeugte Datensatz beleuchtet aber dennoch eine ganze Reihe von Aspekten und ermöglichte es zudem, Zusammenhänge zwischen den Wahrnehmungen und Bewertungen der Befragten und einer ganzen Reihe sozialstatistischer und struktureller Merkmale zu untersuchen.[1] In diesem Kapitel liefern wir daher nicht nur Daten darüber, wie sich die Ehrenamtlichen beispielsweise über Regionen, Branchen und Betriebstypen, über verschiedene Formen des Engagements oder Altersgruppen, über Geschlecht, Qualifikationsniveau und die Art der Tätigkeit hinweg verteilen. Wir konnten mit den Daten auch der Frage nachgehen, inwieweit sich die Sichtweisen der Ehrenamtlichen zu Gewerkschaft und Gesellschaft entlang dieser Merkmale unterscheiden.

1. Wer sind die Ehrenamtlichen?

Weil das Sample der telefonischen Befragung auf einer strengen Zufallsauswahl aus der fast 70.000 Personen umfassenden Grundgesamtheit der in der IG Metall erfassten ehrenamtlich in Betrieben Aktiven beruht, wollten wir auf der Basis unserer Daten zunächst die Frage klären, um wen es sich bei diesen Gruppen handelt und wie sich die Ehrenamtlichen verteilen. Aus der Tabelle 7, die aufgrund der durchweg allenfalls geringfügigen Abweichungen zwischen den Verteilungen in der Grundgesamtheit und bei den telefonisch Befragten noch einmal die Repräsentativität unserer Studie belegt, geht hervor, dass die Ehrenamtlichen regional, betriebsstrukturell sowie mit Blick

---

1 Genauere Angaben zu den Inhalten der Repräsentativbefragung sowie zur Datenbasis, Methode und Vorgehensweise finden sich in Kapitel II.3.

auf den gewerkschaftlichen Organisationsgrad ihrer Betriebe weit streuen. Sie finden sich in nennenswerter Anzahl in sämtlichen Betriebsgrößenklassen: Immerhin gut 10 Prozent kommen aus kleineren Betrieben mit unter 100 Beschäftigten, eine etwa gleich große Gruppe aus Betrieben mit über 10.000. Ein gutes Viertel arbeitet in Betrieben mit einem gewerkschaftlichen Organisationsgrad unter 30 Prozent, eine fast gleich große Gruppe ist in Betrieben mit über 70 Prozent IG Mitgliedern aktiv.[2] Eine breite Streuung der Ehrenamtlichen in Grundgesamtheit und Befragung zeigt sich auch in regionaler Hinsicht – lediglich Ostdeutschland ist gemessen an der Bevölkerungszahl erkennbar schwächer repräsentiert. Wiederum sowohl in der Grundgesamtheit als auch bei den von uns Befragten kommen lediglich 10 Prozent der in Betrieben ehrenamtlich Aktiven aus Ostdeutschland.

Bei der noch genaueren Charakterisierung der ehrenamtlich Aktiven ist zunächst auf die vier verschiedenen Formen betrieblichen Engagements hinzuweisen. Betrieblich aktiv werden können Beschäftigte in vier verschiedenen Formen, teilweise lassen sich die vier Funktionen bzw. Ämter auch parallel ausüben.

Erhoben haben wir in der Repräsentativbefragung, ob die Ehrenamtlichen Betriebsrat oder Betriebsrätin (BR) waren und inwieweit sie Funktionen als Vertrauensfrau oder Vertrauensmann (Vertrauensleute/VL), in der Schwerbehindertenvertretung (SBV) oder in der Jugend- und Auszubildendenvertretung (JAV) übernommen haben. Fast zwei Drittel der Befragten sind im Betriebsrat aktiv (62,7 Prozent), gut die Hälfte sind Vertrauensleute (52,4 Prozent) und jeweils eine kleine Anzahl der Befragten gibt an, Schwerbehindertenvertreter:innen (7,6 Prozent) oder in der Jugend- und Auszubildendenvertretung (5,9 Prozent) zu sein. Für die Auswertung ist wichtig, dass sich aufgrund des großen Samples von über 1.000 Befragten auch bei den beiden kleineren Personengruppen der Schwerbehindertenvertreter:innen und der Jugend- und Auszubildendenvertreter:innen Fallzahlen ergeben, die einen Vergleich der Verteilungen und statistische Analysen ermöglichen. Rund ein Viertel der Befragten übernimmt mehrere Funktionen, für die Darstellung der Befragungsergebnisse haben wir die

---

2 Dies ist zugleich das Merkmal, bei dem es eine gewisse Abweichung zwischen Grundgesamtheit und Befragten gibt. In der Repräsentativbefragung stellen Betriebe mit einem Organisationsgrad unter 30 Prozent fast 30 Prozent der Befragten, Betriebe mit Organisationsgraden über 70 Prozent hingegen etwas unter 20 Prozent.

	realisierte Interviews		Grundgesamtheit	
	%	n=	%	N=
Betriebsgröße (Beschäftigtenzahl)				
<= 30	1,7	17	2,0	1.364
<= 100	8,8	89	9,4	6.441
<= 200	11,7	119	12,4	8.540
<= 500	23,8	242	23,3	16.030
<= 900	12,5	127	11,8	8.119
<= 2.000	12,8	130	13,0	8.917
<= 5.000	10,9	111	9,0	6.196
< 10.000	7,0	71	7,0	4.822
>= 10.000	10,9	111	11,7	8.019
fehlende Werte	–	–	0,4	297
Organisationsgrad				
<= 15%	12,3	125	9,9	6.772
<= 30%	16,2	165	14,7	10.111
<= 50%	24,7	251	25,8	17.729
<= 70%	26,5	269	25,6	17.627
> 70%	19,9	202	23,3	16.026
fehlende Werte	0,5	5	0,7	480
Bezirke				
Nordrhein-Westfalen	22,2	226	22,8	15.677
Mitte	13,4	136	14,4	9.906
Küste	8,4	85	8,6	5.904
Niedersachen und Sachsen-Anhalt	10,8	110	11,8	8.095
Berlin-Brandenburg-Sachsen	7,2	73	6,4	4.382
Bayern	20,3	206	16,7	11.475
Baden-Württemberg	17,8	181	19,4	13.306
Region				
Westdeutschland	88,8	903	90,1	61.964
Ostdeutschland	11,2	114	9,9	6.781

Tabelle 7: Vergleich der realisierten Interviews mit der Grundgesamtheit
Quelle: SOFI-Repräsentativbefragung und Mitgliederdatenbank der IG Metall

Personen jedoch jeweils ihrer Hauptfunktion zu geordnet.[3] Unsere Analysen und die folgenden Darstellungen basieren deshalb auf folgenden Zuordnungen: 582 BR (57,2 Prozent), 313 VL (30,7 Prozent), 75 SBV (7,4 Prozent) und 48 JAV (4,7 Prozent).

Ein Großteil der Ehrenamtlichen füllt diese Funktion schon recht lange aus: zwei Drittel der Schwerbehindertenvertreter:innen und fast die Hälfte der Betriebsrät:innen schon seit über zehn Jahren. Lediglich bei den Vertrauensleuten findet sich eine gleichmäßigere Verteilung (vgl. Tabelle 8). Freigestellt für ihre Tätigkeit sind demgegenüber nur einige wenige. Nimmt man Voll- und Teilfreistellungen zusammen, so trifft dies für ein knappes Drittel der Ehrenamtlichen zu. Besonders häufig sind Freistellungen, überwiegend jedoch Teilfreistellungen, bei den JAV. Hier ist immerhin die Hälfte der Befragten zumindest teilweise freigestellt. Von den Vertrauensleuten sind demgegenüber nur sehr wenige vollständig freigestellt (4 Prozent), aber immerhin 22 Prozent teilweise, während bei den Betriebsrät:innen beide Teilgruppen mit 16 Prozent und 13 Prozent annähernd gleich groß sind. Auch in dieser Gruppe sind somit drei Viertel der Befragten rein ehrenamtlich, oh-

---

3 Hierbei sind wir wie folgt vorgegangen: Personen, die angegeben haben, sowohl Betriebsratsmitglieder als auch Vertrauensleute zu sein, haben wir als Betriebsrät:innen (BR) eingestuft. Dies begründet sich dadurch, dass Betriebsrät:in zu sein in zeitlicher Hinsicht, durch den stärker formalisierten Wahlprozess sowie mit Blick auf die interessenpolitische Relevanz der Funktion, durchweg als bedeutsamer und prägender eingeschätzt wird. Auch in den Interviews war gelegentlich der Hinweis zu hören, dass man außerdem, gewissermaßen nebenbei und zusätzlich, auch noch Vertrauensfrau bzw. -mann sei. Üblicherweise sind die Befragten zudem biografisch zunächst als Vertrauensleute aktiv und werden erst zu einem späteren Zeitpunkt in den Betriebsrat gewählt. Da es sich bei den Schwerbehindertenvertreter:innen (SBV) und den Jugend-/Auszubildendenvertreter:innen (JAV) um kleinere Personengruppen handelt, haben wir in diesen Fällen eine Zuordnung als SBV bzw. JAV vorgezogen. Durch den Abgleich der verschiedenen Angaben der jeweiligen Personen und eine Zuordnung des jeweiligen Einzelfalls sind wir schließlich zu der dargestellten Aufteilung gekommen. Bei der letztendlichen Einstufung als JAV haben wir außerdem auch noch das Alter berücksichtigt. Wenn wir bei der Darstellung und Interpretation der Befragungsergebnisse Aussagen zu Besonderheiten einzelner Funktionsgruppen oder zu Unterschieden zwischen Funktionsgruppen machen, haben wir diese zusätzlich dadurch abgesichert, dass sich in den Analysen keine Unterschiede zwischen den beiden Varianten der Zuordnung ergeben haben. So sind beispielsweise die Abweichungen der Antwortverteilungen zwischen denen, die angegeben haben, Vertrauensleute zu sein, zusätzlich aber auch noch im Betriebsrat, in der Schwerbehindertenvertretung oder in der Jugend-/Auszubildendenvertretung aktiv sind, zu denen, die nur Vertrauensleute sind, durchweg sehr gering. Im Zuge dieser Überprüfungen zeigte sich zudem, dass auch die Gruppe derjenigen, die mehrere Funktionen angegeben haben und zum Beispiel im Betriebsrat und zugleich Vertrauensleute sind, keine Sondergruppe darstellt oder sich durch spezifische Sichtweisen auszeichnet.

ne Freistellung tätig. Die Ehrenamtlichen verfügen häufig über langjährige Erfahrung in ihren Ämtern (41 Prozent immerhin über zehn Jahre), das
Ausmaß der Professionalisierung im Sinne von Freistellung ist jedoch mit
insgesamt unter 30 Prozent vergleichsweise gering. Unter den Vertrauensleuten ist die Gruppe derjenigen, die in ihrer ersten Wahlperiode und damit
noch nicht sehr lange im Amt sind, mit 39 Prozent allerdings vergleichsweise
groß.

		Funktion				Gesamt
		BR	VL	SBV	JAV	
Freistel-lung	nein	72 %	75 %	67 %	50 %	71 %
	ja, zum Teil	13 %	22 %	13 %	38 %	17 %
	ja, zu 100 %	16 %	4 %	20 %	13 %	12 %
Dauer in Funktion	unter 4 Jahre	19 %	39 %	20 %	85 %	28 %
	4 bis 10 Jahre	35 %	28 %	15 %	15 %	30 %
	über 10 Jahre	46 %	33 %	65 %	0 %	41 %

Tabelle 8: Dauer der Funktionsausübung und Grad der Freistellung
Quelle: SOFI-Repräsentativbefragung

Anders als vielleicht zu vermuten wäre, gibt es bei der Dauer, mit der
die jeweilige Funktion ausgeübt wird, und beim Grad der Freistellung nahezu keine Unterschiede zwischen Frauen und Männern. Die ehrenamtlich
Aktiven sind allerdings sowohl insgesamt als auch in der Funktionsgruppe der Betriebsratsmitglieder zu gut 80 Prozent und damit ganz überwiegend Männer. Unter den JAV und den SBV ist der Frauenanteil mit jeweils ca.
30 Prozent höher, bei den Vertrauensleuten mit lediglich 11 Prozent dafür besonders gering.[4] Wenn Frauen die entsprechenden ehrenamtlichen Funktionen übernehmen, gibt es offensichtlich aber kaum noch Unterschiede zwischen den Geschlechtern: Der Grad der Professionalisierung, gemessen an
Freistellungsquoten und der Dauer der Funktionsausübung, unterscheiden
sich nur unwesentlich.

Deutliche Unterschiede zwischen den vier Typen von Ehrenamtlichen
zeigen sich bei betriebsstrukturellen Merkmalen. Insbesondere Vertrauensleute, in geringerem Ausmaß aber auch JAV stammen sehr viel häufiger

---

4 Ursächlich für diesen Unterschied ist die Tatsache, dass Vertrauensleute vor allem in Großbetrieben insbesondere der Automobilindustrie anzutreffen sind. Gerade in diesem Betriebstyp ist
jedoch der Frauenanteil ausgesprochen gering. Rund die Hälfte der Vertrauensleute stammt aus
der Automobilindustrie sowie aus Betrieben mit über 5.000 Beschäftigten.

		Geschlecht		Gesamt
		männlich	weiblich	
Freistellung	nein	71%	72%	71%
	ja, zum Teil	17%	16%	17%
	ja, zu 100%	12%	12%	12%
Dauer in Funktion	unter 4 Jahre	28%	32%	28%
	4 bis 10 Jahre	30%	31%	30%
	über 10 Jahre	42%	37%	41%

Tabelle 9: Dauer der Funktionsausübung und Grad der Freistellung nach Geschlecht
Quelle: SOFI-Repräsentativbefragung

aus Großbetrieben mit mehreren tausend Beschäftigten, aus Betrieben mit einem gewerkschaftlichen Organisationsgrad von über 70 Prozent sowie aus Betrieben der Automobilindustrie (vgl. Tabelle 10).

		Funktion				Ge-samt
		BR	VL	SBV	JAV	
Betriebsgröße (Beschäftigtenzahl)	<= 100	16%	2%	8%	2%	10%
	< 200	17%	3%	13%	10%	12%
	<= 900	44%	19%	49%	44%	36%
	<= 5000	19%	30%	27%	33%	24%
	> 5000	4%	47%	3%	10%	18%
gewerkschaftlicher Organisationsgrad	<= 30%	40%	9%	28%	23%	29%
	<= 70%	51%	49%	63%	54%	51%
	> 70%	9%	42%	9%	23%	20%
Tarifbindung	ohne Tarif	25%	3%	19%	10%	17%
	mit Tarif	75%	97%	81%	90%	83%
Branche	Kfz (WZ 29)[5]	16%	52%	19%	31%	28%
	übrige WZ	84%	48%	81%	69%	72%

Tabelle 10: Betriebsstrukturelle Merkmale der Ehrenamtlichen
Quelle: SOFI-Repräsentativbefragung

Beim Blick auf die in der Repräsentativbefragung erhobenen personenbezogenen Merkmale fällt nicht nur auf, dass die Ehrenamtlichen ganz überwiegend Männer sind, auch der Anteil der über 50-Jährigen ist mit 54 Prozent recht hoch. Lediglich 17 Prozent und bei Betriebsratsmitgliedern sogar nur 9 Prozent sind unter 35 Jahre alt. Beim höchsten Ausbildungsni-

---

5 Wirtschaftszweig (WZ) 29: Herstellung von Kraftwagen und Kraftwagenteilen gemäß der Klassifikation der Wirtschaftszweige des Statistischen Bundesamtes von 2008.

veau haben gut 60 Prozent der Befragten eine Berufsausbildung angegeben, 25 Prozent eine Aufstiegsfortbildung und 15 Prozent einen (Fach-)Hochschulabschluss. Zwischen den vier untersuchten Funktionsgruppen sind die personenbezogenen Unterschiede, verglichen mit den betriebsstrukturellen Merkmalen, allerdings deutlich geringer (vgl. Tabelle 11).

Neben den bereits benannten unterschiedlichen Frauenanteilen gibt es lediglich beim Alter Besonderheiten: So gehören JAV definitionsgemäß durchweg der Altersgruppe der unter 35-Jährigen an, Vertrauensleute finden sich in größerer Zahl in allen drei Altersgruppen (22 Prozent sind unter 35 Jahre alt, und lediglich 44 Prozent gehören zu den über 50-Jährigen). Bei Betriebsratsmitgliedern (62 Prozent) und SBV (68 Prozent) machen demgegenüber die über 50-Jährigen mit Abstand den größten Anteil aus. Auch die im Befragungssample anzutreffenden Unterschiede beim Ausbildungsniveau und der ausgeübten Tätigkeit bewegen sich im Rahmen des strukturell aufgrund der ausgeübten Funktion zu Erwartenden. Das Ausbildungsniveau der JAV liegt mit über 80 Prozent im Bereich der (dualen) Berufsausbildung. Bei den übrigen Funktionen bewegt sich dieser Anteil zwischen 58 Prozent (BR) und 67 Prozent (SBV). Aufstiegsfortbildungen zu Meister:innen, Techniker:innen oder Fachwirt:innen sind bei JAV sehr selten (4 Prozent), machen demgegenüber aber rund ein Viertel bei den drei anderen Teilgruppen der Ehrenamtlichen aus – ein Hinweis darauf, dass es sich bei den Ehrenamtlichen in relevantem Umfang um eine beruflich engagierte und weiterbildungsaffine Personengruppe handelt. Der Anteil der JAV mit (Fach-)Hochschulabschluss unterscheidet sich mit immerhin 14 Prozent kaum von dem der Betriebsrät:innen (16 Prozent) und Vertrauensleute (ebenfalls 14 Prozent).

Bei den tätigkeitsbezogenen Merkmalen sind die Unterschiede ebenfalls nicht sehr groß. Betriebsrät:innen und Vertrauensleute verorten sich jeweils etwa zur Hälfte im gewerblichen und im nicht-gewerblichen Bereich (in der Regel Angestellte), SBV gehören nur zu 40 Prozent und JAV zu fast 60 Prozent zu den Gewerblichen. Dieser Sachverhalt ist vor dem Hintergrund der traditionell verbreiteten Vorstellung, dass die IG Metall eine »Blaumann-Gewerkschaft« sei, durchaus bemerkenswert. Er dürfte die Tatsache widerspiegeln, dass der Strukturwandel der Arbeit in der Metall- und Elektroindustrie weit vorangeschritten ist und eine Bereitschaft zu ehrenamtlicher Funktionsübernahme auch jenseits von Produktionsbereichen gegeben ist.

Ebenfalls fast definitionsgemäß ist der Anteil derjenigen, deren Tätigkeit ihrem Ausbildungsniveau entspricht, unter den JAV mit 71 Prozent deutlich höher als bei den anderen Gruppen (von 37 Prozent bei den Vertrauensleuten bis 47 Prozent bei den Betriebsratsmitgliedern). Auffällig ist außerdem, dass sich unter den Vertrauensleuten der mit Abstand höchste Anteil von Personen findet, die Tätigkeiten ausüben, die unter ihrem Ausbildungsniveau liegen (14 Prozent gegenüber 2 bis 6 Prozent in den übrigen Teilgruppen). Auch dies dürfte wiederum darauf zurückzuführen sein, dass unter den Vertrauensleuten der Anteil von Beschäftigten aus Großbetrieben insbesondere der Automobilindustrie besonders hoch ist.

Noch sehr viel geringer als bei betriebsstrukturellen und einigen personenbezogenen Merkmalen sind die Unterschiede zwischen den vier Gruppen von Ehrenamtlichen bezogen auf regionale und räumliche Aspekte (vgl. Tabelle 12). Weder beim Wohnort oder der Länge des Arbeitsweges noch bei der Region des Betriebes (Ost-/Westdeutschland, Bezirkszugehörigkeit) oder der Frage nach der Region, in der man aufgewachsen ist, gibt es nennenswerte Unterschiede. Interessant ist jedoch, dass die Wohnorte der Ehrenamtlichen in der überwiegenden Mehrheit im ländlichen Raum (»Dorf«: 40 Prozent) oder in einer Mittel- oder Kleinstadt (34 Prozent) liegen. In einer Großstadt, einem Vorort oder im Umland einer Großstadt wohnt nur rund ein Viertel der Befragten. In Ostdeutschland ist dieser Anteil mit 40 Prozent gegenüber 25 Prozent in Westdeutschland jedoch deutlich größer, was auf eine andere regionale und siedlungsstrukturelle Verteilung der industriellen Strukturen hindeutet. Der Anteil der Ostdeutschen liegt sowohl hinsichtlich der Frage, wo man aufgewachsen ist, als auch mit Blick auf den Betrieb, in dem man beschäftigt ist, bei etwas über zehn Prozent.[6] Der Arbeitsweg beträgt für ca. 30 Prozent der Ehrenamtlichen über 20 Kilometer. Nimmt man nur diejenigen, die in einem Dorf wohnen, ist dieser Anteil mit 37 Prozent ein wenig höher.

Bei unseren Auswertungen der Befragungsdaten haben wir die hier knapp dargestellten personen- und arbeitsbezogenen Merkmalen sowie verschiedene sozialräumliche und betriebsstrukturelle Aspekte (vgl. Tabelle 13) daraufhin analysiert, inwieweit sie mit Unterschieden in Einschätzungen, Bewertungen oder Sichtweisen einhergehen. Wo wir statistisch signifikante und aussagekräftige Differenzen zwischen Teilgruppen und Korrelationen zwischen verschiedenen Merkmalen feststellen konnten,

---

6 Dass die Zahl derjenigen, die in ostdeutschen Betrieben beschäftigt sind (11 Prozent), etwas geringer ist als die Zahl derjenigen, die angeben, im Osten aufgewachsen zu sein (14 Prozent), dürfte Ausdruck von arbeitsmarktbedingten Wanderungsbewegungen sein.

		Funktion				Ge-samt
		BR	VL	SBV	JAV	
Geschlecht	männlich	81%	89%	69%	73%	82%
	weiblich	19%	11%	31%	27%	18%
Alter	unter 35 Jahre	9%	22%	3%	100%	17%
	35–50 Jahre	30%	33%	29%	0%	29%
	über 50 Jahre	62%	44%	68%	0%	54%
Kinder?	ja	73%	63%	73%	0%	67%
	nein	27%	37%	27%	100%	33%
Ausbildungsniveau	(duale) Berufsausbildung	58%	64%	67%	82%	61%
	Meister/Techniker/Fachwirt o.ä.	26%	22%	25%	4%	24%
	(Fach-)Hochschulabschluss	16%	14%	8%	14%	15%
Wo arbeiten Sie?	im gewerblichen Bereich	48%	51%	40%	58%	49%
	im nicht-gewerblichen Bereich (Angestellten-, Bürotätigkeit)	52%	49%	60%	42%	51%
Was erfordert Ihre derzeitige Tätigkeit im Vergleich zu Ihrer beruflichen Ausbildung?	keine Berufsausbildung	6%	8%	8%	12%	7%
	weniger als Ihre Berufsausbildung	6%	14%	2%	5%	9%
	Ihre erworbene Berufsausbildung	47%	37%	38%	71%	44%
	eine andere, gleichwertige Berufsausbildung	20%	19%	23%	12%	19%
	eine höhere Berufsausbildung	21%	22%	28%	0%	21%

Tabelle 11: Personenbezogene Merkmale der Ehrenamtlichen
Quelle: SOFI-Repräsentativbefragung

werden diese in den folgenden Abschnitten jeweils im Text ausgewiesen und erläutert. Generell können wir jedoch schon an dieser Stelle festhalten, dass größere, in soziologischer, politischer oder gewerkschaftlicher Hinsicht

		Funktion				Ge-
		BR	VL	SBV	JAV	samt
Wohnort	in einem Dorf	40%	39%	33%	44%	40%
	in einer Mittel- oder Kleinstadt	35%	30%	43%	35%	34%
	im Umland oder Vorort einer Großstadt	10%	15%	9%	10%	11%
	in einer Groß- stadt	15%	17%	15%	10%	15%
Arbeitsweg	ja	30%	34%	25%	27%	31%
>20km	nein	70%	66%	75%	73%	69%
Region des	Westdeutschland	86%	93%	89%	88%	89%
Betriebs?	Ostdeutschland	14%	7%	11%	13%	11%
Wo aufge-	in Ostdeutsch- land	15%	12%	14%	13%	14%
wachsen?	in Westdeutsch- land	85%	88%	86%	88%	86%

Tabelle 12: Regionale und räumliche Aspekte
Quelle: SOFI-Repräsentativbefragung

relevante Unterschiede[7] in den Ergebnissen der Repräsentativbefragung keineswegs die Regel sind. Im gesellschaftlichen Denken von Ehrenamtlichen gibt es bei einzelnen Aspekten zwar deutliche Eigenheiten, die sich auf spezifische Merkmale einzelner Personengruppen zurückführen lassen und in einigen wenigen Fällen durchaus bemerkenswert sind. Überraschend war für uns jedoch eher, wie gering die Unterschiede in den Wahrnehmungen und Bewertungen der Teilgruppen zumeist sind. Obwohl wir eine ganze Reihe von potenziell wirksamen betriebsstrukturellen und personenbezogenen Merkmalen bis hin etwa zu der Einschätzung, inwieweit der eigene Arbeitsplatz zunehmend unsicherer geworden ist (wahrgenommene Be-

---

7 Ab wann von »größeren Unterschieden« zu sprechen ist und ab wann Unterschiede in der Verteilung von Antworten analytisch und im soziologischen Sinne relevant sind, ist durchaus interpretationsbedürftig. Aufgrund der Größe des Samples von rund 1.000 Befragten sind selbst geringe prozentuale Unterschiede im Antwortverhalten im statistischen Sinne bereits signifikant. Wir haben uns dafür entschieden, Differenzen im Antwortverhalten in der Regel erst dann für relevant und mitteilenswert zu erachten, wenn sie rund 10 Prozentpunkte oder mehr ausmachen. Geklärt ist hiermit zugleich die Frage der statistischen Signifikanz. Wo wir in der Darstellung auf Unterschiede im Antwortverhalten hinweisen und diese interpretieren, sind sie durchweg auch im statistischen Sinne signifikant, das heißt mit sehr hoher Wahrscheinlichkeit nicht zufällig.

schäftigungsunsicherheit), bei unseren Analysen berücksichtigen konnten, lassen sich Unterschiede in den gesellschaftsbezogenen Wahrnehmungen und Sichtweisen der Ehrenamtlichen nur sehr bedingt auf strukturelle Variablen oder Einflussfaktoren zurückführen.

Personenbezogene Merkmale	Sozialräumliche Merkmale
– Geschlecht, Alter, Kinder – Ausbildungsniveau – aufgewachsen in (Westdt./Ostdt./ Ausland) – Art des Ehrenamts (BR/VL/SBV/JAV) – Grad der Freistellung – Dauer der Ausübung des Ehrenamts – weitere ehrenamtliche Engagements	– Wohnort (Siedlungstyp) – Arbeitsort (IG Metall-Bezirk, West-/ Ostdt.) – Einschätzungen des Wohnorts – Pendeln (> 20 km)
Arbeitsbezogene Merkmale	**Betriebsstrukturelle Merkmale**
– Anforderungsniveau der Tätigkeit – Tätigkeit (gewerblich/Angestelltentätigkeit) – Einschätzungen der Arbeitssituation	– Betriebsgröße (Beschäftigtenzahl) – Branche – Organisationsgrad IG Metall – Tarifbindung

Tabelle 13: Merkmale der Repräsentativbefragung

2. Gründe für das Engagement

2.1 Ehrenamtliches Engagement im Betrieb

In unseren Gruppendiskussionen und den Interviews mit den Ehrenamtlichen ist deutlich geworden, dass Engagement in der betrieblichen Interessenvertretung und gewerkschaftliche Aktivitäten keineswegs selbstverständlich sind. Sie setzen die Bereitschaft voraus, sich über die berufliche Tätigkeit hinaus in der Arbeit zu engagieren und zusätzliche Zeit zu investieren. Mehr noch: Als im Betrieb ehrenamtlich Engagierte treten Beschäftigte nicht nur dem Arbeitgeber gegenüber, was vor allem in etlichen kleineren und mittelgroßen Betrieben von Führungskräften nicht immer gern gesehen wird oder sogar mit beruflichen Nachteilen verbunden sein kann. Gerade in Angestelltenbereichen wird in einigen Fällen darauf verwiesen, dass dies mit einem Ende der innerbetrieblichen Karriere oder zumindest mit Nachteilen verbunden sein könne. Ehrenamtlich in der Interessenvertretung Engagierte exponieren sich im Betrieb aber auch sonst: bezogen auf betriebliche Meinungsverschiedenheiten, Interessenunterschiede und nicht selten auch auf betriebliche Konflikte. Zudem werden sie – sowohl anerkennend als auch als Zielscheibe von Kritik – auf Äußerungen und Aktivitäten »ihrer IG Metall« angesprochen und mit dieser identifiziert. Nimmt man noch den weiteren Befund unserer Gruppendiskussionen und Interviews hinzu, dass es keineswegs einfach ist, jüngere Kolleginnen und Kollegen für die Mitarbeit in der betrieblichen oder gewerkschaftlichen Interessenvertretung zu gewinnen, ist die Frage, warum Beschäftigte sich ehrenamtlich als Betriebsräte oder Vertrauensleute engagieren, nicht trivial.

Die Daten der Repräsentativbefragung liefern auf diese Frage eine deutliche Antwort (vgl. Abbildung 7). An erster Stelle steht als persönliche Motivation für die Ausübung der jeweiligen Funktion die Aussage »Ich engagiere mich, weil ich Ungerechtigkeiten im Betrieb bekämpfen will«, dicht gefolgt von der Aussage »weil ich mich für die soziale Gemeinschaft im Betrieb einsetzen will«. Fast drei Viertel bzw. fast zwei Drittel der Ehrenamtlichen bezeichnen diese beiden Aspekte als sehr wichtige Gründe für ihr Engagement. Nimmt man die Antwortmöglichkeiten »sehr wichtig« und »wichtig« zusammen, dann sind es in beiden Fällen nahezu alle Befragten (über 95 Prozent). Mit gewissem Abstand in der Wichtigkeit folgen danach drei Gründe: »um der Geschäftsleitung klare Grenzen zu setzen«, »weil ich einen Beitrag zum wirtschaftlichen Erfolg des Betriebes leisten möchte« und »weil ich mich persönlich weiterentwickeln möchte«. In allen drei Fällen sind es jeweils nur noch Minderheiten von 19 bis 26 Prozent, die diese Aspekte als »sehr wichtige« Gründe bezeichnen. Erst in der Addition mit »wichtiger« Grund sind es auch bezogen auf diese drei Motivationen, sich ehrenamtlich zu engagieren, jeweils klare Mehrheiten von 60 bis 70 Prozent, die diese für sich in Anspruch nehmen. Persönliche Betroffenheit (»weil ich selbst von Ungerechtigkeit betroffen war«) als weiterer in unseren Interviews mitunter formulierter Grund für ehrenamtliches Engagement in der Interessenvertretung spielt demgegenüber nur eine sehr geringe Rolle. Als »sehr wichtig« oder »wichtig« wird eigene Betroffenheit lediglich von insgesamt 27 Prozent der Befragten genannt. 24 Prozent bezeichnen ihn als »weniger wichtig« und die größte Gruppe mit 35 Prozent sogar als »gar nicht wichtig«. Im Vordergrund bei der großen Mehrzahl der Befragten stehen somit ganz eindeutig soziale Gründe.

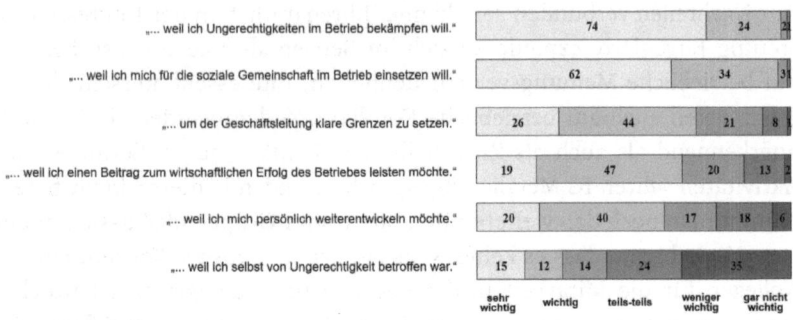

Abbildung 7: Gründe für das Engagement in der Interessenvertretung
Quelle: SOFI-Repräsentativbefragung

Wie sieht es nun aber mit Unterschieden zwischen verschiedenen Beschäftigtengruppen oder den verschiedenen Ämtern bzw. Arten von Funktionen aus und welche Zusammenhänge mit sozialstatistischen, strukturellen oder kontextuellen Merkmalen lassen sich beobachten?[8] Auffällig ist, dass es sich bei der Gewichtung und den Abstufungen der Gründe für ehrenamtliches Engagement um breit geteilte Einschätzungen der Befragten insgesamt handelt. Unterschiede zwischen Teilgruppen sind bezogen auf nahezu alle untersuchten Einflussfaktoren ausgesprochen gering und bewegen sich in Größenordnungen von wenigen Prozentpunkten. Weder beim Grad der Freistellung für das jeweilige Amt noch nach Dauer der Ausübung des Amtes oder entlang unterschiedlicher struktureller Merkmale wie Art der Tätigkeit (gewerbliche vs. Angestelltentätigkeiten), Organisationsgrad oder Tarifbindung des Betriebes und auch nicht bei Kontextfaktoren wie Branche (Fahrzeugbaus vs. übrige Branchen) oder Region des Betriebes sowie eigener Herkunft (Westdeutschland vs. Ostdeutschland) lassen sich nennenswerte Unterschiede feststellen. Gleiches gilt für sozialstatistische Merkmale wie Geschlecht, familiärer Hintergrund (Kinder: ja oder nein), den jeweiligen Wohnort (städtisch oder ländlich) oder die Frage, ob jemand mehr als 20 Kilometer zur Arbeitsstätte pendelt.

Von diesem Befund großer Einheitlichkeit bei den Gründen für Engagement gibt es nur wenige Ausnahmen, bei denen mitunter auch nur einzelne Teilgruppen mit Abweichungen von jeweils deutlich über zehn Prozentpunk-

---

8 Die Repräsentativbefragung bietet angesichts der vergleichsweise großen Fallzahl von rund 1.000 Befragten die Möglichkeit, dieser Frage nachzugehen.

ten und damit statistisch hoch signifikant hervortreten. Auffällig und zugleich wenig überraschend ist zunächst, dass Funktionsträger der Jugend- und Auszubildendenvertretung (JAV) und damit zugleich die Jüngeren sehr viel häufiger als Grund für ihr Engagement nennen, sich persönlich weiterentwickeln zu wollen: Mit 44 Prozent und damit fast der Hälfte bezeichnen in dieser Teilgruppe mehr als doppelt so viele Befragte diese Motivation als »sehr wichtig« (vgl. Tabelle 14).

Ich engagiere mich...		Funktion				Gesamt
		BR	**VL**	**SBV**	**JAV**	
..., weil ich Ungerechtigkeiten im Betrieb bekämpfen will.	sehr wichtig	77%	70%	75%	75%	74%
	wichtig	21%	28%	24%	23%	23%
	teils/teils	2%	2%	0%	2%	2%
	weniger wichtig	0%	0%	1%	0%	0%
..., weil ich mich für die soziale Gemeinschaft im Betrieb einsetzen will.	sehr wichtig	63%	60%	69%	63%	62%
	wichtig	34%	36%	29%	35%	34%
	teils/teils	3%	3%	1%	2%	3%
	weniger wichtig	0%	1%	0%	0%	0%
..., um der Geschäftsleitung klare Grenzen zu setzen.	sehr wichtig	28%	22%	36%	15%	26%
	wichtig	46%	45%	37%	38%	45%
	teils/teils	19%	23%	15%	33%	21%
	weniger wichtig	6%	9%	11%	15%	8%
	gar nicht wichtig	1%	1%	1%	0%	1%
..., weil ich einen Beitrag zum wirtschaftlichen Erfolg des Betriebes leisten möchte.	sehr wichtig	20%	16%	21%	19%	19%
	wichtig	46%	51%	44%	29%	47%
	teils/teils	21%	17%	12%	29%	20%
	weniger wichtig	11%	12%	20%	21%	13%
	gar nicht wichtig	2%	4%	3%	2%	2%

Ich engagiere mich...		Funktion				Gesamt
		BR	**VL**	**SBV**	**JAV**	
...*, weil ich mich persönlich weiterentwickeln möchte.*	sehr wichtig	17%	21%	19%	44%	20%
	wichtig	37%	43%	51%	38%	40%
	teils/teils	19%	15%	12%	15%	17%
	weniger wichtig	21%	17%	12%	0%	18%
	gar nicht wichtig	6%	4%	7%	4%	6%
...*, weil ich selbst von Ungerechtigkeit im Betrieb betroffen war.*	sehr wichtig	13%	18%	31%	7%	15%
	wichtig	13%	11%	14%	13%	12%
	teils/teils	14%	13%	14%	15%	14%
	weniger wichtig	25%	23%	21%	15%	24%
	gar nicht wichtig	36%	34%	21%	50%	35%

Tabelle 14: Gründe für das Engagement in der Interessenvertretung
Quelle: SOFI-Repräsentativbefragung

Die Motivation, der Geschäftsleitung klare Grenzen setzen zu wollen, spielt bei den JAV und damit den Jüngeren demgegenüber eine etwas geringere Rolle. Nennenswerte Unterschiede zwischen Vertrauensleuten und Betriebsratsmitgliedern lassen sich gar nicht beobachten. Eine kleine Besonderheit findet sich allerdings bei den Ehrenamtlichen der Schwerbehindertenvertretung (SBV): Hier ist die Gruppe derjenigen, die als Grund für ihr Engagement nennen, dass sie selbst einmal von Ungerechtigkeit betroffen waren, wesentlich größer als bei den übrigen Funktionsträger:innen. Fast ein Drittel und damit etwa doppelt so viele Befragte bezeichnen diesen Grund als »sehr wichtig«. Dieser für die Mehrheit der Ehrenamtlichen »weniger wichtige« oder »gar nicht wichtige« Grund spielt in dieser Teilgruppe eine beträchtliche Rolle. Für fast die Hälfte der Befragten war er zumindest »wichtig«.

Augenfällig sind schließlich noch zwei weitere Besonderheiten: So spielen bei Ehrenamtlichen in kleineren Betrieben (unter 200 Beschäftigte) die Motivation, einen Beitrag zum wirtschaftlichen Erfolg leisten zu wollen, eine leicht größere, der Wunsch, sich persönlich weiterentwickeln zu wollen, demgegenüber eine etwas geringere Rolle (jeweils knapp zehn Prozentpunkte Differenz). Und auch beim Ausbildungshintergrund, der mit dem Qualifikationsniveau der Tätigkeit und der Art der Tätigkeit korrespondiert, zeigen sich kleinere, aber ebenfalls statistisch signifikante Unterschiede: Für rund drei Viertel der Befragten mit dualer Berufsausbildung als höchstem Abschluss ist ein »wichtiger« oder »sehr wichtiger« Grund für ihr Engagement, dass sie der Geschäftsleitung Grenzen setzen wollen. Bei den Akademiker:innen ist diese Begründung mit knapp 60 Prozent zwar ebenfalls stark, aber dennoch deutlich geringer verbreitet. Und auch beim Wunsch, durch das Ehrenamt einen Beitrag zum wirtschaftlichen Erfolg des Betriebes leisten zu wollen, unterscheiden sich die Hochqualifizierten statistisch signifikant von den übrigen Beschäftigtengruppen. Bei den Akademiker:innen ist dies zwar auch für gut 50 Prozent der Befragten ein »wichtiger« oder »sehr wichtiger« Grund, bei den übrigen Beschäftigtengruppen liegt dieser Anteil jedoch rund zehn Prozentpunkte höher.

Deutlich wird in diesen Zahlen, dass der jeweilige berufliche Hintergrund und berufliche Orientierungen für ehrenamtliches Engagement durchaus relevant sind. Obwohl über verschiedene Berufsgruppen hinweg die Ähnlichkeiten bei den Begründungen überwiegen, scheinen sich Beschäftigte mit mittleren Qualifikationen und Tätigkeiten auf mittlerem Qualifikationsniveau durch Engagement in der betrieblichen Interessenvertretung zusätzliche Möglichkeiten zu erschließen, sich für den Betrieb zu engagieren und sichtbar zu werden bis hin zu Aufstiegsmöglichkeiten, während Mitarbeit in der betrieblichen Interessenvertretung für Hochqualifizierte häufiger eine Alternativoption darstellt.

2.2 Ehrenamtliches Engagement über den Betrieb hinaus

Die von uns befragten Ehrenamtlichen haben häufig allerdings nicht nur in der betrieblichen Interessenvertretung Funktionen übernommen. Ziemlich genau die Hälfte von ihnen engagiert sich auch über den Betrieb hinaus (vgl. Tabelle 15).

Das Spektrum der Aktivitäten ist recht weit und reicht von Vereinen (etwa aktiven Funktionen in Sportvereinen) über Kirchen, Parteien und Bürgerinitiativen bis hin zur Jugend- und Bildungsarbeit. Die von uns Befragten sind in Feuerwehren (besonders die JAV) oder im Katastrophenschutz aktiv, engagieren sich im Rahmen sozialer und karitativer Initiativen und nicht wenige sind auch als ehrenamtliche (Arbeits-)Richter:innen (insbesondere SBV) oder im Rahmen von Prüfungsausschüssen (IHK und Handwerkskammern) tätig.

		Funktion				Gesamt
		BR	VL	SBV	JAV	
aktiv über Be-	nein	51%	53%	31%	44%	50%
trieb hinaus?	ja	49%	47%	69%	56%	50%
	Verein	28%	24%	37%	33%	27%
	Kirche	5%	3%	8%	17%	5%
	Partei	4%	5%	7%	0%	5%
zu wieviel Prozent aktiv in ...?	Bürger-initiative	4%	5%	8%	6%	5%
	Jugend-/Bildungsarbeit	7%	8%	16%	15%	8%
	anderes Engagement	18%	16%	24%	10%	17%

Tabelle 15: Engagement über den Betrieb hinaus
Quelle: SOFI-Repräsentativbefragung

Auch hinsichtlich der Frage von Aktivitäten jenseits des Amtes als In-
teressenvertreter:in im Betrieb finden sich nur wenige Auffälligkeiten.
Besonders deutlich ist jedoch, dass weitergehende Engagements deutlich
seltener sind, wenn jemand in einer Großstadt wohnt. In dieser Personengruppe engagieren sich nur 40 Prozent der Befragten über den Betrieb
hinaus. Besonders häufig sind weitergehende Engagements demgegenüber
mit fast 70 Prozent bei Schwerbehindertenvertreter:innen. Anders als zu
erwarten wäre, gibt es nahezu keinen Zusammenhang zwischen weiteren Engagements und dem Lebensalter, dem Ausbildungsniveau oder den
von uns erfragten Merkmalen der Arbeit. Ins Auge springt jedoch, dass
insbesondere die Jugend- und Auszubildendenvertreter:innen besonders
häufig auf ein Engagement in einer Kirche hinweisen: 17 Prozent gegenüber
5 Prozent über alle Gruppen hinweg sind in diesem Bereich aktiv. Kirch-
liche Jugendarbeit scheint nach wie vor ein relevanter Raum für soziales
Engagement zu sein.

3.   Gewerkschaftliche Bindung

Wie schon in den Fallgeschichten deutlich geworden ist, verstehen sich Be-
triebsrät:innen und auch Vertrauensleute zunächst als Ansprechpersonen,
Kümmerer und Interessenvertreter:innen im Betrieb. Von dort, von ihren
betrieblichen Kolleg:innen her, beziehen sie durch Wahl ihr Mandat. Dies

gilt, wie unsere Interviews zeigen, auch für die Ehrenamtlichen, die zusätzlich auch gewerkschaftlich engagiert sind, sich stark an den Werten und Zielen der IG Metall orientieren und ihr Amt als betriebliche Interessenvertretung von ihren gewerkschaftlichen Orientierungen und Bindungen her verstehen. Mit der Repräsentativbefragung stehen ein paar Daten für die Beantwortung der Frage zur Verfügung, wie verbreitet gewerkschaftliche Orientierungen und Bindungen bei den Ehrenamtlichen sind. Zudem bieten diese Daten die Möglichkeit, auch bezogen auf diese Frage, Unterschiede zwischen Teilgruppen zu identifizieren und Zusammenhänge mit einigen sozialstatistischen, strukturellen sowie kontextbezogenen Merkmalen und Einflussgrößen zu analysieren.

Die Daten der Befragung sprechen für eine insgesamt hohe gewerkschaftliche Bindung. Ziemlich genau zwei Drittel der Befragten stimmen der bewusst stark gewählten Formulierung zu: »Ich bin mit Leib und Seele Gewerkschafter« (vgl. Abbildung 8). Nur 23 Prozent wählen dabei statt »stimme voll und ganz zu« die etwas abgeschwächte Antwortmöglichkeit »stimme eher zu«. Zurückgewiesen wird die »mit-Leib-und-Seele«-Formulierung mit lediglich 7 Prozent nur von sehr wenigen (»stimme eher nicht zu«, »stimme überhaupt nicht zu«).

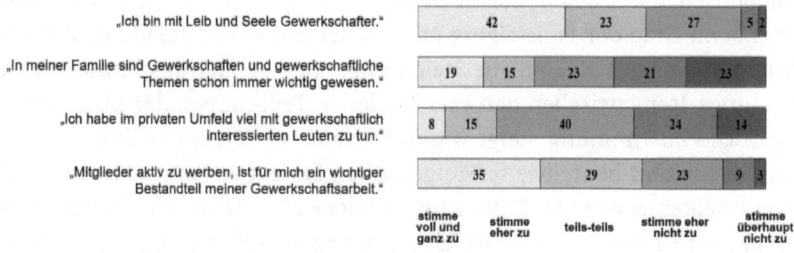

Abbildung 8: Gewerkschaftliche Bindung
Quelle: SOFI-Repräsentativbefragung

Zudem gibt es zwischen den vier Gruppen von Funktionsträger:innen nahezu keine Unterschiede (vgl. Tabelle 16), und auch bei den beiden zentralen sozialstatistischen Merkmalen Geschlecht und Alter sowie bei diversen Kontextfaktoren (Wohnort/Siedlungstyp oder Region Ost/West) ist eine große Übereinstimmung in den Antwortverteilungen auffällig. Alter und Geschlecht als zwei in vielen Untersuchungen relevante Einflussgrößen spielen für die Frage der gewerkschaftlichen Bindung von Ehrenamtlichen ganz

offensichtlich keine entscheidende Rolle. Die Durchsicht aller sonstigen erfassten Zusammenhänge und Einflussgrößen sowie Quervergleiche anhand
von Kreuztabellierungen lassen uns zu dem Ergebnis kommen, dass lediglich einzelne betriebsstrukturelle Merkmale sowie die Dauer und der Grad
der Professionalisierung (Freistellungsgrad) des Engagements einen gewissen Einfluss zu haben scheinen.

Für die Frage, wie hoch der Anteil derjenigen ist, die sich als »Gewerk-
schafter:innen mit Leib und Seele« bezeichnen, spielen insbesondere die
Merkmale Betriebsgröße und Organisationsgrad eine Rolle. Der Prozent-
satz der Zustimmung zu dieser Aussage, die für eine starke Bindung an
das gewerkschaftliche Engagement steht, steigt von rund 50 Prozent in
kleineren Betrieben bis 100 und bis 200 Beschäftigten auf etwa 60 Prozent
in mittelgroßen Betrieben (unter 900 Beschäftigte) bis auf rund 75 Prozent in den oberen Betriebsgrößenklassen. Für das ohnehin eng mit der
Betriebsgröße korrelierte Merkmal des gewerkschaftlichen Organisationsgrades sind die Zahlen recht ähnlich: Hier wächst der Anteil der »mit-Leib-
und-Seele«-Gewerkschafter:innen von ebenfalls gut der Hälfte (54 Prozent)
bei Betrieben mit einem niedrigen Organisationsgrad bis 30 Prozent über
67 Prozent Zustimmung in Betrieben mit einem Organisationsgrad von
30 bis 70 Prozent auf in diesem Fall genau 75 Prozent bei Ehrenamtlichen
aus Betrieben mit einem hohen Organisationsgrad (über 70 Prozent). Und
auch beim Grad der Freistellung und bei der Dauer der Ausübung des Eh-
renamtes zeigen sich ähnliche Steigerungsraten bei der Zustimmung zum
Bindungs-Item zwischen den verschiedenen Teilgruppen der Ehrenamtlichen: Die Zustimmung steigt von 63 Prozent bei den Nicht-Freigestellten
über 68 Prozent bei teilweise Freigestellten bis auf 76 Prozent bei den voll
Freigestellten sowie von 55 Prozent (weniger als 4 Jahre Ehrenamtserfah-
rung) über 63 Prozent (4 bis 10 Jahre Erfahrung) auf 74 Prozent und damit
ebenfalls drei Viertel der Befragten bei Personen, die mehr als zehn Jahre
Erfahrung mit ehrenamtlichen Funktionen haben. Dass hierbei der Grad
der Professionalisierung die entscheidende Einflussgröße sein dürfte, wird
darin deutlich, dass die Zustimmung zum Statement »Ich bin mit Leib und
Seele Gewerkschafter« in der Gruppe der Befragten auf mehrere der genannten funktionsbezogenen und betriebsstrukturellen Merkmale zutrifft,
mit über 80 Prozent besonders hoch ist und die Gruppe derjenigen, die die
besonders starke Antwortmöglichkeit »stimme voll und ganz zu« wählen,
bei diesen bereits zwei Drittel der Befragten ausmacht.

Neben diesem Befund einer bei den Ehrenamtlichen insgesamt sowie über alle Teilgruppen hinweg hohen subjektiven Bindung an die Gewerkschaft ist aber noch ein weiteres, eher differenzierendes Ergebnis wichtig. Schon bei den betriebsstrukturellen Unterschieden (Betriebsgröße und Organisationsgrad) ist deutlich geworden, dass die subjektive Bindung der Ehrenamtlichen in den klassischen großbetrieblichen Gewerkschaftsmilieus nach wie vor besonders hoch ist. Eine Differenzierung nach Tätigkeiten und Ausbildungsniveau, die in den Organisationsbereichen der IG Metall stark zusammenhängen, bestätigt und ergänzt dieses Bild. Hier wird die zwar nicht dominante, aber dennoch deutliche und im statistischen Sinne hoch signifikante Spannbreite bei der Zustimmung zur Aussage, »mit Leib und Seele« Gewerkschafter:in zu sein, anhand einer Gegenüberstellung der Extremgruppen besonders deutlich. Bei den Ehrenamtlichen aus Angestelltenbereichen liegt sie bei 58 Prozent gegenüber 72 Prozent bei den Gewerblichen; bei Personen mit Hochschulabschluss sinkt der Anteil auf 53 Prozent, während die Zustimmung bei Personen mit dualer Ausbildung (ohne Aufstiegsfortbildung in Richtung Meister:in/Techniker:in/Fachwirt:in) bei 69 Prozent liegt. Bei Un- und Angelernten wiederum sowie bei Personen, die Tätigkeiten ausführen, die unterhalb ihres Ausbildungsniveaus einzustufen sind, steigt die Zustimmung sogar auf 79 bzw. 72 Prozent. Eine vollständige Zustimmung zur stark formulierten Aussage »mit Leib und Seele« fällt Hochqualifizierten offensichtlich schwerer; wir wären allerdings vorsichtig, dies pauschal als Ausdruck einer generell geringeren Bindung zu interpretieren.

		Funktion				Gesamt
		BR	VL	SBV	JAV	
Ich bin mit Leib und Seele Gewerkschafter.	stimme voll und ganz zu	40%	47%	49%	31%	42%
	stimme eher zu	21%	26%	20%	35%	23%
	teils/teils	30%	23%	23%	25%	27%
	stimme eher nicht zu	6%	3%	7%	6%	5%
	stimme überhaupt nicht zu	3%	1%	1%	2%	2%

	Funktion				Gesamt
	BR	VL	SBV	JAV	
In meiner Familie sind Gewerkschaften und gewerkschaftliche Themen schon immer wichtig gewesen.					
stimme voll und ganz zu	17%	22%	27%	6%	19%
stimme eher zu	14%	16%	13%	13%	15%
teils/teils	22%	24%	20%	27%	23%
stimme eher nicht zu	22%	22%	16%	29%	21%
stimme überhaupt nicht zu	25%	17%	24%	25%	23%
Ich habe im privaten Umfeld viel mit gewerkschaftlich interessierten Leuten zu tun.					
stimme voll und ganz zu	8%	7%	9%	8%	8%
stimme eher zu	13%	19%	19%	15%	15%
teils/teils	41%	38%	40%	31%	40%
stimme eher nicht zu	24%	23%	24%	23%	24%
stimme überhaupt nicht zu	14%	13%	8%	23%	14%
Mitglieder aktiv zu werben, ist für mich ein wichtiger Bestandteil meiner Gewerkschaftsarbeit.					
stimme voll und ganz zu	36%	34%	43%	19%	35%
stimme eher zu	28%	31%	21%	48%	29%
teils/teils	23%	23%	28%	21%	23%
stimme eher nicht zu	10%	7%	5%	10%	9%
stimme überhaupt nicht zu	3%	5%	3%	2%	3%

Tabelle 16: Gewerkschaftliche Bindung
Quelle: SOFI-Repräsentativbefragung

3.1 Bedeutung des sozialen Nahumfelds

Die bisher dargelegten Befunde deuten eher auf die nach wie vor relevante Bedeutung betrieblicher Milieus für die Stärke der subjektiven Gewerkschaftsbindung hin. Zudem stützen die Befunde der qualitativen Teile unserer Studie die Deutung, dass es sich hierbei um tatsächliche Unterschiede in der Art und im Grad der Bindung handeln dürfte und nicht um einen reinen Diskurseffekt, der etwa dadurch entstehen könnte, dass Höherqualifizierte lediglich eine größere Distanz zu einer Formulierung wie »mit Leib und Seele« haben. Um den Aspekt der Relevanz gewerkschaftlicher Milieus und generell die Bedeutung des sozialen Nahumfelds auch auf der Basis der Befragungsdaten noch etwas genauer auszuleuchten, lohnt sich ein Blick darauf, in welchem Umfang die Ehrenamtlichen gewerkschaftlich familiär geprägt sind (Item: »In meiner Familie sind Gewerkschaften und gewerkschaftliche Themen schon immer wichtig gewesen«) und welche Rolle Gewerkschaften jenseits ihrer Arbeit in ihrem Privatleben spielen (Item: »Ich habe im privaten Umfeld viel mit gewerkschaftlich interessierten Leuten zu tun«).

Gegenüber der mehrheitlich hohen gewerkschaftlichen Bindung fällt auf, dass sowohl die familiäre gewerkschaftliche Prägung eher gering ist als auch im privaten Umfeld Gewerkschaften nur eine begrenzte Rolle spielen. Beide auf gewerkschaftliche Milieus im sozialen Nahumfeld hindeutende Aussagen treffen lediglich bei Minderheiten auf Zustimmung: ein familiärer Hintergrund spielt nur bei einem Drittel der Befragten eine Rolle, im privaten Umfeld viel mit gewerkschaftlich interessierten Leuten zu tun zu haben nicht einmal ein Viertel der Ehrenamtlichen. Eine jeweils deutlich größere Anzahl der Befragten (43 bzw. 38 Prozent) weist diese Aussagen sogar zurück.

Auch hier gibt es im Antwortverhalten nahezu keine Unterschiede zwischen den verschiedenen Funktionen, die die Ehrenamtlichen wahrnehmen: Bei Betriebsrät:innen, Vertrauensleuten, Schwerbehindertenvertreter:innen sind die Werte nahezu identisch (vgl. Tabelle 16). Lediglich die Mitglieder der Jugend- und Auszubildendenvertretungen verneinen signifikant häufiger die Aussagen, dass Gewerkschaften in ihrer Familie schon immer wichtig gewesen seien und dass sie im privaten Umfeld viel mit gewerkschaftlich interessierten Leuten zu tun hätten. Die Befragten sind in ihrer großen Mehrheit vertraut mit sehr unterschiedlichen sozialen Kreisen und bewegen sich in ihnen: Wie wir aus den Interviews wissen, ist genau dies ihnen auch wichtig, und zwar weil sie auch andere Interessen haben, als Ausgleich und um abschalten zu können, mitunter auch ganz bewusst, um den Kontakt in andere gesellschaftliche Bereiche hinein nicht zu verlieren. Führt man dieses Ergebnis und die zuvor dargestellten Befunde zur Relevanz von betriebsstrukturellen und tätigkeitsbezogenen Merkmalen zusammen, so spricht viel für eine Deutung, dass gewerkschaftliche Bindung häufiger aus dem betrieblichen Umfeld heraus als aus dem sozialen Nahbereich oder gar dort vorhandenen gewachsenen gewerkschaftlichen Milieus entstehen dürfte. Gleichwohl deutet der Befund, dass immerhin ein Drittel aller

Befragten auf familiäre Wurzeln verweist, darauf hin, dass biografische Vorerfahrungen und gewerkschaftliche Milieus für einen nennenswerten Teil der Befragten nach wie vor relevant sind.

Und auch der – aus soziologischer Sicht allerdings wenig überraschende – Befund, dass ein deutlicher Zusammenhang zwischen der subjektiven gewerkschaftlichen Bindung (»mit Leib und Seele Gewerkschafter«) und der Bedeutung von Gewerkschaften im sozialen Nahbereich (sowohl familiäre Herkunft als auch privates Umfeld) besteht, macht deutlich, dass der Nahbereich keineswegs irrelevant ist. Auch wenn mit 42 Prozent weniger als die Hälfte der Befragten, die sich als »Gewerkschafter mit Leib und Seele« bezeichnen, auf einen einschlägigen familiären Hintergrund verweisen und lediglich 31 Prozent von ihnen zustimmen, dass sie »im privaten Umfeld viel mit gewerkschaftlich interessierten Leuten zu tun haben«, deuten diese Zahlen dennoch auf die Bedeutung von Milieubildungsprozessen im sozialen Nahumfeld hin. Bei dem runden Drittel der Befragten, die die Aussage »mit Leib und Seele« zurückweisen, sind beide Nahumfeld-Aspekte deutlich seltener anzutreffen. In dieser Gruppe verweisen lediglich 17 Prozent (statt 42 Prozent) auf familiäre Vorerfahrungen und sechs Prozent (gegenüber 31 Prozent) auf ein gewerkschaftlich interessiertes privates Umfeld. Bei Hochqualifizierten dürfte noch hinzukommen, dass sie sich zudem in ihrem betrieblichen Umfeld in der Regel in Tätigkeitsbereichen bewegen, die durch geringere gewerkschaftliche Orientierungen geprägt sind.

Wie schon bei der subjektiven gewerkschaftlichen Bindung spielen auch bei der gewerkschaftlichen Nähe des familiären Hintergrunds und des privaten Umfelds weder sozialstatistische Merkmale wie Geschlecht oder Alter noch der Wohnort bzw. Siedlungstyp (Dorf oder Großstadt) eine Rolle oder ob die Person einen ost- oder westdeutschen Hintergrund hat. Für sämtliche Merkmalsausprägungen sind die Unterschiede im Antwortverhalten sehr gering.

3.2 Bedeutung von gewerkschaftlicher Mitgliederwerbung

Mitgliederwerbung hat für die Befragten als Aktive in der betrieblichen Interessenvertretung nicht nur eine rein instrumentelle Bedeutung insofern, als ein hoher gewerkschaftlicher Organisationsgrad mit größerer betrieblicher Handlungsmacht und einer besseren Ressourcenausstattung sowie generell mehr Einfluss einhergeht. Mitgliederwerbung ist auch ein

Bestandteil des gewerkschaftlichen Selbstverständnisses und der subjektiven gewerkschaftlichen Bindung der Befragten. Zwei Drittel von ihnen bejahen die Aussage »Mitglieder aktiv zu werben, ist für mich ein wichtiger Bestandteil meiner Gewerkschaftsarbeit« (vgl. Abbildung 8: Gewerkschaftliche Bindung), ein Wert, der fast genauso hoch ist wie die Zustimmung der Befragten dazu, »mit Leib und Seele Gewerkschafter« zu sein. Und auch beim Thema aktive Mitgliederwerbung sind es mit 12 Prozent nur sehr wenige, die »eher nicht« oder »überhaupt nicht« zustimmen. Nicht nur die ähnlich hohen Anteile, sondern auch die starke Korrelation zwischen dem »mit-Leib-und-Seele«-Item und der Mitgliederwerbung verweisen auf die große Bedeutung dieses Aspektes bei der subjektiven gewerkschaftlichen Bindung: 77 Prozent der Befragten, die zustimmen, mit »Leib und Seele Gewerkschafter« zu sein, betonen die Wichtigkeit der Mitgliederwerbung gegenüber nur noch 41 Prozent bei den übrigen Befragten. Der Anteil derjenigen, die Mitgliederwerbung explizit nicht als wichtigen Bestandteil ihrer Gewerkschaftsarbeit sehen, steigt in der Gruppe derjenigen, die das Bindungs-Statement ablehnen, demgegenüber von lediglich sechs Prozent auf rund ein Viertel (26 Prozent).

Auch bei der Frage nach der Bedeutung von Mitgliederwerbung lohnt ein Blick auf Unterschiede im Antwortverhalten der Ehrenamtlichen. Gerade bei diesem Thema ist ein klares Profil erkennbar. Keine bis nahezu keine Rolle spielen einmal mehr sozialstatistische und regionale Merkmale sowie der räumliche Nahbereich (Wohnort/Siedlungstyp, Erfahrungen am Wohnort). Und auch die eigenen Arbeitserfahrungen (Befriedigung in der Arbeit, Kollegialität, erfahrene Anerkennung, Beschäftigungssicherheit) stehen in keinem Zusammenhang zur subjektiven Bedeutung von Mitgliederwerbung. Anders als bei der Frage der gewerkschaftlichen Bindung deuten die Befragungsergebnisse außerdem darauf hin, dass auch betriebsstrukturelle Aspekte keine Relevanz für die Sichtweisen der Befragten zum Stellenwert von Mitgliederwerbung haben. Dies gilt sogar für den gewerkschaftlichen Organisationsgrad der Betriebe oder eine bestehende Tarifbindung.

Dagegen finden sich deutliche und mitunter überaus starke Unterschiede bei der subjektiven Bedeutung von Mitgliederwerbung entlang von drei Einflussgrößen. *Erstens* spielen auch für diese Frage der Tätigkeitsbereich bzw. das Ausbildungsniveau eine Rolle. Während die Ehrenamtlichen aus dem gewerblichen Bereich zu 71 Prozent bzw. Personen auf dem Niveau dualer Berufsausbildung zu 69 Prozent zustimmen, dass Mitgliederwerbung ein wichtiger Bestandteil ihres gewerkschaftlichen Engagements ist, liegt dieser Wert mit 58 Prozent bei den Nicht-Gewerblichen und insbesondere bei den Hochqualifizierten mit 53 Prozent deutlich niedriger. Bei den Hochqualifizierten im nicht-gewerblichen Bereich vertreten diese Sichtweise mit 47 Prozent sogar nur noch knapp die Hälfte der Befragten. Dass hierbei die Frage des Tätigkeitsbereiches entscheidender ist als das Ausbildungsniveau, zeigt sich auch darin, dass der Zusammenhang mit dem Bereichsmerkmal stärker ausgeprägt ist als der zum Ausbildungsniveau. Gerade bei den Hochqualifizierten, aber teilweise auch bei dual Qualifizierten aus nicht-gewerblichen Bereichen dürfte eine Rolle spielen, dass sie sich mit ihrem gewerkschaftlichen Engagement in ihrem Tätigkeitsumfeld – so etwa in kaufmännischen Bereichen oder in Abteilungen für Forschung und Entwicklung – in etlichen Betrieben nach wie vor in einer Minderheitenposition befinden.

Zweitens erweisen sich auch bei der Frage der Mitgliederwerbung die Dauer der Funktionsübernahme sowie vor allem der Grad der Freistellung als relevant. Bei der Variablen der Dauer der Funktionsübernahme steigt der Zustimmungswert zur Wichtigkeit von Mitgliederwerbung von 58 Prozent (unter vier Jahre im Betrieb ehrenamtlich aktiv) bis auf 69 Prozent (mehr als zehn Jahre ehrenamtlich aktiv) und beim Grad der Freistellung von 60 Prozent (Befragte ohne Freistellung) auf 77 Prozent (vollständige Freistellung). Der besonders hohe Wert bei den Freigestellten, der bei den langjährig Freigestellten sogar 80 Prozent erreicht, deutet darauf hin, dass auch hier der Grad der Professionalisierung bedeutsam sein dürfte. Professionalisierung ist dabei allerdings verbunden mit einer spezifischen Funktions- und Rollenzuschreibung, einer besonderen Verantwortung für Mitgliederwerbung, in der gerade diese Gruppe der Ehrenamtlichen sich sieht, aber auch mit größeren zeitlichen Spielräumen, über die sie verfügen.

Und schließlich ist *drittens* der soziale Nahbereich relevant für die Frage, welchen Stellenwert Mitgliederwerbung im Selbstverständnis der Ehrenamtlichen hat. Auch hier spielen sowohl der familiäre Hintergrund als auch das private Umfeld eine Rolle, wobei die Zusammenhänge mit dem privaten Umfeld wiederum deutlich stärker sind als diejenigen mit dem familiären Hintergrund. Die Zustimmung dazu, dass Mitgliederwerbung ein wichtiger Bestandteil der eigenen Gewerkschaftsarbeit ist, wächst von 53 Prozent bei denjenigen, bei denen gewerkschaftliche Themen in der Familie gar nicht wichtig waren, auf 77 Prozent bei Befragten, bei denen dies schon immer der Fall war. Noch größer ist der Unterschied, wenn man die allerdings mit etwa 10 Prozent recht kleine Gruppe derjenigen Ehrenamtlichen, die im privaten Umfeld viel mit gewerkschaftlich interessierten Leuten zu tun haben, mit denen vergleicht, bei denen dies überhaupt nicht der Fall ist. In diesen Konstellationen steigt die Bedeutung der Mitgliederwerbung von 40 Prozent sogar bis auf 84 Prozent. Beide Befunde sind ein deutliches Zeichen dafür, dass neben dem Faktor Professionalisierung auch Milieueffekte im sozialen Nahbereich bedeutsam sind. Wie wir gesehen hatten, ist die Gruppe derjenigen, die sich in hohem Maße sowohl familiär als auch im privaten Umfeld in gewerkschaftlich geprägten Kreisen bewegen, allerdings gering. Je nach Enge oder Weite der Definition handelt es sich hierbei um zehn bis maximal 20 Prozent der ehrenamtlich Aktiven.

4. Arbeitserfahrungen und Wohnumfeld

In unseren qualitativen und quantitativen Daten haben wir keine Hinweise darauf gefunden, dass die unmittelbaren Arbeitserfahrungen oder der Wohnort, genauer gesagt: der Siedlungstyp, einen wesentlichen Einfluss auf die von uns untersuchten Fragen rund um das ehrenamtliche Engagement und die Sicht auf Gewerkschaften sowie die Gesellschaftsbilder und das gesellschaftsbezogene Denken haben. In der Repräsentativbefragung sind Zusammenhänge zu diesen Fragen, von wenigen Ausnahmen abgesehen, nahezu durchgängig entweder gar nicht vorhanden oder allenfalls sehr gering ausgeprägt. Bevor in den nächsten Abschnitten die gewerkschafts- und gesellschaftsbezogenen Wahrnehmungen und Einschätzungen dargestellt werden, sollen im Folgenden die Arbeitserfahrungen der Ehrenamtlichen und ihre Wahrnehmungen des wohnörtlichen Umfeldes dennoch kurz skizziert und veranschaulicht werden. Wie beurteilen die Ehrenamtlichen ihre Arbeit,[9] und wie wohl fühlen sie sich an ihrem Wohnort?

---

9 Bei der Darstellung der Arbeitserfahrungen sind ausdrücklich nicht die Erfahrungen der Befragten in ihrem betrieblichen Ehrenamt gemeint. Personen, die zu 100 Prozent freigestellt sind, wurden nicht nach ihren Arbeitserfahrungen gefragt und sind in den Tabellen deshalb nicht enthalten. Die Anzahl der Befragten reduziert sich in diesen Tabellen daher von 1.017 auf 887 Personen.

4.1 Arbeitserfahrungen der Ehrenamtlichen

Insgesamt zeichnen die Befragten ein eher positives Bild von ihren Arbeitserfahrungen, und die Unterschiede zwischen den verschiedenen Funktionen, die sie wahrnehmen, sind – mit einer Ausnahme – ebenfalls sehr gering (vgl. Tabelle 17). Zwei Drittel der Befragten ziehen Befriedigung aus ihrer Arbeit, die Hälfte dieser Gruppe sogar »voll und ganz«.

Wie in anderen Untersuchungen zur Beurteilung der Arbeitssituation wird auch hier das Arbeitsklima unter den Kolleg:innen besonders positiv bewertet: Fast drei Viertel der Befragten geben an, dass in ihrem Arbeitsumfeld ein kollegiales Arbeitsklima herrscht. Nicht ganz so gut, aber immer noch mehrheitlich positiv sind die Bewertungen der Anerkennung, die die Befragten in ihrer Arbeit erfahren, und die Einschätzungen zur Sicherheit des Arbeitsplatzes, also der Beschäftigungssicherheit. Immerhin 29 Prozent der Befragten stimmen der Aussage zu oder eher zu, dass sie sich zu wenig anerkannt in ihrer Arbeit fühlen, gegenüber 46 Prozent, die diese Aussage ablehnen. Mehrheitlich verneint (52 Prozent) wird zudem die Einschätzung, dass der eigene Arbeitsplatz unsicherer geworden sei. Zustimmung erfährt diese Aussage zu 27 Prozent. Bei den Jugend- und Auszubildendenvertreter:innen (JAV), bei denen vielfach allerdings ohnehin eher von Ausbildungserfahrungen zu sprechen wäre, finden sich insbesondere bei zwei Aspekten deutlich positivere Einschätzungen. Zu wenig anerkannt fühlen sich lediglich 7 Prozent der JAV (niemand darunter »voll und ganz«), und fast drei Viertel (71 Prozent) verneinen diese Aussage. Noch größer ist der Unterschied zu den übrigen Befragten bei der Einschätzung der Kollegialität des Arbeitsumfeldes: Ein kollegiales Arbeitsklima herrscht aus der Sicht von 86 Prozent der JAV, und immerhin 59 Prozent von ihnen stimmen dieser Aussage »voll und ganz« zu.

Auch bezogen auf die Arbeitserfahrungen haben wir die Befragungsdaten auf mögliche Einflussfaktoren und Zusammenhänge zu den übrigen in die Untersuchung einbezogenen Variablen hin analysiert. Gefunden haben wir nur wenige Zusammenhänge, die jedoch auf wichtige Struktureffekte verweisen. Sowohl bei der Einschätzung der Kollegialität im Arbeitsumfeld als auch bei der Zurückweisung der Aussage, zu wenig Anerkennung in der Arbeit zu erfahren, ist ein Zusammenhang zum Ausbildungsniveau und damit der Tätigkeit festzustellen.

Bei der Frage nach der Kollegialität im Arbeitsumfeld steigt der Anteil der Zustimmung bei Ehrenamtlichen mit dualer Ausbildung über die Personen-

		Funktion				Ge-
		BR	VL	SBV	JAV	samt
Ich ziehe Befriedigung aus meiner Arbeit.	trifft voll und ganz zu	35%	30%	33%	26%	33%
	trifft eher zu	33%	34%	37%	43%	34%
	teils/teils	25%	27%	25%	24%	25%
	trifft eher nicht zu	4%	7%	2%	2%	5%
	trifft überhaupt nicht zu	2%	3%	3%	5%	3%
Ich fühle mich zu wenig anerkannt in meiner Arbeit.	trifft voll und ganz zu	12%	13%	12%	0%	12%
	trifft eher zu	19%	14%	14%	7%	17%
	teils/teils	25%	23%	26%	21%	24%
	trifft eher nicht zu	18%	24%	17%	31%	21%
	trifft überhaupt nicht zu	25%	26%	31%	40%	26%
In meinem Arbeitsumfeld herrscht ein kollegiales Arbeitsklima.	trifft voll und ganz zu	42%	43%	40%	59%	43%
	trifft eher zu	31%	33%	27%	27%	31%
	teils/teils	21%	20%	22%	12%	20%
	trifft eher nicht zu	5%	3%	7%	2%	4%
	trifft überhaupt nicht zu	2%	2%	5%	0%	2%
Mein Arbeitsplatz ist zunehmend unsicherer geworden.	trifft voll und ganz zu	13%	14%	17%	7%	13%
	trifft eher zu	14%	16%	12%	10%	14%
	teils/teils	18%	24%	22%	24%	21%
	trifft eher nicht zu	28%	23%	25%	17%	26%
	trifft überhaupt nicht zu	27%	21%	25%	43%	26%

Tabelle 17: Arbeitserfahrungen
Quelle: SOFI-Repräsentativbefragung

gruppe mit Aufstiegsfortbildungen bis zu den Akademiker:innen von 68 bis auf 87 Prozent. Die Ablehnung der Aussage, sich wenig anerkannt zu fühlen, wächst ähnlich stark von 41 Prozent auf 61 Prozent. Neben diesem primär tätigkeitsbezogenen Zusammenhang spielen bei der Arbeitswahrnehmung zusätzlich aber auch zwei betriebsstrukturelle Faktoren eine Rolle. Wiederum beim Thema geringe Anerkennung in der Arbeit und zusätzlich bei der Einschätzung, inwieweit der eigene Arbeitsplatz zunehmend unsicherer geworden ist, gibt es einen Zusammenhang zur Betriebsgröße. In Betrieben mit unter 200 Beschäftigten stimmen immerhin 34 Prozent der Befragten der Aussage zu, in der Arbeit zu wenig Anerkennung zu erfahren, und nur eine etwas größere Gruppe von 40 Prozent verneint dies. In der Größenklasse über 5.000 Beschäftigte findet sich hingegen eine deutlich andere Verteilung: Mit 59 Prozent Ablehnung der Aussage mangelnder Anerkennung gegenüber 23 Prozent Zustimmung ist die Gruppe derjenigen, die sich in ihrer Arbeit zu wenig anerkannt fühlen, in Großbetrieben deutlich kleiner als in kleinen Betrieben.

Die Tatsache, dass es zugleich keinen Unterschied gibt bei der Befriedigung, die die Befragten aus der Arbeit ziehen, macht deutlich, dass es hierbei nicht so sehr um tätigkeitsbezogene Merkmale, sondern eher um betriebsstrukturelle Aspekte wie etwa die Bezahlung gehen dürfte. Eindeutig relevant sind sowohl die Betriebsgröße als auch – unabhängig davon – die Branche, in der die Befragten tätig sind, für die Einschätzungen der Sicherheit des Arbeitsplatzes. Der Anteil derjenigen, die keine Anzeichen dafür sehen, dass der eigene Arbeitsplatz zunehmend unsicherer geworden ist, sinkt von Klein- zu Großbetrieben von immerhin 60 Prozent auf nur noch knapp die Hälfte der Befragten (49 Prozent).

Klar erkennbar ist außerdem, dass die Wahrnehmung der Unsicherheit des Arbeitsplatzes auch dann größer ist, wenn die Befragten im Fahrzeugbau (entsprechend der Klassifikation der Wirtschaftszweige) arbeiten. Der Anteil derjenigen, die keine Anzeichen für zunehmende Arbeitsplatzunsicherheit sehen, sinkt in den Großbetrieben (wiederum Größenklasse über 5.000 Beschäftigte) auf nur noch 44 Prozent und liegt bei den Kleinbetrieben im Automobilbau schließlich bei nur 31 Prozent. Die Fallzahl der Befragten ist zwar gering, aber immerhin gehen über die Hälfte der Befragten dieses Betriebstyps ausdrücklich davon aus, dass ihr Arbeitsplatz zunehmend unsicherer geworden ist. In der Automobilindustrie ist eine Verunsicherung deutlich spürbar. Während außerhalb dieser Branche die Mehrheit der Befragten (56 Prozent) der Ansicht ist, dass der eigene Arbeitsplatz nicht unsicherer geworden ist, streuen die Antworten im Fahrzeugbau recht weit: 34 Prozent berichten von zunehmender Unsicherheit, 26 Prozent antworten mit »teil, teils« und nur 40 Prozent verneinen eine wachsende Unsicherheit ihres Arbeitsplatzes. Die Tatsache, dass es hierbei keine Unterschiede zwischen den verschiedenen Tätigkeitsbereichen und Ausbildungsniveaus gibt, stärkt den Befund eines Brancheneffektes noch zusätzlich.

4.2 Beurteilungen des Wohnumfeldes

Für die allermeisten Befragten ist das unmittelbare Lebensumfeld ein »Wohlfühlort«. Eine überwältigende Mehrheit von 82 Prozent stimmt der Aussage »In meinem Wohnort fühle ich mich wohl« voll und ganz, weitere 12 Prozent eher zu. Fast alle (94 Prozent) haben somit ein positives Bild von ihrer Nachbarschaft und ihrem Wohnort. Ähnlich stark wie bei der Beurteilung des Arbeitsumfeldes finden sich die eher positiven Einschätzungen auch bei anderen Fragen dieses Themenkomplexes: 60 Prozent der Befragten stimmen der Aussage zu, dass es in ihrer Nachbarschaft noch echten Zusammenhalt gibt; 54 Prozent sind mit der Infrastruktur und den öffentlichen Einrichtungen an ihrem Wohnort zufrieden; 64 Prozent verneinen die Aussage »Dort, wo ich lebe, hat die Jugend wenig Zukunft« (vgl. Tabelle 18). Zugleich ist nicht zu übersehen, dass bei allen drei Aspekten jeweils relevante Anteile – ein Drittel bis fast die Hälfte – nicht zustimmen.

Die Suche nach Einflussfaktoren und Zusammenhängen bei der Beurteilung des Wohnumfeldes kommt zu dem Ergebnis, dass von nahezu sämtlichen erhobenen Merkmalen keine strukturbildenden Effekte ausgehen. Deutliche Zusammenhänge bei einzelnen Aspekten, aber eben nicht bei der Gesamtzufriedenheit gibt es lediglich, wenn die Siedlungstypen unterschieden werden. In den Großstädten ist die Zufriedenheit mit der Infrastruktur und den öffentlichen Einrichtungen mit 65 Prozent signifikant größer. In den Dörfern ist in dieser Hinsicht nicht einmal die Hälfte der Befragten (45 Prozent) zufrieden. Spiegelbildlich hierzu verhalten sich die Aussagen zum Zusammenhalt in der eigenen Nachbarschaft. Ist der Wohnort ein Dorf, berichten 72 Prozent von echtem Zusammenhalt, unter den Großstädter:innen sinkt dieser Anteil auf 46 Prozent. Bei der Zufriedenheit mit der Infrastruktur und öffentlichen Einrichtungen zeigt sich zudem, dass der Anteil der Unzufriedenen in der Gruppe der Schwerbehindertenvertreter:innen deutlich größer ist: 36 Prozent der SBV gegenüber

		Funktion				Ge-samt
		BR	VL	SBV	JAV	
In meinem Wohnort fühle ich mich wohl.	trifft voll und ganz zu	82%	83%	77%	85%	82%
	trifft eher zu	13%	13%	12%	6%	12%
	teils/teils	5%	4%	5%	8%	5%
	trifft eher nicht zu	1%	0%	4%	0%	1%
	trifft überhaupt nicht zu	0%	0%	1%	0%	0%
Ich bin mit der Infrastruktur und den öffentlichen Einrichtungen an meinem Wohnort zufrieden.	trifft voll und ganz zu	30%	34%	29%	27%	31%
	trifft eher zu	25%	23%	19%	19%	23%
	teils/teils	28%	29%	16%	29%	27%
	trifft eher nicht zu	10%	11%	29%	17%	12%
	trifft überhaupt nicht zu	8%	3%	7%	8%	6%
In meiner Nachbarschaft gibt es noch echten Zusammenhalt.	trifft voll und ganz zu	39%	39%	37%	26%	38%
	trifft eher zu	22%	22%	17%	36%	22%
	teils/teils	29%	28%	27%	23%	28%
	trifft eher nicht zu	8%	8%	15%	13%	9%
	trifft überhaupt nicht zu	3%	3%	4%	2%	3%
Dort, wo ich lebe, hat die Jugend wenig Zukunft.	trifft voll und ganz zu	7%	6%	8%	4%	7%
	trifft eher zu	9%	9%	10%	15%	9%
	teils/teils	22%	20%	16%	9%	20%
	trifft eher nicht zu	30%	29%	30%	40%	30%
	trifft überhaupt nicht zu	32%	36%	36%	32%	34%

Tabelle 18: Beurteilung des Wohnumfeldes
Quelle: SOFI-Repräsentativbefragung

18 Prozent bei allen Befragten äußern in dieser Frage Kritik. Aufgrund der vergleichsweise geringen Fallzahl in dieser Funktionsgruppe (n=74) sollte dieses Ergebnis nicht überbewertet werden, es ist aber auch im statistischen Sinne signifikant.

Obwohl Unterschiede zwischen Ost- und Westdeutschland in gewerkschaftlichen und gesellschaftsbezogenen Debatten nach wie vor eine erhebliche Rolle spielen und die Unterscheidung Ost/West in unseren Analysen in doppelter Weise Eingang gefunden hat, hat dieser mögliche Einflussfaktor in den Befunden bislang keine Rolle gespielt. Weder bei den Gründen für ehrenamtliches Engagement noch bei den verschiedenen Aspekten gewerkschaftlicher Bindung und auch nicht bei den Arbeitserfahrungen haben wir deutliche Unterschiede zwischen Ehrenamtlichen in ost- und westdeutschen Betrieben oder zwischen Ehrenamtlichen mit ost- oder westdeutschem Hintergrund gefunden. Lediglich bei den Einschätzungen zum Wohnort spielt die Ost-West-Frage eine Rolle, allerdings auch in diesem Fall jedoch nur eine geringe und auch nur in einem Aspekt. Lediglich bezogen auf die Aussage »dort, wo ich lebe, hat die Jugend wenig Zukunft« findet sich ein nennenswerter, aber ebenfalls nicht sonderlich großer Unterschied – und zwar zwischen Ehrenamtlichen aus west- und ostdeutschen Betrieben. Bei der Zustimmung zu dieser Aussage unterscheiden die beiden Gruppen sich kaum (15 Prozent im Westen gegenüber 18 Prozent im Osten), bei der Zurückweisung jedoch deutlich: Mit 66 Prozent lehnen genau zwei Drittel der Befragten in westdeutschen Betrieben diese Aussage ab, während dies in den ostdeutschen Betrieben nur bei gut der Hälfte der Ehrenamtlichen (53 Prozent) der Fall ist.

5. Gesellschaftsbezogene Wahrnehmungen und Orientierungen

Ein wichtiges Ziel der Repräsentativbefragung war es, quantitativ verwertbare Daten bezogen auf das gesellschaftliche Denken der Ehrenamtlichen zu generieren. Ergänzend zu den vertieften qualitativen Befunden aus den Gruppendiskussionen und Interviews können hierdurch zusätzliche Fragen geklärt werden: wie weit bestimmte gesellschaftliche Denkweisen verbreitet sind; inwieweit unterschiedliche Sichtweisen zwischen verschiedenen Funktionen von Ehrenamtlichen – insbesondere Betriebsrät:innen und Vertrauensleuten – bestehen; in welchem Zusammenhang gesellschaftsbezogene Wahrnehmungen und Orientierungen zu sozialstatistischen, tätigkeitsbezogenen, betriebsstrukturellen und sonstigen Kontextmerkmalen stehen. Aufgrund des frühen Zeitpunkts der Befragung war es zwar nicht möglich, die zu einem späteren Zeitpunkt von uns entwickelte Gesellschaftsbildertypologie in ein zuverlässiges quantitatives Instrument zu überführen,[10] gleichwohl decken die Items der Repräsentativbefragung eine Reihe von Aspekten ab, die auch in den qualitativen Erhebungen angesprochen wurden. Einige in der Befragung verwendete Aussagen sind zudem so oder zumindest in ähnlicher Weise von Ehrenamtlichen während der qualitativen Erhebungen formuliert worden. Mit der Repräsentativbefragung erfassen wir auch deshalb wichtige Aspekte im Denken der Ehrenamtlichen.

Die insgesamt 16 Fragen, mit denen wir gesellschaftsbezogene Wahrnehmungen und Orientierungen erhoben haben, lassen sich zu fünf Themenblöcken bündeln. Grundlage ist dabei nicht nur eine lediglich semantische Zuordnung, sondern die fünf Dimensionen sind zugleich das Ergebnis einer explorativen Faktorenanalyse (Bühl 2019). Diese hat bei Einbeziehung sämtlicher 16 Items ebenfalls eine Struktur von fünf Faktoren im Sinne von im Hintergrund wirkenden strukturierenden Dimensionen ergeben,[11] die wir unter den folgenden Überschriften gebündelt haben:

- Sozialer Ausgleich und Aufstiegsmöglichkeiten
- Respekt und Wertschätzung
- Vertrauen in die demokratische Partizipation
- Solidarität vs. Vereinzelung und Konkurrenz
- Wunsch nach mehr demokratischer Mitsprache und sozialer Bewegung

---

10 Hierbei spielt nicht nur der zeitliche Aspekt eine Rolle. Die von uns entwickelte Typologie ist komplex in der Weise, dass sie normative Bezüge der Ehrenamtlichen mit eigenen Verortungen und Bildern bzw. Annahmen über die Gesellschaft verknüpft. Zudem sind die realen Gesellschaftsbilder der Ehrenamtlichen häufig zwischen den idealtypisch konstruierten Polen angesiedelt und durch unterschiedliche Bezugnahmen auf diese gekennzeichnet. Um diese Komplexität der von uns identifizierten Gesellschaftsbilder im Rahmen eines standardisierten Erhebungsinstruments abzubilden, müsste es gelingen, die verschiedenen Dimensionen in eindeutige Items zu überführen. Ob dies gelingen kann, ist keineswegs sicher. Die Einbindung einzelner Gesellschaftsbilderfragen in die Beschäftigtenbefragung der IG Metall aus dem Jahr 2020 hat zwar einige Befunde erbracht, die in die vorliegende Darstellung einbezogen werden. Sie hat aber auch gezeigt, dass eine standardisierte Erhebung komplexer Gesellschaftsbilder vor erheblichen methodischen Problemen stehen dürfte.

11 Sowohl der Befund von fünf Dimensionen (Faktoren) als auch die Zuordnung der einzelnen Items erwiesen sich als in hohem Maße stabil: und zwar auch unter Verwendung unterschiedlicher Vorgehensweisen bei der Rotation sowie unterschiedlicher Umgangsweisen mit fehlenden Werten.

Diese durch explorative Faktorenanalysen ermittelten fünf Dimensionen des gesellschaftsbezogenen Denkens der Ehrenamtlichen sind zwar nicht unmittelbar in unsere Typologie der Gesellschaftsbilder überführbar, decken aber einige wichtige Aspekte ab. Sie werden daher im Folgenden einzeln vorgestellt und es wird jeweils dargestellt, inwieweit Unterschiede zwischen verschiedenen Personengruppen bestehen sowie zu welchen Ergebnissen unsere Analysen möglicher Einflussfaktoren gekommen sind. Wie schon in den vorherigen Abschnitten beruhen die zugrundeliegenden Analysen auch hier wieder auf sämtlichen Einzeldimensionen: personenbezogenen Merkmalen wie Geschlecht und Alter, Art der ehrenamtlichen Funktion sowie Dauer und Grad der Freistellung, Tätigkeitsmerkmalen und betriebsstrukturellen Variablen wie Betriebsgröße, Organisationsgrad oder Tarifbindung sowie weiteren Kontextbedingungen wie Wohnort/Siedlungstyp, Region oder Branche (vgl. die Übersicht über die Merkmale der Repräsentativbefragung in Tabelle 13). Tabellarisch dargestellt werden jeweils wiederum die Verteilungen für die vier Funktionstypen (BR, VL, SBV, JAV), bevor anschließend auf wichtige Zusammenhänge hingewiesen wird. Auch bezogen auf die Aussagen zum gesellschaftsbezogenen Denken gilt, dass wir nicht alles berichten, was sich angesichts der großen Fallzahl als statistisch signifikant erweist, sondern nur solche Befunde vorstellen, die auf deutliche Zusammenhänge verweisen. Die von uns herausgestellten Zusammenhänge sind daher wiederum durchweg auch im statistischen Sinne signifikant und insofern mit hoher Wahrscheinlichkeit nicht zufällig und für die Gesamtheit der ehrenamtlich Aktiven der IG Metall gültig.

5.1 Sozialer Ausgleich und Aufstiegsmöglichkeiten

Ein wichtiges und in seiner Einhelligkeit deutliches Ergebnis der Beschäftigtenbefragung der IG Metall aus dem Jahre 2020 (IG Metall 2020) lautete, dass eine sehr große Mehrheit der Befragten gesellschaftliche Spaltungen wahrnimmt. Der Aussage »die Gesellschaft spaltet sich in ein Oben und Unten, in Gewinner und Verlierer« stimmte über alle Befragten hinweg eine Mehrheit von 52 Prozent zu; zusätzlich antworteten 35 Prozent der Befragten mit »stimme eher zu«.[12] Der Befund einer deutlich ausgeprägten Wahr-

---

12 Während unsere Repräsentativbefragung fünfstufige Likert-Skalen verwendet, die eine Mittelkategorie (in der Regel »teils-teils«) zulassen, basiert die Beschäftigtenbefragung auf dem Prinzip

nehmung gesellschaftlicher Spaltungstendenzen gilt zudem für sämtliche in der Beschäftigtenbefragung identifizierbare Teilgruppen. Die Unterschiede zwischen den auch in der Repräsentativbefragung identifizierbaren Funktionsträger:innen sind gering. Für die Antwortmöglichkeit »stimme zu« entschieden sich in der Beschäftigtenbefragung 59 Prozent der in der betrieblichen Interessenvertretung Aktiven (BR, SBV, JAV), 63 Prozent der Vertrauensleute bzw. gewerkschaftlich Aktiven sowie 61 Prozent derjenigen, die sowohl betrieblich als auch gewerkschaftlich aktiv sind. Der Wert für einfache IG Metall-Mitglieder, die nicht ehrenamtlich aktiv sind, ist mit 57 Prozent zudem ähnlich hoch. Deutlich geringer ist die Zustimmung mit ›nur‹ noch 40 Prozent lediglich bei denen, die nicht Gewerkschaftsmitglied sind; hinzu kommen in dieser Teilgruppe jedoch noch einmal 39 Prozent, die mit »stimme eher zu« antworten. Die Prozentwerte der Gesamtzustimmung zur Spaltungsaussage liegen somit in allen Teilgruppen der Beschäftigtenbefragung bei 80 bis 90 Prozent.

Vor dem Hintergrund dieser weit verbreiteten Wahrnehmung gesellschaftlicher Spaltungen sind wir in der Repräsentativbefragung daher unter anderem der Frage nachgegangen, wie die Ehrenamtlichen die Wirksamkeit von sozialen Ausgleichsmechanismen einschätzen und welche Relevanz soziale Aufstiegsmöglichkeiten aus ihrer Sicht noch haben. Bei der Frage, ob der soziale Ausgleich funktioniert, sind die Urteile in der Repräsentativbefragung ähnlich negativ wie in der Beschäftigtenbefragung. Genau zwei Drittel der ehrenamtlich Aktiven verneinen dies. Lediglich 7 Prozent stimmen der Aussage zu (einschließlich »stimme eher zu«): »In unserer Gesellschaft funktioniert der soziale Ausgleich zwischen Oben und Unten« (vgl. Abbildung 9).

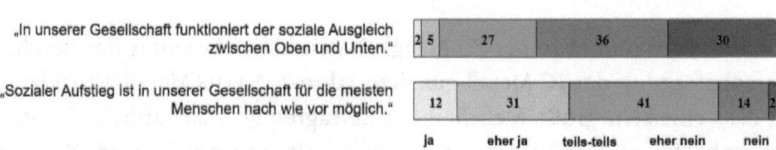

„In unserer Gesellschaft funktioniert der soziale Ausgleich zwischen Oben und Unten." — 2 | 5 | 27 | 36 | 30

„Sozialer Aufstieg ist in unserer Gesellschaft für die meisten Menschen nach wie vor möglich." — 12 | 31 | 41 | 14 | 2

ja   eher ja   teils-teils   eher nein   nein

Abbildung 9: Sozialer Ausgleich und Aufstiegsmöglichkeiten
Quelle: SOFI-Repräsentativbefragung

»forced choice«, d.h. einer vierstufigen Skala ohne Mittelkategorie. Dies erlaubt den Befund ähnlicher Antworttendenzen, macht einen direkten Vergleich von Prozentangaben aber nicht möglich.

Merklich positiver werden demgegenüber die Aufstiegsmöglichkeiten eingeschätzt. Immerhin gut 40 Prozent der Befragten stimmen der Aussage zu (allerdings nur 12 Prozent »voll und ganz«, aber 31 Prozent »eher«), dass sozialer Aufstieg für die meisten Menschen nach wie vor möglich ist, und eine ähnlich große Gruppe (41 Prozent) antwortet in dieser Frage mit »teils/teils«. Dies dürfte Ausdruck der auch in der Auswertung des qualitativen Untersuchungsmaterials sichtbar gewordenen Tatsache sein, dass die große Mehrheit der Ehrenamtlichen sich eher in der Mitte der Gesellschaft sieht. Spürbar wird in diesen Zahlen aber auch ein Bewusstsein für die Selektivität von Aufstiegsprozessen.

Deutliche Zusammenhänge zu den in der Repräsentativbefragung erhobenen Struktur- und Kontextvariablen bestehen nur bezogen auf zwei Merkmale und auch nicht bei der Frage, inwieweit der Ausgleich zwischen oben und unten funktioniert, sondern beim Aspekt der sozialen Aufstiege. Bei der Einschätzung der Möglichkeit von Aufstiegsprozessen haben die Jugend- und Auszubildendenvertreter:innen (JAV) eine signifikant positivere Einschätzung der gesellschaftlichen Situation. Für alle vier Arten von Funktionen (BR, VL, SBV, JAV) gilt zwar, dass der Anteil derjenigen, die Aufstiegsmöglichkeiten sehen, deutlich größer ist als der Anteil derjenigen, die dieser Aussage nicht zustimmen; bei den JAV ist die Differenz jedoch besonders groß. Zustimmung findet die Aussage, dass sozialer Aufstieg »für die meisten Menschen nach wie vor möglich« ist, bei 61 Prozent der JAV – ganz überwiegend jedoch mit der Antwortmöglichkeit »stimme eher zu«. Und nur 4 Prozent lehnen diese Aussage ab (vgl. Tabelle 19). Über alle Befragten hinweg liegt die Zustimmung demgegenüber bei 43 Prozent und die Ablehnung bei 16 Prozent.

Analysen der Gesellschaftsbilderfragen der Beschäftigtenbefragung aus dem Jahr 2020 zeigen, dass es sich hierbei nicht nur um einen Funktionseffekt handeln könnte, sondern auch das Alter eine Rolle spielen dürfte. In den jüngsten Altersgruppen, ist die Einschätzung gesellschaftlicher Spaltung in ein Oben und Unten (»Die Gesellschaft spaltet sich in ein Oben und Unten, in Gewinner und Verlierer«) geringfügig schwächer ausgeprägt: 80 Prozent Zustimmung bei den unter 25-Jährigen gegenüber 90 Prozent und mehr bei den über 50-Jährigen. Nimmt man die verschiedenen Befunde zusammen, so deuten sie darauf hin, dass die stärkere Wahrnehmung von sozialen Aufstiegsprozessen sowohl durch das Alter als auch durch die eigene biografische Erfahrung der Übernahme der JAV-Funktion beeinflusst sein dürfte.

| | | Funktion | | | | Ge- |
		BR	VL	SBV	JAV	samt
In unserer Gesellschaft funktioniert der soziale Ausgleich zwischen Oben und Unten.	stimme voll und ganz zu	2%	1%	4%	2%	2%
	stimme eher zu	5%	4%	5%	8%	5%
	teils/teils	26%	30%	27%	31%	27%
	stimme eher nicht zu	36%	35%	36%	42%	36%
	stimme überhaupt nicht zu	31%	30%	27%	17%	30%
Sozialer Aufstieg ist in unserer Gesellschaft für die meisten Menschen nach wie vor möglich.	stimme voll und ganz zu	13%	10%	11%	17%	12%
	stimme eher zu	29%	34%	25%	44%	31%
	teils/teils	42%	39%	43%	35%	41%
	stimme eher nicht zu	15%	13%	20%	2%	14%
	stimme überhaupt nicht zu	2%	4%	1%	2%	2%

Tabelle 19: Sozialer Ausgleich und Aufstiegsmöglichkeiten
Quelle: SOFI-Repräsentativbefragung

Der einzige weitere Zusammenhang, den wir in den Daten der Repräsentativbefragung gefunden haben, bezieht sich ebenfalls auf die Einschätzung der Möglichkeit sozialen Aufstiegs. Eine zwar nicht sehr starke, aber dennoch deutliche Korrelation besteht zum Geschlecht. Frauen beurteilen die Möglichkeiten des sozialen Aufstiegs deutlich skeptischer als Männer. Die Zustimmung zur Aussage, dass sozialer Aufstieg für die meisten Menschen möglich ist, liegt bei 31 Prozent (gegenüber 45 Prozent bei den Männern), 23 Prozent (gegenüber 15 Prozent der Männer) verneinen dies. Dies ist einmal mehr kein so großer Unterschied, dass hierin eine grundlegend andere Sicht auf die Gesellschaft deutlich würde. Er steht jedoch für den Sachverhalt, dass soziale Aufstiege geschlechterspezifisch erfahren und wahrgenommen werden. Bemerkenswert ist zudem, dass es sich hierbei um eine der ganz wenigen Fragen handelt, bei denen sich bei den Ehrenamtlichen überhaupt Geschlechterunterschiede nachweisen lassen.

Interessant mit Blick auf das gesellschaftliche Denken der Ehrenamtlichen ist allerdings nicht nur, in welchen Aspekten Unterschiede bestehen und worauf diese zurückzuführen sind. Mitunter ist auch bedeutsam, in welcher Hinsicht es keine Unterschiede zwischen verschiedenen Gruppen von Befragten gibt. Aus Datenanalysen der Beschäftigtenbefragung der

IG Metall wissen wir, dass das Ausbildungsniveau bzw. die ausgeübte Tätigkeit einen Effekt auf die Wahrnehmung gesellschaftlicher Spaltung haben. In dieser Befragung stimmen der Aussage »die Gesellschaft spaltet sich in ein Oben und Unten, in Gewinner und Verlierer« bei den dual Ausgebildeten 61 Prozent zu, und 31 Prozent stimmen eher zu – bei Beschäftigten ohne Berufsausbildung ist der Zustimmungswert sogar noch etwas höher. Bei den Hochqualifizierten (Hochschulabschluss) liegen diese Werte mit 40 bzw. 39 Prozent hingegen deutlich niedriger. Ein Zusammenhang zeigt sich in den Daten aber nicht nur bei Ausbildungsniveau und Tätigkeit, sondern außerdem auch bei der Übernahme von Funktionen: Personen, die sich in der betrieblichen und gewerkschaftlichen Interessenvertretung engagieren, stimmen der Aussage gesellschaftlicher Spaltung zu über 60 Prozent zu (ohne »stimme eher zu«), einfache Mitglieder der IG Metall zu 56 Prozent, während bei den nicht in der IG Metall organisierten Teilnehmenden der Beschäftigtenbefragung der Zustimmungswert auf knapp unter 40 Prozent sinkt. Im Unterschied hierzu finden sich in der Repräsentativbefragung bei den Aspekten sozialer Ausgleich und sozialer Aufstieg keine Differenzen im Antwortverhalten entlang des Ausbildungsniveaus bzw. der Tätigkeit. Dies verweist darauf, dass es sich bei den ehrenamtlich Aktiven bezogen auf diese Punkte um einen ähnlich denkenden Personenkreis handelt, unterschiedliche Ausbildungshintergründe bei diesen Fragen aber keine Rolle spielen. Wir werden allerdings noch sehen, dass dies nicht für alle Aspekte des gesellschaftlichen Denkens gilt. In einer Reihe von Aspekten erweisen sich das Ausbildungsniveau und damit verbunden die Tätigkeit als das wichtigste differenzierende Merkmal.

5.2 Respekt und Wertschätzung

Mit Respekt und Wertschätzung lässt sich eine zweite Dimension des gesellschaftlichen Denkens überschreiben, in der es vor allen darum geht, inwieweit Beschäftigte sich als wertgeschätzt und wahrgenommen empfinden. Im Zentrum stehen die Aussagen »In unserer Gesellschaft fehlt es an Respekt gegenüber denjenigen, die hart arbeiten« und »Ich habe den Eindruck, die Probleme der arbeitenden Bevölkerung spielen in der Öffentlichkeit gar keine Rolle mehr«. In dieser Dimension findet sich interessanterweise aber auch die Beantwortung der Frage: »Die großen Unternehmen sind so mächtig, dass man ihnen mit demokratischen Mitteln zu wenig entge-

gensetzen kann« (vgl. Abbildung 10).[13] Über alle vier Einzelfragen hinweg ist
die Zustimmung zu den Aussagen, die jeweils für ein geringes Maß an Respekt und Wertschätzung stehen, überaus hoch. Mit Ausnahme der Frage
nach der Sichtbarkeit von Berufstätigen in der Öffentlichkeit liegt sie teilweise bei weit über zwei Drittel der Befragten. Und für sämtliche Aspekte
gilt, dass die Ablehnung um die 10 Prozent liegt und damit verschwindend
gering ist. Die Kritik der Ehrenamtlichen, dass die Belange der Arbeitenden
zu wenig gesehen und berücksichtigt werden, ist ausgesprochen groß.

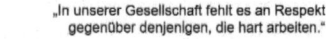

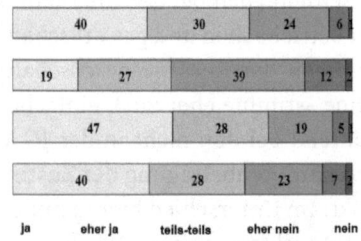

Abbildung 10: Respekt und Wertschätzung
Quelle: SOFI-Repräsentativbefragung

Auch in dieser Dimension des gesellschaftlichen Denkens sind die Unterschiede zwischen den verschiedenen Funktionen der Ehrenamtlichen in
allen Einzelfragen sehr gering. Insbesondere zwischen dem Antwortverhalten von Betriebsrät:innen, Vertrauensleuten und Schwerbehindertenvertre-
ter:innen gibt es wiederum nahezu keine Differenzen. Abweichungen von
den übrigen Personengruppen gibt es auch bei diesen vier Fragen jedoch
im Antwortverhalten der Aktiven in der JAV, wobei allerdings auffällt, dass
diese vor allem die Antwortmöglichkeit »teils/teils« wählen (vgl. Tabelle 20).
Die Erfahrung, nicht gesehen zu werden, und die Wahrnehmung fehlender
Wertschätzung scheinen in dieser Gruppe jedoch etwas weniger verbreitet
zu sein.

---

13 In der explorativen Faktorenanalyse war der Zusammenhang der ersten beiden Fragen zu dieser
    Dimension besonders stark. Auch der Aspekt der Ohnmacht gegenüber großen Unternehmen
    wurde diesem Faktor zugeordnet, allerdings – technisch gesprochen – mit deutlich schwächerer
    Ladung auf diesem Faktor. Im vorliegenden Manuskript haben wir die einzelnen gesellschafts-
    bezogenen Fragen in den Abbildungen jeweils nach der Stärke der Ladung auf dem jeweiligen
    Faktor angeordnet.

		Funktion				Ge-
		BR	**VL**	**SBV**	**JAV**	**samt**
In unserer Gesellschaft fehlt es an Respekt gegenüber denjenigen, die hart arbeiten.	stimme voll und ganz zu	41%	40%	40%	19%	40%
	stimme eher zu	31%	29%	24%	25%	30%
	teils/teils	21%	25%	24%	46%	24%
	stimme eher nicht zu	5%	6%	11%	10%	6%
	stimme überhaupt nicht zu	1%	0%	1%	0%	1%
Ich habe den Eindruck, die Probleme der arbeitenden Bevölkerung spielen in der Öffentlichkeit gar keine Rolle mehr.	stimme voll und ganz zu	19%	21%	20%	8%	19%
	stimme eher zu	29%	25%	24%	17%	27%
	teils/teils	38%	40%	39%	58%	39%
	stimme eher nicht zu	10%	13%	16%	15%	12%
	stimme überhaupt nicht zu	3%	1%	1%	2%	2%
In unserer Gesellschaft zählen nur noch Zahlen, nicht mehr die Menschen.	stimme voll und ganz zu	48%	47%	55%	21%	47%
	stimme eher zu	28%	31%	20%	29%	28%
	teils/teils	19%	18%	19%	27%	19%
	stimme eher nicht zu	4%	4%	5%	17%	5%
	stimme überhaupt nicht zu	1%	0%	0%	6%	1%
Die großen Unternehmen sind so mächtig, dass man ihnen mit demokratischen Mitteln zu wenig entgegensetzen kann.	stimme voll und ganz zu	44%	35%	40%	17%	40%
	stimme eher zu	28%	28%	28%	29%	28%
	teils/teils	18%	28%	27%	40%	23%
	stimme eher nicht zu	7%	7%	3%	13%	7%
	stimme überhaupt nicht zu	2%	2%	3%	2%	2%

Tabelle 20: Respekt und Wertschätzung
Quelle: SOFI-Repräsentativbefragung

Unterschiede zwischen verschiedenen Befragtengruppen zeigen sich lediglich beim Ausbildungsniveau bzw. der Tätigkeit sowie bei der Betriebsgröße und interessanterweise sowie damit teilweise zusammenhängend auch bei der Tarifbindung der Betriebe. Die Zusammenhänge finden sich jedoch nicht durchgängig, sondern nur bei bestimmten Fragen und deuten zudem in allen Fällen nicht auf grundlegend andere Sichtweisen hin. Sichtbar wird ein Effekt des Ausbildungsniveaus bei der Reaktion auf die Aussage »In unserer Gesellschaft zählen nur noch Zahlen, nicht mehr die Menschen«. Über die Hälfte (56 Prozent) der Befragten mit dualer Ausbildung stimmen dieser Aussage »voll und ganz« zu – weitere 26 Prozent antworten mit »stimme eher zu«. Auch unter den hochqualifizierten Aktiven trifft diese Einschätzung mehrheitlich (zu 66 Prozent) auf Zustimmung. Lediglich 27 Prozent, das heißt nur halb so viele wie bei denen mit dualer Ausbildung, stimmen in dieser Personengruppe jedoch »voll und ganz« zu.

Bei den Aussagen zu fehlendem »Respekt gegenüber denjenigen, die hart arbeiten« und der geringen Sichtbarkeit von Problemen der arbeitenden Bevölkerung ist unter den Hochqualifizierten die Gruppe derer, die diese Aussagen ablehnen, zwar ebenfalls klein, aber dennoch deutlich größer, jeweils mehr als doppelt so groß. Im ersten Fall des fehlenden Respekts sind es 24 Prozent gegenüber 12 Prozent und im Fall der geringen Sichtbarkeit 15 Prozent gegenüber sechs Prozent. Insgesamt beurteilen die Hochqualifizierten die Aspekte Respekt und Wertschätzung also etwas weniger negativ.

Deutlich größer sind die Unterschiede bei der Frage nach der Sichtbarkeit der Arbeitenden entlang der Betriebsgröße und der Tarifbindung der Betriebe. In kleineren Betrieben (unter 200 Beschäftigte) beklagt die Mehrheit (52 Prozent) der Befragten, dass die Probleme der arbeitenden Bevölkerung in der Öffentlichkeit keine Rolle mehr spielen – in Großbetrieben (über 5.000 Beschäftigte) demgegenüber nur 37 Prozent. Der Unterschied im Antwortverhalten von Aktiven aus Betrieben ohne Tarifbindung (55 Prozent) zu denen aus Betrieben mit Tarifbindung (44 Prozent) ist ähnlich groß, wobei den Analysen zufolge beide Aspekte relevant sind. Und auch bei der Einschätzung der Macht der großen Unternehmen gibt es deutliche Zusammenhänge zur Betriebsgröße und zur Frage der Tarifbindung. Hier beklagen gerade die Befragten aus kleineren Betrieben (mit 78 Prozent) und deutlich weniger die aus Großbetrieben (55 Prozent), dass der Macht der großen Unternehmen mit demokratischen Mitteln wenig entgegenzusetzen sei. Augenfällig ist zudem, dass bei der Frage der Übermacht der großen Betriebe das Ausbildungsniveau der Ehrenamtlichen keine Rolle spielt. Betriebsgröße und damit die Bedeutung der Betriebe spielen für die Wahrnehmung von Sichtbarkeit offensichtlich durchaus eine Rolle.

Und schließlich findet sich in der Dimension Respekt und Wertschätzung auch ein Aspekt, bei dem es einen merklichen Unterschied zwischen Befragten aus west- und ostdeutschen Betrieben gibt. In diesem Fall äußern sich jedoch, anders als man vermuten würde, die Befragten aus westdeutschen Betrieben spürbar negativer: 70 Prozent gegenüber 60 Prozent in ostdeutschen Betrieben beklagen, dass es an Respekt gegenüber denen fehlt, die hart arbeiten. Unterschiede zwischen Ehrenamtlichen in Ost- und Westdeutschland werden uns auch noch an einigen anderen Stellen begegnen. Insgesamt spielen sie jedoch, insbesondere vor dem Hintergrund der allgemeinen gesamtgesellschaftlichen Diskussion über fortbestehende West/Ost-Unterschiede, in den Wahrnehmungen und Einschätzungen der ehrenamtlich Aktiven eine erstaunlich geringe Rolle.

5.3 Vertrauen in demokratische Partizipation

Während in den Dimensionen des sozialen Ausgleichs und dem Erleben von Respekt und Wertschätzung die negativen Äußerungen und die Kritik an der gesellschaftlichen Realität eindeutig dominieren, finden sich bei Fragen, die sich unter der Überschrift »Vertrauen in demokratische Partizipation« zusammenfassen lassen, überwiegend positive Einschätzungen. Jeweils klare Mehrheiten stimmen den Aussagen »in unserer Demokratie werden Bürger durch die bestehenden Rechte gut geschützt« und »jede und jeder kann sich politisch einbringen und das Gemeinwesen mitgestalten« zu, und nahezu niemand äußert sich in diesen Punkten ablehnend (vgl. Abbildung 11). Zudem wird die Sichtweise »Demokratie steht nur auf dem Papier. In der Wirklichkeit haben ganz andere das Sagen« lediglich von einem Drittel der Befragten geteilt.

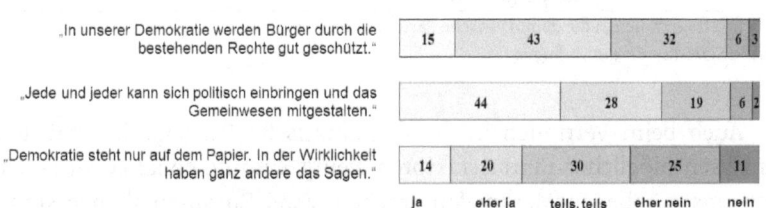

Abbildung 11: Vertrauen in demokratische Partizipation
Quelle: SOFI-Repräsentativbefragung

Zwischen den verschiedenen Funktionen der Aktiven gibt es durchweg nahezu keine Unterschiede im Antwortverhalten (vgl. Tabelle 21). Allenfalls die Einschätzung, dass die Demokratie nur auf dem Papier stehe, ist bei den Jugend- und Auszubildendenvertreter:innen noch merklich weniger verbreitet als bei den übrigen Ehrenamtlichen.

		Funktion				Ge-samt
		BR	VL	SBV	JAV	
In unserer Demokratie werden Bürger durch die bestehenden Rechte gut geschützt.	stimme voll und ganz zu	15%	15%	20%	19%	15%
	stimme eher zu	44%	41%	44%	51%	43%
	teils/teils	32%	34%	23%	28%	32%
	stimme eher nicht zu	7%	6%	8%	2%	6%
	stimme überhaupt nicht zu	2%	5%	5%	0%	3%
Jede und jeder kann sich politisch einbringen und das Gemeinwesen mitgestalten.	stimme voll und ganz zu	44%	44%	49%	40%	44%
	stimme eher zu	30%	23%	25%	38%	28%
	teils/teils	18%	21%	19%	21%	19%
	stimme eher nicht zu	6%	8%	4%	2%	6%
	stimme überhaupt nicht zu	2%	4%	3%	0%	2%
Demokratie steht nur auf dem Papier. In der Wirklichkeit haben ganz andere das Sagen.	stimme voll und ganz zu	14%	16%	15%	7%	14%
	stimme eher zu	21%	19%	16%	17%	20%
	teils/teils	29%	33%	26%	20%	30%
	stimme eher nicht zu	24%	23%	31%	43%	25%
	stimme überhaupt nicht zu	11%	9%	12%	13%	11%

Tabelle 21: Vertrauen in die demokratische Partizipation
Quelle: SOFI-Repräsentativbefragung

Auch beim Vertrauen in die demokratische Partizipation haben die Analysen möglicher Einflussfaktoren wenig Zusammenhänge zu anderen von uns erhobenen Merkmalen ergeben. Zwei Zusammenhänge sind jedoch deutlich und es ist einmal mehr das Ausbildungsniveau, das sich als besonders relevant erweist – interessanterweise jedoch nicht bei der Frage des sich Einbringens in die Mitgestaltung des Gemeinwesens. Hier gibt es Unterschiede lediglich zwischen den freigestellten Aktiven und den nicht freigestellten Ehrenamtlichen. Die voll freigestellten Funktionsträger:innen stimmen nahezu alle (83 Prozent) der Aussage zu, dass jede und jeder sich einbringen und mitgestalten kann. Bei denen, die nicht freigestellt sind, gilt dies zwar ebenfalls für die übergroße Mehrheit, der Zustimmungswert sinkt allerdings um über zehn Prozentpunkte auf 71 Prozent.

Noch deutlicher sind bei den beiden anderen Fragen zur demokratischen Partizipation die Zusammenhänge zum Ausbildungsniveau. Sie erweisen sich zudem als stärker als die meisten anderen Zusammenhänge, die wir bei den verschiedenen Aspekten des gesellschaftlichen Denkens festgestellt haben. Sowohl bei der Aussage zum Schutz bestehender Rechte als auch beim Demokratie-Statement (»Demokratie steht nur auf dem Papier«) sind die Unterschiede im Antwortverhalten markant: 71 Prozent der Hochqualifizierten, aber nur 54 Prozent derjenigen auf dem Niveau dualer Berufsausbildung stimmen der Aussage zu, dass die Rechte der Bürger:innen in der Demokratie gut geschützt sind. Die Sichtweise, dass die Demokratie nur auf dem Papier stehe, lehnen 54 Prozent der Hochqualifizierten, aber nur 29 Prozent der dual ausgebildeten ab. In dieser Gruppe ist die Zustimmung zu dieser Aussage mit 39 Prozent sogar etwas größer als die Ablehnung. Offensichtlich ist das Vertrauen in die demokratische Partizipation bei Hochqualifizierten deutlich höher, ein Befund, der sich in der Regel auch in bevölkerungsrepräsentativen Studien findet – nicht zuletzt in Erhebungen zur Verbreitung rechtspopulistischer Orientierungen.

Die Unterschiede zwischen Freigestellten und Nicht-Freigestellten sind bei beiden Fragen zum Stand demokratischer Partizipation ebenfalls markant, aber dennoch schwächer ausgeprägt. Die Freigestellen halten die Rechte der Bürger:innen häufiger für besser geschützt (71 gegenüber 57 Prozent Zustimmung) und lehnen die Aussage, dass Demokratie nur auf dem Papier stehe, etwas häufiger ab (43 zu 35 Prozent). Nimmt man die verschiedenen Befunde zu den Unterschieden im Antwortverhalten entlang des Grads der Freistellung zusammen, dann kann es als gesichert gelten, dass auch Freistellung und der damit zumeist einhergehende stärkere Grad der Professionalisierung von Interessenvertretungsarbeit mit einem höheren Vertrauen in demokratische Formen der Partizipation einhergehen.

5.4 Solidarität vs. Vereinzelung und Konkurrenz

Im Kapitel 3.1, also bei der Analyse der Gründe für ehrenamtliches Engagement, hatten wir festgestellt, dass die Motive, etwas für die soziale Gemeinschaft zu tun und gegen Ungerechtigkeiten zu kämpfen, jeweils für eine große Mehrheit der Befragten sehr wichtig sind. Zudem ist Solidarität,
das zeigen auch unsere Fallgeschichten, für die Ehrenamtlichen ein zentraler gewerkschaftlicher Wert. Welche Rolle Solidarität im gesellschaftlichen
Denken der Ehrenamtlichen spielt und welche Erfahrungen sie machen, ist
daher eine wichtige Frage. Die Ergebnisse der Repräsentativbefragung kommen anders als beim Thema der demokratischen Partizipation gerade in dieser Hinsicht zu einem eher düsteren Ergebnis. Das Bild der Gesellschaft, das
bei der Mehrheit der Befragten vorherrscht, ist nicht durch Solidarität, sondern vielmehr durch Vereinzelung und Konkurrenz geprägt.

In der explorativen Faktorenanalyse wurden vier Fragen einer Dimension zugeordnet, die sich als »Solidarität vs. Vereinzelung und Konkurrenz«
bezeichnen lässt. Bei allen vier Fragen ist die Gruppe derjenigen, deren
Wahrnehmung der Gesellschaft dadurch gekennzeichnet ist, dass solidarische Verhaltensweisen als weit verbreitet gelten, eindeutig in der Minderheit
(vgl. Abbildung 12). 58 Prozent der Befragten stimmen der Aussage zu, dass
»die meisten Menschen heutzutage nur noch darauf achten, dass es ihnen
selbst gut geht«. Für »sehr viel solidarischer als oft behauptet« hält die
Menschen nur eine Minderheit von 38 Prozent der Ehrenamtlichen. Eine
überwältigende Mehrheit von 69 Prozent schließt sich der Sichtweise an,
dass Konkurrenz die ganze Gesellschaft dominiert, und nur bezogen auf
die Aussage: »In unserer Gesellschaft werden diejenigen honoriert, die sich
nur um ihre eigenen Belange kümmern« halten sich Zustimmung (34 %) und
Ablehnung (24 %) ungefähr die Waage.

Dass es sich hierbei nicht nur um eine weit verbreitete, sondern zugleich
um eine generell geteilte Sicht auf die Gesellschaft handelt, wird daran
deutlich, dass die Suche nach beschreibbaren Personengruppen, Differenzierungslinien oder Einflussfaktoren nur wenige und durchweg keine
starken Zusammenhänge zutage fördert. Zwischen den Funktionsgruppen
gibt es nahezu keine Unterschiede im Antwortverhalten (vgl. Tabelle 22). Als
fast durchgängig relevant erweist sich auch in dieser Dimension des gesellschaftlichen Denkens lediglich das Ausbildungsniveau der Ehrenamtlichen.
Die Einschätzung, dass »Menschen sehr viel solidarischer sind, als oft behauptet wird«, haben 46 Prozent der Hochqualifizierten gegenüber 36 Pro-

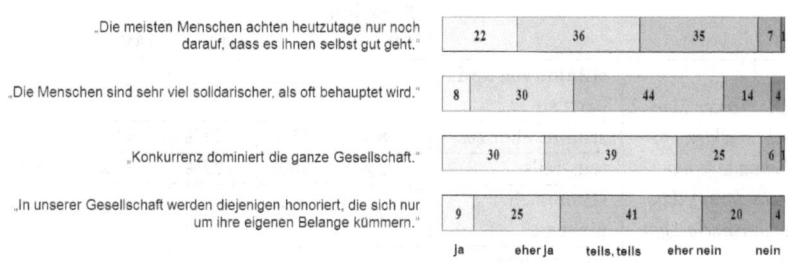

„Die meisten Menschen achten heutzutage nur noch darauf, dass es ihnen selbst gut geht." | 22 | 36 | 35 | 7

„Die Menschen sind sehr viel solidarischer, als oft behauptet wird." | 8 | 30 | 44 | 14 | 4

„Konkurrenz dominiert die ganze Gesellschaft." | 30 | 39 | 25 | 6

„In unserer Gesellschaft werden diejenigen honoriert, die sich nur um ihre eigenen Belange kümmern." | 9 | 25 | 41 | 20 | 4

ja   eher ja   teils, teils   eher nein   nein

Abbildung 12: Solidarität vs. Vereinzelung und Konkurrenz
Quelle: SOFI-Repräsentativbefragung

zent derjenigen mit einer dualen Berufsausbildung. Lediglich 47 Prozent gegenüber 62 Prozent schließen sich der Sichtweise an, dass »Menschen heutzutage nur noch darauf achten, dass es ihnen selbst gut geht«. Und 58 Prozent derjenigen mit Hochschulabschluss gegenüber 73 Prozent der dual qualifizierten Befragten stimmen der Aussage »Konkurrenz dominiert die ganze Gesellschaft« zu. Etwas weniger stark ausgeprägt als in anderen Dimensionen des gesellschaftlichen Denkens, aber auch hier nachweisbar, sind es wiederum vor allem die Unterschiede im Ausbildungsniveau und den Tätigkeiten, die eine gewisse Rolle spielen.

Anders als vermutet werden könnte, stehen die Sichtweisen beim Thema Einschätzung von Solidarität hingegen nicht im Zusammenhang mit dem Wohnort bzw. dem Siedlungstyp. Bei allen vier von uns unterschiedenen Konstellationen, vom Dorf bis zur Großstadt, findet sich ein nahezu gleiches Antwortverhalten.

Zwei weitere Differenzierungslinien spielen lediglich punktuell eine Rolle. Einen leichten, aber dennoch deutlich erkennbaren Unterschied gibt es zwischen Befragten aus west- und ostdeutschen Betrieben bei der Einschätzung, ob »die Menschen heutzutage nur noch darauf achten, dass es ihnen selbst gut geht«: In Westdeutschland bejaht dies eine klare Mehrheit der Ehrenamtlichen (60 %), in Ostdeutschland demgegenüber nicht einmal die Hälfte (46 Prozent). Und auch eine Geschlechterdifferenz ist zu verzeichnen: Der Aussage, dass »in unserer Gesellschaft diejenigen honoriert werden, die sich nur um ihre eigenen Belange kümmern«, stimmen Männer bezeichnenderweise mit 32 Prozent seltener zu als Frauen (43 Prozent) – was als Hinweis auf den unterschiedlichen Umfang von geleisteter Care-Arbeit gedeutet werden könnte.

		Funktion				Ge-samt
		BR	VL	SBV	JAV	
Die meisten Menschen achten heutzutage nur noch darauf, dass es ihnen selbst gut geht.	stimme voll und ganz zu	21 %	22 %	32 %	15 %	22 %
	stimme eher zu	38 %	32 %	33 %	42 %	36 %
	teils/teils	33 %	38 %	29 %	35 %	35 %
	stimme eher nicht zu	7 %	7 %	5 %	8 %	7 %
	stimme überhaupt nicht zu	1 %	0 %	0 %	0 %	0 %
Die Menschen sind sehr viel solidarischer, als oft behauptet wird.	stimme voll und ganz zu	9 %	9 %	5 %	9 %	8 %
	stimme eher zu	29 %	31 %	27 %	28 %	30 %
	teils/teils	42 %	46 %	45 %	55 %	44 %
	stimme eher nicht zu	15 %	12 %	17 %	9 %	14 %
	stimme überhaupt nicht zu	5 %	2 %	5 %	0 %	4 %
Konkurrenz dominiert die ganze Gesellschaft.	stimme voll und ganz zu	30 %	31 %	26 %	21 %	30 %
	stimme eher zu	37 %	40 %	49 %	35 %	39 %
	teils/teils	27 %	24 %	18 %	33 %	25 %
	stimme eher nicht zu	6 %	5 %	7 %	10 %	6 %
	stimme überhaupt nicht zu	1 %	0 %	1 %	0 %	1 %
In unserer Gesellschaft werden diejenigen honoriert, die sich nur um ihre eigenen Belange kümmern.	stimme voll und ganz zu	9 %	10 %	13 %	6 %	9 %
	stimme eher zu	26 %	22 %	20 %	31 %	25 %
	teils/teils	39 %	46 %	49 %	33 %	41 %
	stimme eher nicht zu	21 %	20 %	15 %	23 %	20 %
	stimme überhaupt nicht zu	5 %	3 %	3 %	6 %	4 %

Tabelle 22: Solidarität vs. Vereinzelung und Konkurrenz
Quelle: SOFI-Repräsentativbefragung

Angesichts dieses insgesamt ernüchternden Bildes, das die Ehrenamtlichen von Solidarität in der Gesellschaft haben, lohnt sich abschließend noch einmal ein kurzer Blick auf die Ergebnisse der Beschäftigtenbefragung der IG Metall aus dem Jahr 2020. Die Aspekte der Vereinzelung und Konkurrenz als Gegenpol zu Solidarität wurden dort über das Item »In der Gesellschaft leben alle nur für sich. Jeder sieht zu, wo er bleibt« erhoben. Die Zustimmung zu dieser Aussage – zugrunde lag in diesem Fall wie erwähnt (vgl. Fußnote 16) eine 4er-Skala – liegt insgesamt bei über 70 Prozent und bestätigt damit die Ergebnisse der Repräsentativbefragung. Dieser ebenfalls hohe Wert findet sich übrigens nicht nur bei betrieblichen und gewerkschaftlichen Aktiven, sondern auch bei einfachen Mitgliedern der IG Metall sowie bei Nicht-Mitgliedern. Und auch der in unserer Repräsentativbefragung deutlich erkennbare Unterschied entlang des Ausbildungsniveaus bestätigt sich in der Beschäftigtenbefragung.

5.5 Wunsch: mehr demokratische Mitsprache und soziale Bewegung

Bei der letzten Dimension der Fragen zum gesellschaftlichen Denken unserer Repräsentativbefragung von Ehrenamtlichen sind, wiederum auf der Basis des Ergebnisses der explorativen Faktorenanalyse, die Reaktionen der Befragten auf die Aussagen »Ich wünsche mir mehr demokratische Mitsprachemöglichkeiten in der Gesellschaft« und »Die Leute müssten viel mehr auf die Straße gehen, damit sich politisch etwas bewegt« gebündelt. In diesen Items geht es um ein erweitertes politisches Engagement sowie um mehr soziale Bewegung. Die Zustimmung der Befragten ist in beiden Fällen hoch: 74 Prozent bejahen, dass sie sich mehr demokratische Mitsprachemöglich-keiten wünschen (darunter 40 Prozent »voll und ganz«), 73 Prozent stimmen der Aussage zu (darunter 49 Prozent »voll und ganz«), dass für politische Bewegung »mehr Leute auf der Straße« notwendig seien (vgl. Abbildung 13).

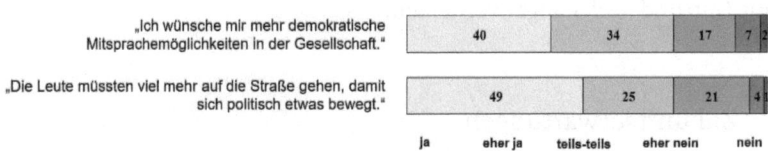

Abbildung 13: Wunsch nach mehr demokratischer Mitsprache und sozialer Bewegung
Quelle: SOFI-Repräsentativbefragung

Abgesehen davon, dass beim zweiten Statement (»mehr soziale Bewegung«) die Jugend- und Auszubildendenvertreter:innen, wie schon bei einigen vorherigen Gesellschaftsfragen festzustellen war, etwas häufiger die

Antwortmöglichkeit »teils/teils« gewählt haben, gibt es auch in dieser Dimension nahezu keine Unterschiede zwischen den verschiedenen Funktionsgruppen (vgl. Tabelle 23). Und bezogen auf beide Einzelfragen zeigen sich auch keine Zusammenhänge zu den von uns erhobenen Merkmalen der Befragten und Betriebe. Dies gilt sowohl hinsichtlich sozialstatistischer Merkmale (Alter, Geschlecht) als auch für betriebsstrukturelle Bedingungen (zum Beispiel Größe, Branche, Organisationsgrad, Tarifbindung) sowie für den Grad der Freistellung oder die bisherige Dauer der Funktionsausübung, die Region (Ost/West) und den Wohnort (Siedlungstyp).

Auch bezogen auf den Aspekt der demokratischen Mitsprache scheinen lediglich das Ausbildungsniveau bzw. die Tätigkeit eine Rolle zu spielen. Die Unterschiede sind aber wiederum nicht groß. Ehrenamtliche mit dualer Ausbildung wünschen sich zu 75 Prozent mehr demokratische Mitsprachemöglichkeiten in der Gesellschaft, bei den Hochqualifizierten ist dieser Wert ebenfalls hoch, liegt mit 60 Prozent aber dennoch deutlich niedriger. Bei der Aussage »Leute müssten mehr auf die Straße gehen« ist der Unterschied zwischen beiden Gruppen noch einmal deutlich geringer: Hier stimmen 76 Prozent derjenigen mit dualer Berufsausbildung zu gegenüber 65 Prozent der Ehrenamtlichen mit Hochschulausbildung. Einen Hinweis darauf, welche Ursachen die Unterschiede bei der Beantwortung dieser Fragen haben könnten, gibt der deutliche Zusammenhang zwischen der Zustimmung zu diesen Aussagen und der Selbsteinschätzung der Befragten, inwieweit sie sich als Gewerkschafter:innen »mit Leib und Seele« sehen. Unter denen, die »voll und ganz« zustimmen, Gewerkschafter:innen »mit Leib und Seele zu sein«, sprechen sich 80 Prozent für mehr Mitsprachemöglichkeiten und 79 Prozent für »mehr auf die Straße gehen« aus, gegenüber in beiden Fällen 63 Prozent unter denen, die mit »teils/teils« geantwortet haben oder die »mit Leib und Seele« sogar verneinen.

6. Zukunftserwartungen

In der Repräsentativbefragung haben wir die Ehrenamtlichen aber nicht nur nach ihren Wahrnehmungen und Bewertungen der Gegenwart gefragt, sondern sie über ein paar wenige Items auch zu ihren Zukunftserwartungen befragt. Aufgegriffen haben wir dabei vier Aspekte, die die gegenwärtigen gesellschaftlichen Diskussionen prägen und die auch in unseren Interviews und Gruppendiskussionen bereits eine Rolle gespielt hatten. Für

		Funktion				Ge-
		BR	VL	SBV	JAV	samt
Ich wünsche mir mehr demokratische Mitsprachemöglichkeiten in der Gesellschaft.	stimme voll und ganz zu	41%	41%	39%	23%	40%
	stimme eher zu	31%	37%	37%	50%	34%
	teils/teils	19%	14%	17%	17%	17%
	stimme eher nicht zu	8%	6%	4%	10%	7%
	stimme überhaupt nicht zu	2%	2%	3%	0%	2%
Die Leute müssten viel mehr auf die Straße gehen, damit sich politisch etwas bewegt.	stimme voll und ganz zu	49%	49%	57%	34%	49%
	stimme eher zu	25%	27%	23%	19%	25%
	teils/teils	22%	19%	16%	34%	21%
	stimme eher nicht zu	4%	4%	4%	13%	4%
	stimme überhaupt nicht zu	1%	1%	0%	0%	1%

Tabelle 23: Wunsch nach mehr demokratischer Mitsprache und sozialer Bewegung
Quelle: SOFI-Repräsentativbefragung

alle vier Themen gilt, dass auf die Zukunft gerichtete Einschätzungen im Mittelpunkt stehen. Mit der Aussage »zukünftigen Generationen wird es schlechter gehen als meiner« sprechen wir das Thema Abstiegsgesellschaft bzw. Abstiegsängste an, den Klimawandel haben wir mit der Aussage »den Klimawandel zu stoppen, hat oberste Priorität« aufgegriffen. Die Formulierung »die Digitalisierung wird unsere Gesellschaft nach vorne bringen« versucht, nach wie vor bedeutsame technologische Fortschrittshoffnungen zu erfassen, und das Item »die Corona-Pandemie wird unsere Gesellschaft dauerhaft zum Negativen verändern« bezieht sich auf die im langen Lockdown zu Beginn des Jahres 2021 geführten Diskussionen.

Bündelt man die Antworten der Ehrenamtlichen auf diese an sie gestellten Fragen, so ist ein deutlich konturiertes Bild zu erkennen (vgl. Abbildung 14). Die Zukunftserwartungen sind, was aus gewerkschaftlicher Sicht durchaus problematisch sein dürfte, ganz überwiegend negativ. Rund zwei Drittel der Befragten (65 Prozent) gehen davon aus, dass es künftigen Generationen schlechter gehen wird. Kaum jemand (12 Prozent) widerspricht dieser Aussage. Die Digitalisierung, die in den öffentlichen Debatten mittlerweile zum Inbegriff des technologischen Wandels geworden ist, wird von fast der Hälfte der Befragten (48 Prozent) positiv gesehen. Die Hoffnung auf tech-

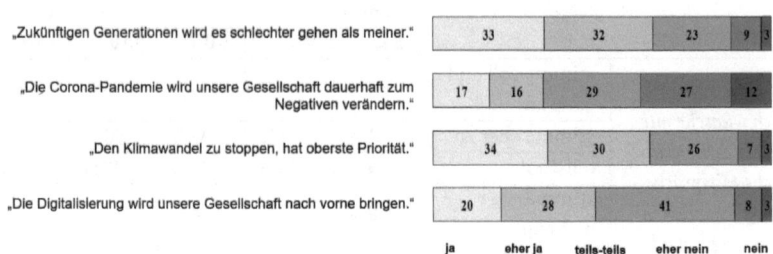

Abbildung 14: Zukunftserwartungen
Quelle: SOFI-Repräsentativbefragung

nologischen Fortschritt ist für einen großen Teil der ehrenamtlich Aktiven
also nach wie vor vorhanden. Zugleich antwortet eine zweite große Gruppe (41 Prozent) mit »teils-teils«, was auf eine sowohl differenzierte als auch
von Ambivalenzen geprägte Sicht hindeutet, die uns auch in den qualitativen
Teilen unserer Untersuchung häufig begegnet ist.

Der Klimawandel als erkennbare Bedrohung und die Notwendigkeit ihn
zu stoppen (»oberste Priorität«) wird ebenfalls von einer großen Mehrheit
von fast zwei Dritteln der Befragten (64 Prozent) gesehen. Auch diese Aussage wird nur von sehr wenigen (10 Prozent) Aktiven verneint. Die Bedeutung
dieses Themas zeigt sich zudem darin, dass ein ähnlich großer Teil der
Befragten Ökologie als wichtiges Thema für die Gewerkschaften bezeichnet
(vgl. Abbildung 15). Noch eher unklar sind die Zukunftserwartungen der
Befragten hingegen mit Blick auf die Corona-Pandemie: Die Anteile derjenigen, die der Erwartung negativer Veränderungen zustimmen, die sie
zurückweisen und die mit »teils/teils« antworten, sind annähernd gleich
groß.

Auch bezogen auf das Thema Zukunftserwartungen sind wir der Frage
nachgegangen, inwieweit Zusammenhänge erkennbar sind. Zunächst gilt
auch hier, dass es eine ganze Reihe von möglichen Kandidaten für Einflussgrößen gibt, denen durchweg jedoch keine Bedeutung zukommt. Weder der
Wohnort (zum Beispiel Dorf oder Großstadt) noch der Grad der Freistellung
im Ehrenamt oder der Zeitraum, wie lange jemand dieses Amt schon ausgeübt hat, und auch nicht der Tätigkeitsbereich (gewerblich oder Angestell-
tenbereich/Bürotätigkeit) korrelieren mit den Zukunftserwartungen. Irrelevant sind zudem sämtliche betriebsstrukturellen Merkmale und Kontextbedingungen wie Größe des Betriebes, Organisationsgrad und Tarifbindung,
wobei interessanterweise selbst die Branche (Fahrzeugbau vs. übrige Bran-

chen) keinen spürbaren Einfluss auf die Zukunftserwartungen hat. So ist unseren Daten zufolge auch bei den Aktiven in der Automobilindustrie das Thema Klimawandel längst angekommen. Den Klimawandel zu stoppen hat im Fahrzeugbau eine ähnlich hohe Priorität wie in den übrigen Branchen. Die Zustimmung zur Aussage »stoppen hat oberste Priorität« liegt in der Autoindustrie mit 61 Prozent nur unwesentlich unter der in den übrigen Branchen (65 Prozent).

		Funktion				Ge-
		BR	VL	SBV	JAV	samt
Zukünftigen Generationen wird es schlechter gehen als meiner.	stimme voll und ganz zu	31%	36%	32%	38%	33%
	stimme eher zu	32%	31%	33%	38%	32%
	teils/teils	23%	22%	29%	17%	23%
	stimme eher nicht zu	10%	7%	4%	2%	9%
	stimme überhaupt nicht zu	3%	4%	1%	4%	3%
Die Corona-Pandemie wird unsere Gesellschaft dauerhaft zum Negativen verändern.	stimme voll und ganz zu	15%	20%	19%	17%	17%
	stimme eher zu	15%	17%	20%	11%	16%
	teils/teils	28%	30%	32%	36%	29%
	stimme eher nicht zu	29%	24%	23%	23%	27%
	stimme überhaupt nicht zu	13%	10%	7%	13%	11%
Den Klimawandel zu stoppen, hat oberste Priorität.	stimme voll und ganz zu	36%	34%	24%	27%	34%
	stimme eher zu	29%	30%	36%	35%	30%
	teils/teils	24%	27%	31%	38%	26%
	stimme eher nicht zu	8%	6%	8%	0%	7%
	stimme überhaupt nicht zu	3%	4%	1%	0%	3%

		Funktion				Ge-samt
		BR	VL	SBV	JAV	
Die Digitalisierung wird unsere Gesellschaft nach vorne bringen.	stimme voll und ganz zu	17 %	23 %	17 %	31 %	20 %
	stimme eher zu	27 %	28 %	27 %	33 %	28 %
	teils/teils	45 %	37 %	40 %	29 %	41 %
	stimme eher nicht zu	8 %	9 %	9 %	4 %	8 %
	stimme überhaupt nicht zu	3 %	3 %	7 %	2 %	3 %

Tabelle 24: Zukunftserwartungen
Quelle: SOFI-Repräsentativbefragung

Ebenfalls bemerkenswert ist, dass die Zusammenhänge zwischen den vier untersuchten Zukunftserwartungen eher gering sind. Die These, dass sich beim Blick auf die Zukunft Pessimisten und Optimisten gegenüberstehen, trifft zumindest für die Ehrenamtlichen nicht zu. Allenfalls beim Corona-Thema könnte dies eine gewisse Rolle spielen, wir werden jedoch sehen, dass hier auch noch andere Faktoren wirken. Dennoch: Wer insgesamt der Meinung ist, dass es künftigen Generationen schlechter gehen werde, urteilt auch bei der Beurteilung der Corona-Wirkungen deutlich negativer. Von denen, die »voll und ganz« der Auffassung sind, dass es kommenden Generationen schlechter gehen werde, vertritt ziemlich genau die Hälfte (51 Prozent) zugleich die Meinung, dass die Corona-Pandemie die Gesellschaft zum Negativen verändern werde. Im Falle von »teils/teils« sinkt der Anteil der negativen Entwicklungen erwartenden Befragten bereits auf nur noch 20 Prozent und dann noch ein paar Prozentpunkte weiter bei denen, die nicht der Meinung sind, dass es zukünftigen Generationen schlechter gehen werde. In dieser Gruppe steigt andererseits der Anteil derjenigen, die der Aussage, dass die Corona-Pandemie die Gesellschaft zum Negativen verändern werde, nicht zustimmen, auf bis zu 70 Prozent.

Was aber hat Einfluss auf die Zukunftserwartungen der Ehrenamtlichen? In den Daten der Repräsentativbefragung finden sich ein paar durchaus bemerkenswerte, zumeist aber auch gut erklärbare Befunde. Bei der Beurteilung der Wirkungen der Corona-Pandemie zeigen sich gleich drei bedeutsame Faktoren. Bei den Männern erwarten 41 Prozent keine negativen Folgen, bei den Frauen liegt dieser Wert mit 28 Prozent deutlich darunter. Ein Unterschied, der sicherlich auch als Folge der in einer Reihe von Untersuchungen bereits registrierten negativeren Corona-Wirkungen auf Frauen zu betrachten ist (Allmendinger 2020; Kohlrauch/Zucco 2020; Niehoff u.a. 2022). Einen deutlichen Zusammenhang gibt es außerdem zur Betriebsgröße, der in den beiden entgegengesetzten Größenklassen (weniger als 200 Beschäftigte, über 5.000 Beschäftigte) eine vergleichbare Größenordnung hat wie der zwischen den Geschlechtern. In kleinen Betrieben erwarten 45 Prozent der Befragten keine negativen Auswirkungen, in Großbetrieben demgegenüber nur 30 Prozent. Und schließlich wirkt sich auch beim Corona-Thema wiederum besonders stark das Ausbildungsniveau aus. 35 Prozent der Ehrenamtlichen mit dualer Berufsausbildung, aber mit 54 Prozent über die Hälfte der Akademiker:innen gehen nicht von negativen Wirkungen aus.

Bei den auf die Digitalisierung gerichteten Hoffnungen besteht lediglich, aber durchaus erwartbar, ein Zusammenhang mit dem Alter der Befragten: Die unter 35-Jährigen sind mehrheitlich (zu 59 Prozent) der Ansicht, dass die Digitalisierung die Gesellschaft nach vorne bringen werde. Die über 50-Jährigen sind in dieser Hinsicht merklich skeptischer. Unter ihnen vertreten nur 45 Prozent diese Ansicht.

Die Sorge, dass es künftigen Generationen schlechter gehen werde, ist in Westdeutschland mit 66 Prozent bemerkenswerter Weise etwas stärker ausgeprägt als in Ostdeutschland (57 Prozent). Auch in dieser Frage geht ein ähnlich starker Effekt vom Ausbildungsniveau aus: Die Hochqualifizierten rechnen zu 58 Prozent mit einer negativen Entwicklung; bei den dual Qualifizierten steigt dieser Wert auf 69 Prozent.

7. Einschätzungen zur Gewerkschaft

Damit kommen wir als Abschluss unseres Überblicks über die Ergebnisse der Repräsentativbefragung zu der Frage, welches Bild die Ehrenamtlichen von der Gewerkschaft haben. Auch hier haben wir ein paar Aussagen aus den qualitativen Interviews und Gruppendiskussionen aufgegriffen, um zu diesen Punkten allgemeingültigere Aussagen treffen zu können und mögliche Einflussgrößen zu analysieren. Zunächst deuten die Antwortverteilungen zu zwei Fragen darauf hin, dass die Ehrenamtlichen ein eher positives und keineswegs krisengeprägtes, sondern eher offensives Bild der IG Metall haben.

Mit 86 Prozent sind fast alle Befragten der Ansicht, dass die Gewerkschaften »nach wie vor ein mächtiger Einflussfaktor in Politik und Gesellschaft« sind. Zudem stimmen mit 55 Prozent mehr als die Hälfte sogar »voll und ganz« dieser Aussage zu (vgl. Abbildung 15). Dass zugleich deutlich

mehr als die Hälfte der Ehrenamtlichen (63 Prozent) die Ansicht zurück-
weist, dass es für Gewerkschaften »heutzutage nur noch darum gehen kann,
die erreichten gewerkschaftlichen Erfolge zu verteidigen«, deutet ebenfalls
auf ein starkes gewerkschaftliches Selbstbewusstsein hin. Lediglich ein
knappes Viertel (23 Prozent) stimmt dieser defensiv ausgerichteten Aussage
zu.

Andererseits vertritt mit 48 Prozent knapp die Hälfte der Befragten jedoch auch die Auffassung, dass die Gewerkschaften »sich viel stärker auf tarifpolitische und betriebliche Themen beschränken« sollten. Dies lässt sich
gewiss auch als Hinweis auf den Wunsch nach einer spezifischen Ausrichtung, die Vermeidung von gesellschaftspolitischen Konflikten und zugleich
als Fingerzeig auf eine künftige Selbstbeschränkung der IG Metall verstehen. Aus unseren qualitativen Erhebungen wissen wir, dass sich dahinter bei
vielen Ehrenamtlichen auch die Einschätzung verbirgt, dass es notwendig
sei, die eigenen Kräfte angesichts wachsender Herausforderungen zu bündeln, die Durchsetzungsmacht der Gewerkschaften außerhalb dieser Sphären begrenzt ist und es für die Interessendurchsetzung zum Problem werden kann, wenn beispielsweise Konflikte beim Umgang mit Corona in die
Gewerkschaft hineingetragen werden.

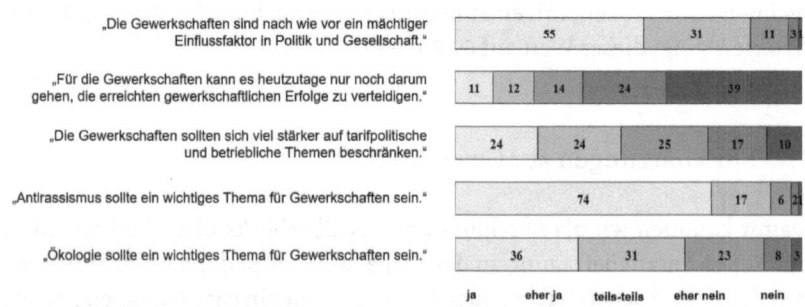

Abbildung 15: Einschätzungen zur Rolle der Gewerkschaft
Quelle: SOFI-Repräsentativbefragung

Deutlich sind schließlich zwei weitere Befunde der Repräsentativbefragung: Antirassismus wird mit 91 Prozent Zustimmung (darunter 74 Prozent
»voll und ganz«) nahezu einhellig als wichtiges Thema für Gewerkschaften
gesehen, und beim Thema Ökologie ist dies bei zwei Dritteln der Befragten
(67 Prozent) der Fall. Lediglich 11 Prozent der Befragten lehnen Ökologie als

Thema für die Gewerkschaften ab, was gut übereinstimmt mit der im vorangegangenen Abschnitt dargestellten Einschätzung der großen Bedeutung
des Klimawandels.

Bleibt die Frage, ob sich auch mit Blick auf diese Einschätzungen zur
Gewerkschaft Einflussfaktoren identifizieren lassen. Bei zwei Fragen ist ein
leichter, aber dennoch spürbarer Unterschied zwischen Betriebsrät:innen
und Vertrauensleuten spürbar (vgl. Tabelle 25). Die Ablehnung der Aussage,
dass es nur noch darum gehen könne, erreichte Erfolge zu verteidigen, ist
bei den Betriebsrät:innen mit 66 Prozent noch etwas größer als bei Vertrauensleuten (57 Prozent), und Betriebsrät:innen plädieren bemerkenswerter
Weise auch etwas weniger stark für eine Beschränkung auf tarifpolitische
und betriebliche Themen als Vertrauensleute (46 Prozent gegenüber 54 Prozent). Die Jugend- und Auszubildendenvertreter:innen wählen, wie wir es
auch schon bei einzelnen Fragen zu Gesellschaftsthemen gesehen hatten,
bei beiden Aussagen deutlich häufiger die Antwortmöglichkeit »teils/teils«
– im zweiten Fall sogar zu fast der Hälfte (47 Prozent).

| | | Funktion | | | | Ge- |
		BR	VL	SBV	JAV	samt
Die Gewerk-schaften sind nach wie vor ein mächtiger Einflussfaktor in Politik und Gesellschaft.	stimme voll und ganz zu	53%	57%	56%	64%	55%
	stimme eher zu	31%	28%	33%	34%	31%
	teils/teils	13%	10%	8%	2%	11%
	stimme eher nicht zu	3%	4%	3%	0%	3%
	stimme über-haupt nicht zu	1%	1%	0%	0%	1%
Für Gewerk-schaften kann es heutzuta-ge nur noch darum gehen, die erreichten gewerkschaftli-chen Erfolge zu verteidigen.	stimme voll und ganz zu	9%	15%	12%	9%	11%
	stimme eher zu	11%	14%	7%	11%	12%
	teils/teils	14%	13%	12%	28%	14%
	stimme eher nicht zu	24%	22%	33%	15%	24%
	stimme über-haupt nicht zu	42%	35%	36%	38%	39%

		Funktion				Ge-samt
		BR	VL	SBV	JAV	
Die Gewerkschaften sollten sich viel stärker auf tarifpolitische und betriebliche Themen beschränken.	stimme voll und ganz zu	22%	29%	26%	9%	24%
	stimme eher zu	24%	25%	22%	19%	24%
	teils/teils	25%	22%	24%	47%	25%
	stimme eher nicht zu	18%	13%	20%	21%	17%
	stimme überhaupt nicht zu	11%	11%	8%	4%	10%
Antirassismus sollte ein wichtiges Thema für Gewerkschaften sein.	stimme voll und ganz zu	71%	77%	82%	83%	74%
	stimme eher zu	20%	15%	11%	15%	17%
	teils/teils	6%	7%	6%	2%	6%
	stimme eher nicht zu	2%	2%	0%	0%	2%
	stimme überhaupt nicht zu	1%	0%	1%	0%	1%
Ökologie sollte ein wichtiges Thema für Gewerkschaften sein.	stimme voll und ganz zu	35%	36%	45%	30%	36%
	stimme eher zu	31%	34%	16%	40%	31%
	teils/teils	23%	20%	29%	21%	23%
	stimme eher nicht zu	8%	7%	5%	6%	8%
	stimme überhaupt nicht zu	3%	3%	4%	2%	3%

Tabelle 25: Einschätzungen zur Rolle der Gewerkschaft
Quelle: SOFI-Repräsentativbefragung

Die defensivere Sichtweise, dass es nur noch darum gehen könne, die erreichten Erfolge zu verteidigen, wird in kleineren Betrieben (weniger als 200 Beschäftigte) geringfügig häufiger abgelehnt als in Großbetrieben (über 5.000 Beschäftigte); der Unterschied beträgt jedoch lediglich sieben Prozentpunkte (65 gegenüber 58 Prozent). Umgekehrt ist die Zustimmung hierzu in Großbetrieben mit 32 Prozent zwar auch eine Minderheitenmeinung, aber dennoch spürbar größer als in kleineren Betrieben (20 Prozent). Betriebsstrukturelle Einflussgrößen wie Organisationsgrad oder Tarifbindung sowie der Grad der Freistellung der Ehrenamtlichen spielen bezogen auf die hier behandelten Gewerkschaftsthemen, anders als man vielleicht vermuten würde, keine Rolle. Wohl tut dies aber einmal mehr das Ausbildungsniveau, in diesem Fall sogar fast durchgängig.

Bei der großen Zustimmung zur Frage, inwieweit Gewerkschaften ein Machtfaktor in Politik und Gesellschaft sind, liegen Hochqualifizierte (88 Prozent) und dual Ausgebildete (84 Prozent) noch eng beieinander. Schon bei der Aussage »bei den Gewerkschaften könne es nur noch darum gehen, das Erreichte zu verteidigen« geht die Verteilung der Antworten zwischen den beiden Personengruppen aber bereits auseinander: 57 Prozent derjenigen mit dualer Berufsausbildung, aber 83 Prozent der Hochqualifizierten, das heißt nahezu alle, lehnen diese Sichtweise ab. Vollends gegeneinander stehen die Einschätzungen schließlich bei der Frage, ob sich Gewerkschaften auf tarifpolitische und betriebliche Themen beschränken sollten. Die Mehrheit der Ehrenamtlichen mit dualen Berufsabschlüssen (55 Prozent) befürwortet dies, bei den Hochqualifizierten spricht sich hingegen lediglich ein Viertel (25 Prozent) hierfür aus. Die Hälfte der Akademiker:innen (genau 50 Prozent) lehnt diese Beschränkung sogar ausdrücklich ab.

Antirassismus und Ökologie werden zwar von großen Mehrheiten der Ehrenamtlichen als wichtige gewerkschaftliche Themen bezeichnet. In beiden Fragen gibt es jedoch einen kleinen, aber gleichwohl bedeutsamen Unterschied zwischen West- und Ostdeutschland. Etwas geringere Zustimmung als wichtige Aufgabe für die Gewerkschaften finden in Ostdeutschland sowohl Antirassismus (80 Prozent Zustimmung in Ostdeutschland gegenüber 93 Prozent in Westdeutschland) als auch Ökologie (55 Prozent Zustimmung in Ostdeutschland gegenüber 69 Prozent in Westdeutschland).

8. Resümee

Wie lassen sich die Ergebnisse der Repräsentativbefragung resümieren? Welche zentralen Botschaften ergeben sich aus dem Material? Ein wichtiger Befund ist zunächst, dass die Daten aufgrund der strikten Zufallsauswahl der gut 1.000 Befragten einen gesicherten Überblick darüber geben, wer die Ehrenamtlichen sind und wie ihr persönlicher und betrieblicher Hintergrund aussieht.

Große Vielfalt betrieblicher Kontextbedingungen und Konstellationen

Im Wesentlichen repräsentieren die ehrenamtlich Aktiven sowohl in betrieblicher als auch in personeller Hinsicht die Vielfalt der Betriebe und Beschäftigten der Organisationsbereiche der IG Metall. Es gibt allerdings auch ein paar Auffälligkeiten. Zwei Drittel der Ehrenamtlichen sind Mitglied im Betriebsrat, rund die Hälfte sind Vertrauensfrauen oder Vertrauensmänner, fast jeder zehnte ist als Schwerbehinderten- oder als Jugend-/Auszubildendenvertreter:in aktiv. Hinsichtlich Branchen, Betriebsgrößen, Regionen und Interessenvertretungskonstellationen decken die Ehrenamtlichen die ganze Spannbreite von Konstellationen ab und stehen damit für die Differenziertheit der betrieblichen Bedingungen der IG Metall. So ist ein knappes Viertel der Ehrenamtlichen in kleinen Betrieben (unter 200 Beschäftigte) aktiv, die in der Regel ohne freigestellte Betriebsräte auskommen müssen. Ein gutes Viertel stammt aber auch aus ausgesprochenen Großbetrieben mit mehreren tausend Beschäftigten. Knapp 30 Prozent der Ehrenamtlichen arbeiten in Betrieben mit einem niedrigen Organisationsgrad von höchstens 30 Prozent. Nahezu jeder fünfte Ehrenamtliche, aber immerhin jeder vierte Betriebsrat stammt aus einem Betrieb ohne Tarifbindung. Gut 40 Prozent der Ehrenamtlichen verfügen über langjährige Erfahrung (über 10 Jahre) in ihren Ämtern, andererseits sind fast 30 Prozent aber auch erst höchstens vier Jahre dabei und dürften sich damit in ihrer ersten Amtszeit befinden. Über 70 Prozent haben keinerlei Freistellung für ihr Amt, nur gut 10 Prozent sind komplett freigestellt. Ein weiteres wichtiges Ergebnis unserer Befragung, das das Bild einer erheblichen Vielfalt der betrieblichen Hintergrunderfahrungen noch verstärkt, lautet, dass etwa die Hälfte der Ehrenamtlichen aus nicht-gewerblichen Bereichen (Angestellten-/Bürotätigkeiten) stammt. Die IG Metall ist damit längst nicht mehr nur eine gewerkschaftliche Vertretung der Produktionsbelegschaften.

Betriebsräte: ganz überwiegend Männer, oft älter als 50 und mit viel Erfahrung in Ehrenämtern

Etwas einheitlicher ist der Ausbildungshintergrund der Ehrenamtlichen: Fast alle haben zumindest eine duale Ausbildung absolviert, Un- und Angelernte fehlen nahezu vollständig. Auffällig ist, dass immerhin jeder vierte Ehrenamtliche eine Aufstiegsfortbildung (Meister:in, Techniker:in, Fachwirt:in) absolviert hat; Akademiker:innen sind mit 15 Prozent eher wenige.

Und auch in anderer Hinsicht zeigen sich bei der personellen Zusammensetzung der Ehrenamtlichen – anders als bei den betrieblichen Bedingungen –
deutliche Ungleichgewichte: Etwas mehr als die Hälfte der Ehrenamtlichen
ist über 50 Jahre alt, unter 35 ist nicht einmal jeder oder jede fünfte. Unter
den Betriebsrät:innen ist das Missverhältnis sogar noch etwas größer: In
dieser mit fast 60 Prozent mit Abstand größten Gruppe der Ehrenamtlichen
ist nicht einmal jeder oder jede zehnte unter 35, umgekehrt stellen die über
50-Jährigen fast zwei Drittel der Ehrenamtlichen. Und schließlich zeigt
sich ein Missverhältnis – selbst wenn man die Beschäftigtenzusammen-
setzung der Branchen in Rechnung stellt – bei den Geschlechtern: Mit nur
18 Prozent der Ehrenamtlichen sind Frauen in dieser Gruppe unterreprä-
sentiert. Lediglich in den Jugend- und Auszubildendenvertretungen und
interessanterweise auch bei den Schwerbehindertenvertreter:innen ist der
Frauenanteil mit jeweils ca. 30 Prozent höher. Zugleich existieren jedoch
recht wenige und durchweg auch keine großen strukturellen Unterschiede
zwischen den ehrenamtlich aktiven Männern und Frauen. So sind Frauen
beispielsweise genauso häufig freigestellt für ihr Ehrenamt wie Männer
und verfügen über eine ähnlich lange Erfahrung in ihren Ämtern. Sie sind
allerdings stärker präsent in den Angestelltenbereichen und etwas seltener
als die Männer auch über ihre betriebliche und gewerkschaftliche Funktion
hinaus ehrenamtlich aktiv.

Vertrauensleute: organisationsstarke Großbetriebe dominieren, jede:r fünfte ist
jünger als 35

Ausgeprägter sind in struktureller Hinsicht die Unterschiede zwischen Be-
triebsrät:innen und Vertrauensleuten. Nicht ganz so stark ist dies beim Grad
der Freistellung: Gar nicht freigestellt und damit komplett ehrenamtlich
sind in beiden Gruppen drei Viertel der Aktiven. Bei den Betriebsrät:innen
ist der Grad der Professionalisierung jedoch deutlich höher, da von ihnen
viermal so viele freigestellt sind (16 Prozent gegenüber vier Prozent der
Vertrauensleute) und auch die Amtsdauer deutlich länger ist. Fast die Hälfte
der Betriebsrät:innen im Vergleich zu einem Drittel der Vertrauensleute
sind schon über zehn Jahre als Ehrenamtliche aktiv. Der Anteil der Neulinge
im Ehrenamt (weniger als vier Jahre Erfahrung) ist bei den Vertrauensleuten
mit 39 Prozent doppelt so hoch wie bei den Betriebsrät:innen (19 Prozent).
Die Wiederwahlquoten bei Betriebsrät:innen scheinen höher zu sein als
bei Vertrauensleuten; zudem dürfte eine Rolle spielen, dass es besonders in

Großbetrieben üblich ist, dass Personen zunächst als Vertrauensfrauen oder Vertrauensmänner aktiv sind, bevor sie zu Kandidat:innen für Betriebsratswahlen werden und in die Gremien einziehen. Dies führt auch dazu, dass die Vertrauensleute im Schnitt jünger sind. Bei den Betriebsrät:innen hatten wir auf die Dominanz der über 50-Jährigen (fast zwei Drittel) hingewiesen, die auch bei den Vertrauensleuten mit annähernd der Hälfte (44 Prozent) die größte Gruppe stellen. Mit 22 Prozent sind die unter 35-Jährigen unter den Vertrauensleuten aber immerhin zahlreich vertreten.

Neben dem deutlich geringeren Anteil von Jüngeren ist für ein Resümee zu den Unterschieden zwischen Betriebsrät:innen und Vertrauensleuten noch ein zweiter Befund wichtig. Während sich die Betriebsrät:innen über ein breites Spektrum von Betriebstypen verteilen, repräsentierten die Vertrauensleute in ihrer großen Mehrheit in betriebsstruktureller Hinsicht einen spezifischen Betriebstyp: Großbetriebe mit hohem Organisationsgrad, häufig aus dem Fahrzeugbau. Die Vertrauensleute kommen zu fast 80 Prozent aus Großbetrieben, fast zur Hälfte sogar aus Betrieben mit über 5.000 Beschäftigten. Während Betriebsrät:innen zu einem Drittel aus kleinen Betrieben mit unter 200 Beschäftigten stammen, sind es bei den Vertrauensleuten lediglich 5 Prozent. Nahezu alle Vertrauensleute (97 Prozent) stammen aus Betrieben mit Tarifbindung, und rund die Hälfte der Vertrauensleute kommt aus Fahrzeugbaubetrieben sowie aus Betrieben mit einem hohen gewerkschaftlichen Organisationsgrad von über 70 Prozent. Während mit jeweils rund 40 Prozent immerhin annähernd jeder zweite Betriebsrat und jede zweite Betriebsrätin aus Betrieben mit einem niedrigen Organisationsgrad (unter 30 Prozent) stammen, sind es bei den Vertrauensleuten lediglich neun Prozent.

Breites Spektrum betrieblicher Erfahrungen, aber recht ähnliche Einschätzungen der gesellschaftlichen und gewerkschaftlichen Realität

Auch wenn es deutliche Unterschiede im betrieblichen Hintergrund von Betriebsrät:innen gegenüber Vertrauensleuten gibt, die Ehrenamtlichen in branchentypischer Weise in ihrer großen Mehrzahl männlich sind und die Gruppe der über 50-Jährigen unter den Ehrenamtlichen besonders stark vertreten ist: In Summe repräsentieren die Ehrenamtlichen gleichwohl eine erhebliche Spannbreite von Konstellationen. Umso wichtiger ist daher ein zweites Resümee der Repräsentativbefragung, also dass die Ehrenamtlichen in einer ganzen Reihe von Aspekten recht ähnliche Einschätzungen der gesellschaftlichen und gewerkschaftlichen Realität haben und – besonders bemerkenswert – dass betriebsstrukturelle oder personengruppenspezifische Einflussfaktoren hierbei weitgehend zu vernachlässigen sind. Eine Reihe von Aspekten im Denken und in den Bewertungen der Ehrenamtlichen ist dabei besonders hervorzuheben.

Zunächst einmal zeichnen sie in ihrer großen Mehrheit sowohl von ihrer Arbeit als auch von ihrem Wohnumwelt ein eher positives Bild: Gut zwei Drittel beziehen Befriedigung aus ihrer Arbeit und betonen ein kollegiales Arbeitsklima. Nahezu alle fühlen sich in ihrem Wohnumfeld wohl (über 90 Prozent); jeweils deutlich über die Hälfte der Befragten betonen den guten Zusammenhalt in der Nachbarschaft, sind zufrieden mit der örtlichen Infrastruktur und weisen die Aussage zurück, dass die Jugend am jeweiligen Ort keine Zukunft habe. Explizit Kritik übt nur gut jeder und jede zehnte Befragte, immerhin 20 bis 30 Prozent antworten jedoch mit »teils/teils«. Zwar ebenfalls deutlich in der Minderheit, aber dennoch mit jeweils knapp 30 Prozent der Befragten vergleichsweise groß ist die Gruppe derjenigen, die kritisieren, dass sie sich in ihrer Arbeit zu wenig anerkannt fühlen und dass der eigene Arbeitsplatz zunehmend unsicherer geworden ist. Vor allem diese beiden Einschätzungen finden sich in kleineren Betrieben und bei Beschäftigten mit dualer Ausbildung etwas häufiger, bleiben aber auch in diesen Konstellationen eine Minderheitenmeinung.

Engagement für soziale Gemeinschaft und Kampf gegen Ungerechtigkeit im Betrieb sind zentrale Motive; einen Beitrag zum Erfolg des Betriebes zu leisten und sich persönlich weiterzuentwickeln sind ebenfalls wichtig.

In den Daten der Repräsentativbefragung zeigt sich generell die Tendenz, dass die Ehrenamtlichen trotz erheblicher Vielfalt der betrieblichen und personellen Konstellationen durch recht einheitliche Sichtweisen gekennzeichnet sind. Bei den Gründen für ihr Engagement als Interessenvertreter:innen ist dies besonders deutlich. Weit vorn mit jeweils über 90 Prozent und ziemlich gleichauf stehen die Aussagen, gegen Ungerechtigkeiten im Betrieb anzukämpfen und sich für die soziale Gemeinschaft im Betrieb einzusetzen. Für alle vier Gruppen von Ehrenamtlichen gilt gleichermaßen, dass es sich um sozial engagierte und mit einem Blick für Ungerechtigkeiten sozialer Verhältnisse ausgestattete Personen handelt. Ebenfalls gleichauf, aber mit zwei Drittel der Befragten bereits etwas weniger stark ausgeprägt rangieren als Motive für das Engagement, der Geschäftsleitung Grenzen zu setzen und einen Beitrag zum wirtschaftlichen Erfolg des Betriebes zu leisten. Auch diese beiden Motive werden von allen Personengruppen gleichermaßen genannt und sind – auch dies ist ein wichtiger Befund – aus Sicht der Ehrenamtlichen kein Gegensatz. Direkt dahinter und ebenfalls noch mehrheitlich wird der Wunsch genannt, sich persönlich weiterzuentwickeln.

Der Hauptbefund einer starken sozialen Orientierung der Ehrenamtlichen zeigt sich schließlich auch darin, dass nur rund ein Viertel der Befragten als Grund für Engagement nennt, selbst schon einmal persönlich von Ungerechtigkeiten betroffen gewesen zu sein. Die einheitliche, eher generalisierbare Haltung wird nicht nur angesichts der eindeutigen Mehrheiten deutlich, sondern auch daran, dass es nahezu keine Unterschiede zwischen Personengruppen oder betrieblichen Konstellationen gibt. Lediglich jüngere und insbesondere die Jugend- und Auszubildendenvertreter:innen betonen häufiger, dass die persönliche Weiterentwicklung für sie ein wichtiger Grund für das Engagement ist. Von Schwerbehindertenvertreter:innen wird wesentlich häufiger als wichtiger Grund genannt, selbst von Ungerechtigkeit betroffen gewesen zu sein (nahezu jeder Zweite gegenüber ansonsten nur jeder Vierte). Dass es sich bei den ehrenamtlich in der Interessenvertretung Engagierten generell um eine stark sozial engagierte Personengruppe handelt, zeigt sich im Übrigen auch darin, dass rund die Hälfte von ihnen sich auch darüber hinaus noch ehrenamtlich sozial engagiert – wobei dieser Anteil unter den Frauen rund zehn Prozent niedriger ist.

Starke Bindung an die IG Metall und gewerkschaftliche Ziele, aber verankert in vielfältigen Lebenskreisen und sozialen Umfeldern

Ein erhebliches Maß an Übereinstimmung unter den Befragten zeigt sich nicht nur bei den Gründen für ihr Engagement, auch die Bindung an ihre Gewerkschaft ist ganz überwiegend hoch: Zwei Drittel bezeichnen sich als »Gewerkschafter mit Leib und Seele«, und für eine ähnlich große Anzahl ist Mitgliederwerbung ein wichtiger Bestandteil ihrer gewerkschaftlichen Arbeit. Nur gerade einmal 10 Prozent lehnen diese Aussagen ab. Ein stärker differenziertes Bild mit drei annähernd gleich großen Gruppen (Zustimmung, Ablehnung, »teils/teils«) ergibt sich demgegenüber bei der Frage, inwieweit Gewerkschaften in der Familie schon immer ein wichtiges Thema waren und ob die Befragten auch privat viel mit gewerkschaftlich interessierten Leuten zu tun haben. Dies spricht zum einen dafür, dass gewerkschaftliche Bindung keineswegs nur über gewerkschaftlich geprägte Milieus erzeugt wird, und macht zum anderen deutlich, dass eine Verankerung in einschlägigen sozialen Milieus nur für einen kleineren Teil der Ehrenamtlichen gegeben ist.

Auch bei der gewerkschaftlichen Bindung lassen sich keine dominanten Einflussgrößen identifizieren: Lediglich freigestellte Ehrenamtliche mit längerer Erfahrung im Amt bezeichnen sich etwas häufiger als »Gewerkschafter mit Leib und Seele« und betonen etwas häufiger die Wichtigkeit von Mitgliederwerbung. Wie zu erwarten spielt Professionalisierung als Ehrenamtliche:r eine Rolle bei der Intensität der Bindung. In beiden Aspekten (»Leib und Seele« sowie Mitgliederwerbung) zeichnet sich zudem die Gruppe der Hochqualifizierten (Akademiker:innen) durch etwas geringere gewerkschaftliche Bindung aus. Und der Anteil derjenigen, die die Aussage verneinen, im privaten Umfeld viel mit gewerkschaftlich interessierten Leuten zu tun zu haben, ist unter den Akademiker:innen mit rund 50 Prozent gegenüber einem Drittel bei den übrigen Ehrenamtlichen deutlich geringer.

Kritischer Blick auf die gesellschaftliche Realität: wenig sozialer Ausgleich, geringe Wertschätzung für die Beschäftigten, Konkurrenz und Egoismus in der Gesellschaft weit verbreitet

Auch beim Blick auf die Gesellschaft zeigt sich eine dominante Hauptlinie: Kaum jemand hat die Einschätzung, dass der soziale Ausgleich zwischen oben und unten in der Gesellschaft funktioniert. Allerdings meinen auch nur wenige, dass sozialer Aufstieg für die meisten Menschen nicht mehr möglich ist (15 Prozent) und immerhin über 40 Prozent vertreten die Ansicht, dass sozialer Aufstieg nach wie vor funktioniert, und fast genauso viele antworten in dieser Frage mit »teils/teils«. Möglichkeiten des sozialen Aufstiegs sind selbst ein Aspekt gesellschaftlicher Ungerechtigkeit. Weitgehende Einigkeit unter den Ehrenamtlichen besteht zu zwei Dritteln bis drei Vierteln in den Dimensionen Respekt und Wertschätzung: »Es fehlt an Respekt gegenüber denjenigen, die hart arbeiten«; »in der Gesellschaft zählen nur noch Zahlen, aber nicht mehr die Menschen«; »große Unternehmen sind so mächtig, dass man ihnen mit demokratischen Mitteln zu wenig entgegensetzen kann«. Sehr wenige Ehrenamtliche (14 Prozent) lehnen zudem die Aussage ab, dass die Probleme der arbeitenden Bevölkerung in der Öffentlichkeit gar keine Rolle mehr spielen.

Und auch bei der Frage, ob die Gesellschaft durch Solidarität oder stattdessen durch Egoismus und Konkurrenz geprägt ist, zeichnet sich eine klare Tendenz ab: Eine deutliche Mehrheit von fast 60 Prozent stimmt der Aussage zu, dass die meisten Menschen nur noch darauf achten, dass es ihnen selbst gut geht; fast 70 Prozent sogar der Aussage, dass Konkurrenz die gesamte Gesellschaft dominiert. Beide Aussagen werden von nicht einmal 10 Prozent der ehrenamtlich Aktiven abgelehnt.

Weniger einhellig sind demgegenüber die Einschätzungen, inwieweit Egoismus in der Gesellschaft generell honoriert wird und ob Menschen nicht doch zu solidarischem Handeln neigen. Bilanzieren lassen sich diese Aspekte des gesellschaftsbezogenen Denkens so, dass den Ehrenamtlichen Solidarität als gesellschaftlicher Wert wichtig ist und dass sie solidarisches Handeln prinzipiell für möglich halten, die Haupttendenz der gesellschaftlichen Entwicklung aus ihrer Sicht aber eindeutig in die entgegengesetzte Richtung geht. Die Wahrnehmung prekärer und schwindender Solidarität ist weit verbreitet.

Eher positive Sicht der demokratischen Partizipation: Rechte werden geschützt und politische Mitwirkung ist prinzipiell möglich; aber auch Verunsicherung, negative Zukunftserwartungen; weit verbreitet: Wunsch nach mehr demokratischer Mitsprache und sozialer Bewegung

Etwas optimistischer und einhelliger ist die Sicht der Ehrenamtlichen beim Vertrauen in die Möglichkeiten demokratischer Partizipation. Wiederum eine klare Mehrheit von zwei Dritteln der Befragten betont, dass die Bürger:innen durch bestehende Rechte in der gegenwärtigen Demokratie gut geschützt sind. Fast drei Viertel bejahen, dass sich jede und jeder in das Gemeinwesen politisch einbringen und mitgestalten kann. Andererseits ist auch in dieser Frage ein Moment der Verunsicherung spürbar. Auf die Aussage: »Demokratie steht nur auf dem Papier. In der Wirklichkeit haben ganz andere das Sagen« wird jeweils zu einem Drittel mit Zustimmung, Ablehnung und »teils/teils« reagiert. Auch deshalb dürfte der Wunsch nach mehr demokratischer Mitsprache und mehr sozialer Bewegung weit verbreitet sein: Jeweils drei Viertel der Befragten befürworten mehr Mitsprachemöglichkeiten in der Gesellschaft und dass die Menschen »mehr auf die Straße gehen, damit sich politisch etwas bewegt«. Die Zukunftserwartungen der Ehrenamtlichen sind zugleich von Skepsis geprägt: Zwei Drittel gehen davon aus, dass es künftigen Generationen schlechter gehen werde. Der Digitalisierung trauen immerhin fast die Hälfte der Befragten eine positive Wirkung auf die Gesellschaft zu.

Gewerkschaften sind gesellschaftlicher Einflussfaktor: weitgehende
Übereinstimmung bei den Themen Antirassismus und Stopp des Klimawandels;
mehr Beschränkung auf betriebliche und tarifpolitische Themen von der Hälfte der
Ehrenamtlichen befürwortet

In den Ergebnissen der Repräsentativbefragung wird eine insgesamt hohe Bindung an gewerkschaftliche Werte und Zielsetzungen deutlich; die Übereinstimmung mit diesen ist eine wichtige Grundlage für das persönliche Engagement im Betrieb und in der Gewerkschaft. Die Haupttendenzen in der Gesellschaft gehen aus Sicht der ehrenamtlich Aktiven allerdings nicht in Richtung Solidarität, sozialem Ausgleich und mehr sozialer Gerechtigkeit. Dennoch setzen die Befragten mehrheitlich auf eine aktive Rolle der Gewerkschaften und beurteilen die IG Metall als – wenn auch in Grenzen – wirkmächtig. Für nahezu alle Ehrenamtlichen (über 80 Prozent) sind die Gewerkschaften »nach wie vor ein mächtiger Einflussfaktor in Politik und Gesellschaft«. Immerhin fast zwei Drittel lehnen die Aussage ab, dass es für die Gewerkschaften heutzutage nur noch darum gehen könne, die erreichten gewerkschaftlichen Erfolge zu verteidigen.

Weniger einhellig ist die Sicht bei der Frage der Zielrichtung gewerkschaftlicher Politik: Knapp die Hälfte der Befragten befürwortet eine stärkere Beschränkung auf tarifpolitische und betriebliche Themen, ein gutes Viertel lehnt dies ab und genau ein Viertel antwortet mit »teils/teils«. Bei der Frage, wie wichtig die Themen Antirassismus und Ökologie sind, besteht bei den Ehrenamtlichen dann aber wieder recht große Einigkeit: 90 Prozent halten das Thema Antirassismus für wichtig, 67 Prozent tun dies beim Thema Ökologie. Ebenfalls rund zwei Drittel der Befragten stimmen sogar der Aussage zu: »Den Klimawandel zu stoppen, hat oberste Priorität«.

Betriebsstrukturelle oder personelle Unterschiede beeinflussen das gesellschaftliche
Denken wenig; außer: Hochqualifizierte beurteilen die gesellschaftliche Wirklichkeit
positiver, Ehrenamtliche aus kleineren Betrieben kritisieren häufiger fehlende
Wertschätzung.

Die durch die große Fallzahl von Befragten und die Kombination von personen- und betriebsbezogenen Daten gegebene Möglichkeit, verschiedene potenzielle Einflussgrößen zu analysieren, wirft auch bezogen auf die gesellschafts- und gewerkschaftsbezogenen Sichtweisen der Ehrenamtlichen die Frage auf, wodurch diese geprägt sind und welche Einflussfaktoren im

Hintergrund wirken. Inwieweit unterscheiden sich bei diesen Themen Frauen und Männer, Ältere und Jüngere, West- und Ostdeutsche oder Personen mit unterschiedlichem Ausbildungshintergrund oder Tätigkeitszuschnitt? Ganz ähnlich wie bei den Gründen für ehrenamtliches Engagement und bei der gewerkschaftlichen Bindung zeigt sich auch bei den gesellschaftsbezogenen Sichtweisen, dass es jeweils vorherrschende Haupttendenzen gibt, deren Ausprägungen sich durch die in der Untersuchung berücksichtigten personenbezogenen oder betrieblichen Merkmale allenfalls modifizieren, aber nicht grundlegend verändern. Und auch bei den Themen, bei denen die Sichtweisen weniger einhellig sind, lassen sich die unterschiedlichen Wahrnehmungen und Bewertungen durchweg nicht auf klar identifizierbare betriebsstrukturelle oder personelle Einflussfaktoren zurückführen.

Zusammenfassen lassen sich die Analysen der Daten der Repräsentativbefragung wie folgt: Zusammenhänge bestehen nur punktuell, und auch die Stärke der Zusammenhänge ist – wo es sie gibt – nicht sehr groß. Relativ gesehen am deutlichsten und zugleich wenig überraschend sind sie entlang des Ausbildungsniveaus bzw. der Tätigkeiten der Ehrenamtlichen. Die Hochqualifizierten (Akademiker:innen) sehen die sozialen Aufstiegsmöglichkeiten und den sozialen Ausgleich in der Gesellschaft etwas positiver, beklagen etwas weniger stark fehlenden Respekt und fehlende Wertschätzung, haben insgesamt etwas höheres Vertrauen in die demokratische Partizipation und schätzen auch die Solidaritätspotenziale in der Gesellschaft etwas höher ein. Beim Aspekt fehlender Wertschätzung in der Gesellschaft zeigt sich, ähnlich wie schon bei der Frage nach der arbeitsbezogenen Anerkennung, zudem ein leichter Effekt der Betriebsgröße. In kleinen Betrieben ist die Kritik ausgeprägter als in mittelgroßen und großen Betrieben. Ost-West-Unterschiede finden sich nahezu keine unter den Ehrenamtlichen. Im Osten wird jedoch die Zukunft der Jugend am Wohnort etwas negativer eingeschätzt; andererseits gehen die Ostdeutschen aber auch weniger stark davon aus, dass es zukünftigen Generationen schlechter gehen wird als ihnen selbst.

Auch Geschlecht und Alter spielen für das gesellschaftsbezogene Denken nahezu keine Rolle – in diesem Fall mit zwei, ebenfalls bezeichnenden Ausnahmen, die in einer Zusammenfassung der Befunde nicht fehlen sollten. So beurteilen Frauen die Möglichkeiten des sozialen Aufstiegs etwas negativer und sind häufiger als Männer der Ansicht, dass in der Gesellschaft diejenigen honoriert werden, die sich nur um ihre eigenen Belange kümmern.

Und es sind eher die Jüngeren, die die Ansicht vertreten, dass Digitalisierung die Gesellschaft nach vorne bringen werde – bei den unter 35-Jährigen meint dies mit fast 60 Prozent sogar eine deutliche Mehrheit der Ehrenamtlichen. Schon beim gesellschaftlichen Denken der Ehrenamtlichen finden sich kaum Unterschiede zwischen den verschiedenen Personengruppen. Bei den gewerkschaftsbezogenen Sichtweisen ist dies noch deutlicher. Hier spielen lediglich das Ausbildungsniveau und damit die Tätigkeit eine gewisse Rolle. Von den Hochqualifizierten wird die Sichtweise, dass es nur noch darum gehen könne, die erreichten gewerkschaftlichen Erfolge zu verteidigen, noch deutlich häufiger abgelehnt als von den übrigen ehrenamtlich Aktiven. Sie befürworten auch sehr viel seltener eine Selbstbeschränkung der Gewerkschaften auf betriebliche und tarifpolitische Themen. Dieser zweite Befund ist einer der ganz wenigen, bei denen es sogar zu gegensätzlichen Einschätzungen kommt. Während von den Akademiker:innen nur ein Viertel eine solche Beschränkung befürwortet und die Hälfte sie sogar ausdrücklich ablehnt, sind diese Anteile bei den übrigen Ehrenamtlichen genau umgekehrt.

VI. Der Blick der Ehrenamtlichen auf die Gesellschaft

Auf der Basis der Daten der Repräsentativbefragung haben wir gesehen, dass die in den Betrieben ehrenamtlich Aktiven bei einer ganzen Reihe von Fragen in ihrer großen Mehrheit durch rechtlich ähnliche Einschätzungen gekennzeichnet sind. Im nun folgenden Abschnitt werden wir entlang der fünf von uns in den Mittelpunkt gestellten thematischen Schwerpunkte Macht, Demokratie, Solidarität, eigener Platz in der Gesellschaft sowie gesellschaftliche Entwicklung noch genauer der Frage nachgehen, auf welchen gesellschaftlichen Vorstellungen das Denken und Handeln der Betriebsrät:innen und Vertrauensleute der IG Metall beruht. Dazu wurden die Gesprächsprotokolle der Interviews und Gruppendiskussionen entlang der fünf Untersuchungsdimensionen unseres Gesellschaftsbilderansatzes (vgl. Kapitel I.2.2) inhaltsanalytisch ausgewertet, an einigen Stellen wird außerdem auf Ergebnisse der Repräsentativbefragung hingewiesen. Dargestellt wird, welches Bild von Demokratie, gesellschaftlicher Macht, Solidarität, der eigenen gesellschaftlichen Verortung und schließlich der künftigen gesellschaftlichen Entwicklung sich die Ehrenamtlichen vor dem Hintergrund ihrer Erfahrungen als Bürger:innen, Arbeitnehmer:innen, betriebliche Interessenvertreter:innen und gewerkschaftlich Engagierte machen. Beleuchtet und erläutert werden die empirisch jeweils vorgefundenen Hauptlinien; wo es nötig ist, werden aber auch Unterströmungen und Ausnahmen ausgewiesen. Am Ende der einzelnen thematischen Abschnitte beziehen wir unsere Befunde zum Blick der Ehrenamtlichen auf die Gesellschaft dann resümierend jeweils noch einmal auf die vier idealtypisch konstruierten Gesellschaftsbilder.

1. Die Praxis der Demokratie

Im öffentlichen und wissenschaftlichen Diskurs mehren sich Stimmen und Diagnosen, die auf eine Krise der Demokratie hindeuten. Die Selbstgewissheit des Werts der Demokratie scheint zu schwinden. Die Problemlösungskompetenz demokratischer Systeme wird angesichts von Vielfachkrisen und globalen Verflechtungen in Zweifel gezogen. Wissenschaftliche Diagnosen verweisen auf eine zunehmende Entdemokratisierung der Demokratie. Colin Crouch (2008) spricht von Postdemokratie, Yascha Mounk (2018) vom Zerfall der liberalen Demokratie. Zugleich beobachten wir ein Erstarken antidemokratischer Parteien, die auf einen Legitimationsverlust demokratischer Politik hindeuten.

Wenn diese Diagnosen stimmen, dürfte dies auch das Selbstverständnis der betrieblich Ehrenamtlichen der IG Metall nicht unberührt lassen. Gewerkschaften sind von Beginn an Teil der Demokratiebewegung, des Kampfes um demokratische Rechte und der Auseinandersetzungen um die Gestaltung und Reichweite demokratischer Partizipation gewesen. Betriebsrät:innen und Vertrauensleute sind Ausdruck und Träger:innen demokratischer Teilhabe in Betrieb und Unternehmen. Demokratische Strukturen und Verfahren sind ein Stützpfeiler der Auseinandersetzungen um die Verbesserung der Lebens- und Arbeitsbedingungen der Arbeitnehmer:innen. Die Verteidigung demokratischer Errungenschaften, aber auch die Ausweitung und Vertiefung wirtschaftsdemokratischer Mitsprache stehen deshalb weiterhin und – angesichts der Herausforderungen, die das Projekt der sozial-ökologischen Transformation von Wirtschaft und Gesellschaft mit sich bringen wird – möglicherweise wieder verstärkt auf der gewerkschaftspolitischen Agenda. Aber wie reflektieren Betriebsrät:innen und Vertrauensleute der IG Metall die hier skizzierten Entwicklungen? Wie sehen sie selbst ihre eigene demokratische Praxis? Inwieweit nehmen sie die gesellschaftlichen Verhältnisse als »postdemokratisch« wahr? Und wie demokratisch erleben sie die Arbeitswelt?

Demokratie wird in der Praxis geformt. Wie demokratische Herrschaft und Beteiligung wahrgenommen und ausgeübt werden, wie Auseinandersetzungen in der und über Demokratie ausgetragen, wie über Demokratie öffentlich diskutiert wird, was im Diskurs als an der demokratischen Praxis kritikwürdig und was als unabdingbar verhandelt wird und welche Akteure mit welchen politischen Vorstellungen, Ideen und Zielen demokratische Institutionen dominieren und gestalten, all dies bestimmt die demokratische Praxis und prägt das Bild, das sich Menschen von Demokratie machen.

1.1 Vertrauen in demokratische Institutionen und Demokratie als Mitmachgesellschaft

Betriebsrät:innen und Vertrauensleute der IG Metall haben, nimmt man unsere Befunde zur Grundlage, in ihrer großen Mehrheit ein tief verankertes demokratisches Bewusstsein. Sie glauben an die Demokratie und identifizieren sich mit ihr. Sie weisen sich als überzeugte Demokrat:innen aus und lassen keinen Zweifel aufkommen, dass dies anders sein könnte. Die Demokratie als solche – als Form politischer Herrschaft (in Abgrenzung zu diktatorischen oder despotischen Herrschaftsformen) und als Handlungsprinzip (mit den Elementen Mehrheitsentscheidung und deren Akzeptanz, Beteiligung, Möglichkeit, die eigene Meinung frei zu äußern, etc.) – wird hochgeschätzt und gelebt. Dies schließt ein, sie gegen antidemokratische Kräfte und Tendenzen zu verteidigen.

Zugleich ist Demokratie, wie sie von vielen IG Metall-Ehrenamtlichen verstanden wird, nicht voraussetzungslos. Demokratie gründet auf der Bereitschaft der Menschen, sich zu informieren, mit Informationen kritisch umzugehen, sich zu beteiligen und Verantwortung für das Gemeinwesen zu übernehmen. Für Ralf, Ingenieur bei einem Komponentenhersteller der Automobilindustrie, setzt ein demokratisches Staatswesen aufgeklärte, politisch gebildete Bürger:innen voraus:

Im Grunde ist mein Vertrauen in Demokratie sehr groß. Habe Mut, dich deines Verstandes zu bedienen. Das ist die Basis, dass Demokratie funktionieren kann. Also die Eigenverantwortung und die Bildung der Bevölkerung. Sonst tut es nicht, sonst ist es eine Scheindemokratie am Schluss. (Ralf, Vertrauensmann, 2021)[1]

Eine stark ausgeprägte demokratische Identität findet sich nicht bei allen. Manche haben eine nüchterne, stärker am eigenen oder allgemeinen Nutzen gemessene Vorstellung von Demokratie. Sie sehen Demokratie nicht als Wert an sich, sondern beurteilen diese primär nach ihrer Leistungsfähigkeit,

---

1 Die im Text zur Veranschaulichung eingefügten Interviewpassagen wurden sprachlich geglättet und in Einzelfällen verfremdet, um die zugesicherte Anonymität unserer Gesprächspartner:innen zu gewährleisten. Namensgleichheiten mit den Ehrenamtlichen der Fallgeschichten in Kapitel IV sind nicht zufällig, sondern verweisen auf dieselbe Person.

individuelle Wohlfahrt sicherzustellen und gesellschaftliche Probleme anzugehen und zu lösen.[2] Zum Teil finden sich hier auch ins Autoritäre gehende gesellschaftliche Ordnungsvorstellungen, beispielsweise die einer zwar gewählten, aber mit weitreichenden Vollmachten ausgestatteten Präsidialregierung.

Fragt man die betrieblich Ehrenamtlichen der IG Metall nach Demokratie, so denken sie zuallererst an die politische Verfasstheit und Handlungsgrundlage der hiesigen Gesellschaft, das demokratisch-parlamentarische Staatswesen, das Partizipations- und Freiheitsrechte sicherstellt. In den Vordergrund rücken insbesondere das Wahlrecht, aber auch die Meinungsfreiheit oder das Demonstrationsrecht, weniger aber die Gewaltenteilung oder die Mitbestimmung im Arbeitsleben.

Demokratie wird weitergehend aber auch als ein *generelles Prinzip* verstanden, bei dem die Mehrheitsentscheidung und deren Akzeptanz sowie die Organisation von Beteiligung und Mitsprache die beiden zentralen Elemente gesellschaftlicher Handlungskoordination bilden. Demokratie durchzieht für viele der Ehrenamtlichen das ganze Leben. Sie ist Handlungsprinzip und Lebensanspruch. Ihre demokratische Überzeugung macht die Betriebsrät:innen und Vertrauensleute zugleich ein Stück weit demütig, was die Durchsetzung ihrer eigenen Positionen und Interessen betrifft. Mehrheitsentscheidungen sind zu akzeptieren, weil dies heißt, dass es nicht gelungen ist, Mehrheiten für die eigene Sache zu organisieren:

Demokratie ist für mich, dass man jede Seite anhört, dass man ordentlich debattiert, die Probleme bespricht, die es gibt, und dann zu einem Mehrheitsbeschluss kommt. Und der muss dann auch von der Minderheit, die dort unterlegen ist, getragen werden. Wenn jetzt demokratisch beschlossen wird, wir, Mehrheit, sagt, wir machen das so, dann müssen das auch alle mitmachen. (Alexander, Vertrauensmann, 2021)

Die betrieblich Ehrenamtlichen der IG Metall verstehen die Demokratie als »Mitmachgesellschaft«. Sie bietet vielfältige Möglichkeiten der Beteiligung für alle, die das möchten. In der Repräsentativbefragung stimmten 72 Prozent der befragten Ehrenamtlichen der Aussage »Jede und jeder kann sich politisch einbringen und das Gemeinwesen mitgestalten« zu, 19 Prozent antworteten mit »teils/teils« und nur acht Prozent lehnten diese Aussage ab. De-

---

2 Scharpf (1999) unterscheidet zwischen Input- und Output-Legitimation demokratischer Herrschaft. Steht bei der Input-Legitimation das demokratische Zustandekommen der Entscheidung im Vordergrund, so ist dies bei der Output-Legitimation deren Nützlichkeit.

mokratische Mitsprache stellt sich in dieser Hinsicht als eine Frage des Wollens und des Engagements dar. Dazu braucht es Mitstreiter:innen, die sich gegenseitig unterstützen. Vielen ist bewusst, dass gesellschaftliche Mitsprache die Organisation von Interessen und Positionen voraussetzt, dass es nur gemeinsam geht – und dass es einen langen Atem braucht.

Im Forschungsprozess begegneten wir aber auch Menschen, die sich auf ein funktionsfähiges Gemeinwesen und auf eine arbeitsteilig professionelle Vertretung der eigenen Interessen im gesellschaftlich-politischen Raum verlassen und sich auf ihre Betriebsrats- und betriebliche Gewerkschaftsarbeit konzentrieren möchten. Richard teilt diese Position:

Es gibt bestimmt genug Möglichkeiten demokratischer Mitsprache, aber ich weiß nicht: Will man überhaupt mitsprechen? Das ist die andere Frage. Es gibt Leute, die wollen bei allem mitreden. Ich bin kein Typ davon, ich bin froh, wenn ich meine Aufgaben mache und die dann irgendwie gebacken bekomme. (Richard, Betriebsrat, 2021)

1.2 Demokratie als zu verteidigendes Gut

Die demokratische Überzeugung im Grundsatz schließt Kritik an der demokratischen Wirklichkeit nicht aus; diese erfolgt aber in der Regel vor dem Spiegel einer besseren Demokratie und in Sorge um die Zukunft demokratischer Verhältnisse.

Die Kritik richtet sich zum einen auf das mangelnde demokratische Bewusstsein und Verhalten der Wähler:innenschaft, das in den Wahlerfolgen rechtspopulistischer Parteien ihren Ausdruck findet, zum anderen auf den professionellen politischen Apparat, den das demokratische Repräsentationsprinzip hervorbringt. Die interviewten Betriebsrät:innen und Vertrauensleute artikulieren ein diffuses Unbehagen darüber, dass der politische Apparat wenig zugänglich und allenfalls lose mit der Basis verbunden ist. Beklagt werden eine fehlende Transparenz des Zustandekommens politischer Entscheidungen, ein mangelnder Austausch mit den Betroffenen (»abgehoben«, »zu weit weg«, »hören nicht zu, wo der Schuh drückt«) und – am stärksten – undemokratische Einflussnahmen durch Lobbyist:innen insbesondere der Wirtschaft.[3]

---

3 Diese Kritik an der Praxis der Demokratie spiegelt sich auch im Antwortverhalten der Repräsentativbefragung (siehe Kapitel V.5.3). Die Aussage »Demokratie steht nur auf dem Papier. In

Die Demokratie. Auf dem Blatt Papier ja, aber in der Praxis: Autolobby, das ist einfach nicht mehr demokratisch in meinen Augen. Zum Beispiel fördert man eher irgendwelche Umweltprojekte oder den Autobahnausbau? Da weiß man am Ende fast, wo es drauf rausläuft, weil dort einfach Menschen sind, die die Fäden ziehen. Das ist eigentlich das, was undemokratisch ist. Die ganzen Prozesse sind es vielleicht. Die Gewichtung ist von Anfang an vielleicht schon falsch. Vor allem in Deutschland, weil Deutschland halt auch von der Wirtschaft sehr beeinflusst wird. (Kim, Vertrauensfrau, 2021)

Konzepte direkter Demokratie werden immer wieder als Möglichkeit ins Spiel gebracht, unmittelbareren Einfluss auf inhaltliche Entscheidungen zu nehmen, wobei wiederum ein Teil komplexe politische Entscheidungen lieber den gewählten Politiker:innen und Fachleuten überantworten und nicht dem Volk zur Abstimmung überlassen möchte. Expliziter Kritik an einer abgehoben und eigennützig agierenden politischen Elite (»Egoismus«, »Gier«) sind wir ebenfalls, allerdings nur in geringem Maß, begegnet.

Um den Zustand der Demokratie ist es in den Augen der betrieblich Ehrenamtlichen nicht zum Besten bestellt. Es herrscht Verunsicherung. Demokratie scheint vielleicht noch nicht im Niedergang, aber im Abschwung: Rechtspopulistische Parteien und radikale Bewegungen erstarken; die Lobbymacht der Unternehmen umgeht demokratische Entscheidungsprozesse; das demokratische Engagement geht zurück und lässt dadurch Lobbyist:innen und antidemokratischen Kräften Raum, um sich zu entfalten. Viele sind besorgt um die Demokratie. Für Jens, Betriebsratsvorsitzender in einem großen Metallbetrieb in Ostdeutschland, ist eine weitere Radikalisierung und Machtaneignung der extremen Rechten ein denkbares, ihn ängstigendes Szenario:

Das kennen wir ja aus der Geschichte. Zuerst wollten sie die SPDler und die Gewerkschafter umbringen. Und das haben sie dann auch gemacht. Und da ist für mich so ein bisschen die Sorge: Kippt das in die Richtung, begreift die Gesellschaft, dass das nicht der richtige Weg ist, diese Offenheit für Gewalt? Das ist gesellschaftlich für mich wirklich eine Fehlentwicklung. Da muss man schon aufpassen. Wenn die anfangen, Leute, die Politik machen, umzubringen und das auch ankündigen und durchziehen, dann geht Demokratie den Bach runter. (Jens, Betriebsrat, 2021)

Auch Chloe sieht Tendenzen, die die demokratischen Verhältnisse destabilisieren und bedrohen:

Ich schaue mir die Geschichte an: mit der Wirtschaftskrise 1929, mit dem Hunger und Leid und Verlust, den viele Menschen damals hatten. Und vier, fünf Jahre später hatten wir den Salat. Dann kam

---

Wirklichkeit haben ganz andere das Sagen« stößt bei 34 Prozent der Befragten auf Zustimmung, bei 30 Prozent auf teilweise Zustimmung und bei 36 Prozent auf Ablehnung.

Corona. Und da muss ich auch sagen, da habe ich auch Ängste ausgestanden, weil die AfD mit ih-
rem ganzen rechten Gedankengut und ihrer Einstellung, dass sie überhaupt nicht differenzieren: Jetzt
sind es die Flüchtlinge, dann sind es Menschen mit anderer Hautfarbe, dann werden es die Juden sein,
dann werden es die Homosexuellen oder keine Ahnung. Das kennen wir ja alles. Und dann habe ich
gedacht, jetzt Wirtschaftskrise und ein Laden nach dem anderen macht kaputt. Ich glaube, wir sind
noch lange nicht überm Berg. (Chloe, Vertrauensfrau, 2021)

Verbreitet ist das Bild einer erschöpften und ermüdeten Demokratie. Demokratie höhlt sich aus, weil und wenn sie nicht vom demokratischen Engagement von vielen getragen oder gelebt wird. Demnach ist jede und jeder Einzelne verantwortlich für den Erhalt der Demokratie, indem alle zusammen die demokratischen Institutionen und die demokratische Idee mit
Leben füllen. Auffällig ist ein teilweise recht ausgeprägtes Bewusstsein von
Demokratie als eine von vorangegangenen Generationen erkämpfte gesellschaftliche Errungenschaft:

Demokratie lebt von den Leuten. Und ich habe da schon ein festes Vertrauen. Die Frage ist nur, wie
kippelig die ganze Geschichte die nächsten paar Jahrzehnte läuft. Weil vielen das auch nicht mehr
bewusst ist, dass das Ding schützenswert ist. Und das ist keine neue Erfindung. Wenn man in der
Geschichte guckt, wird es anscheinend immer mal wieder vergessen. Vielleicht sind wir gerade in so
einem Tal, wo wir, weil es uns zu gut geht, gar nicht mehr wissen, was da mal erarbeitet wurde. (Chris-
tian, Betriebsrat, 2021)

Die Ehrenamtlichen sehen in diesem Fall ihr eigenes Engagement als einen
Beitrag, den Auftrag einer demokratischen Gesellschaft praktisch umzuset-
zen: mit dem doppelten Ziel, die Demokratie zu verteidigen und zu stärken und zugleich die demokratischen Instrumente dazu zu nutzen, Ungerechtigkeiten zu bekämpfen und die eigenen Interessen zur Geltung zu bringen. Ihr Handeln richtet sich dabei eher auf das noch uneingelöste Potenzial demokratischer Mitsprache als auf die Erweiterung (wirtschafts-)demo-
kratischer Mitsprachemöglichkeiten. Der Betriebsratsvorsitzende eines ostdeutschen Komponentenherstellers wies auf die Gefahren hin, die entstehen, wenn Demokratie von den Menschen nicht verwirklicht wird:

Das demokratische System ist so angelegt, dass jeder die Möglichkeit hat, mitzubestimmen. Aber das
System wird von den Leuten immer weniger genutzt. Sie ziehen sich immer mehr zurück. Sie beschäf-
tigen sich nicht mehr mit dem System, mit Möglichkeiten, die das System bietet, und nutzen sie in
der Konsequenz auch immer weniger. Und die Lücke, die da entsteht, wird von Profis gefüllt. Das ist
die Wirtschaft, das sind Lobbyisten, das sind Politiker, das sind Interessenvertreter. Die nutzen dieses
gleiche System professionell. Sie beschäftigen sich damit. Sie machen sich einen Plan. Sie handeln
strategisch. (Betriebsrat, Gruppengespräch, 2020)

1.3 Demokratie in der Arbeitswelt

In Anbetracht bestehender rechtlicher Mitbestimmungsmöglichkeiten überraschend, wird die Arbeitswelt als wenig demokratisch eingeschätzt. Dabei rückt in den Vordergrund, dass Betriebe hierarchisch organisiert und Beschäftigte weisungsgebunden sind. Manche abstrahieren von der eigenen betrieblichen Situation und verweisen auf Betriebe ohne Betriebsrat oder Gewerkschaft, in denen die reine Willkür herrsche. Andere argumentieren aus eigener Erfahrung in der Beziehung zu Vorgesetzten: Diese hätten das letzte Wort und das gelte letztlich auch dann, wenn die Arbeit teamförmig organisiert sei. Von einem demokratischen Aufbruch, der im Zuge von »New Work« beschworen wurde (Sattelberger u. a. 2015), ist in unserer Untersuchung nichts zu spüren.

In den Gesprächen sind wir auf erstaunlich wenige – und eher auf Betriebsrät:innen als Vertrauensleute – gestoßen, bei denen bezugnehmend auf eigene gute Kooperationserfahrungen mit der Geschäftsleitung das Bild einer demokratischen Arbeitswelt vorherrschend war. Vielmehr scheint bei den Ehrenamtlichen das Selbstverständnis verbreitet zu sein, dass Betriebsräte, Gewerkschaften und Vertrauenskörper ein demokratisches Korrektiv und Treiber betrieblicher Demokratisierung sind, dass aber die Mitbestimmung zugleich noch weit davon entfernt ist, Betriebe und Unternehmen zu demokratischen Organisationen zu machen. Dies gilt generell mit Bezug auf Demokratie und Mitbestimmung am Arbeitsplatz und verstärkt für Betriebe, in denen Betriebsrats- und Gewerkschaftsrechte nicht in Anspruch genommen und durchgesetzt worden sind.

Nicht alle sehen das so. Wir stießen in unseren Gesprächen auch auf Ehrenamtliche, darunter zwei Betriebsratsvorsitzende, die die Vorstellung vertraten, dass die Demokratie in der Arbeitswelt nicht zu weit gehen darf: sei es, weil angenommen wird, dass eine hierarchische Arbeitsorganisation prinzipiell notwendig ist, um einen geordneten und reibungslosen Produktionsprozess sicherzustellen, oder weil davon ausgegangen wird, dass die Mitbestimmungs- und Vetomacht des Betriebsrats bei unverantwortlicher Besetzung ausgenutzt und ohne Rücksicht auf betriebliche Belange in Anschlag gebracht werden kann.

Betriebsratsgremien und gewerkschaftliche Strukturen werden – wiederum von Ausnahmen abgesehen – selbst als demokratische Organisationen wahrgenommen. Insbesondere die Betriebsrät:innen verstehen die Aushandlungen in den Gremien als Ausdruck gelebter Demokratie.[4] Wir sind aber auch auf eine Reihe von Ehrenamtlichen, insbesondere Vertrauensleuten, gestoßen, die die Betriebsrats- und Gewerkschaftsstrukturen als »vermachtet« und «verkrustet« kritisierten und sich in ihrem Engagement ausgebremst sahen.

So sieht sich Kim, bis vor kurzem in der Jugend- und Auszubildendenvertretung, nun Vertrauensfrau in einem Automobilunternehmen, tendenziell als ausführendes Organ der IG Metall, da sie gegen diejenigen, die aus ihrer Sicht das alte System aufrechterhalten, das Bestehende sichern und Wandel verhindern, wenig auszurichten vermag. Beispielhaft nennt sie ein Tempolimit auf Autobahnen oder das Angebot eines vegetarischen Essens in der Kantine:

Bei Demos und auch als VK-Leiterin hast du schon das Gefühl, die IG Metall mitzugestalten, aber eigentlich bist du eher ausführende Gewalt. Du führst das aus, was vorher beschlossen worden ist. Klar, du kannst auch in die Ausschüsse und du hast eigentlich immer die Möglichkeit, deine Meinung zu sagen, das finde ich auch wirklich klasse. Aber am Ende entscheiden es halt trotzdem andere. (Kim, Vertrauensfrau, 2021)

Die Tabelle 26 stellt den Bezug des Demokratieverständnisses der Ehrenamtlichen zum Gesellschaftsbilderkonzept her und zeigt, mit welchen Demokratieverständnissen die vier Gesellschaftsbilder verbunden sind. Vor dieser Folie lässt sich resümierend festhalten, dass die demokratischen Vorstellungen der Ehrenamtlichen für eine starke Bezugnahme auf die Verknüpfung von subsidiärem und equilibrischem Gesellschaftsbild (die Kante S–E des Für- und Miteinanders in Abbildung 5) sprechen. Dies kommt besonders im Verständnis zum Ausdruck, dass es notwendig sei, die Möglichkeiten demokratischer Beteiligungsformen in Gesellschaft und Betrieb in Anspruch zu nehmen, um Demokratie als Basis einer auf Interessenausgleich angelegten Politik lebendig zu halten.

---

4 Interessanterweise betonten die Betriebsrät:innen, mit denen wir gesprochen haben, häufig den Stellenwert, den sie der gremieninternen Demokratie zuschreiben, dagegen maßen sie der demokratischen Beteiligung der Belegschaft an der Betriebsratsarbeit kaum Bedeutung bei.

Fragmentales Gesellschaftsbild (Nebeneinander)	Demokratie ist Grundlage und Mittel partikularer Interessenwahrnehmung und -durchsetzung. Sie bestimmt die Bedingungen mit, in denen Konkurrenz ausgetragen und eigene Lebensentwürfe ermöglicht und begrenzt werden.
Subsidiäres Gesellschaftsbild (Füreinander)	Demokratie ist Teil der gesellschaftlichen Ordnung, die nicht allein Rechte gewährt, sondern auch mit Pflichten verbunden ist. Sie verlangt u.a., für die Gesellschaft als Ganzes Verantwortung zu zeigen, sich politisch zu informieren, zur Wahl zu gehen. Dies kann sich mit einer Kritik an Politik und Politiker:innen verknüpfen, wonach diese ihren Verpflichtungen und Verantwortlichkeiten dem gesellschaftlichen Ganzen gegenüber nicht nachkommen, sondern eigene oder partikulare Interessen (mächtiger Lobbygruppen) vertreten.
Equilibrisches Gesellschaftsbild (Miteinander)	Demokratie ist die Basis einer auf Interessenausgleich zielenden Politik. Sie stellt die Spielregeln bereit, unter denen gesellschaftliche Interessenaushandlung und Kompromissbildung stattfinden. Sie bildet ein Korrektiv zu den gesellschaftlich zu wenig ausbalancierten Machtverhältnissen. Demokratie ist schließlich selbst das Ergebnis vormaliger Auseinandersetzungen um eine breitere Mitsprache aller bei der Gestaltung des Gemeinwesens und der Einhegung gesellschaftlicher Macht.
Dichotomes Gesellschaftsbild (Gegeneinander)	Demokratie wird danach bemessen, inwiefern sie soziale Rechte bereitstellt, Diskriminierungen und Ausschlüssen entgegenwirkt, bestehende Machtverhältnisse ausgleicht und zu einer materiellen Besserstellung der sozial Benachteiligten beiträgt. Das Vertrauen in die real existierende Demokratie ist gering. Demokratie ist vielmehr tendenziell Teil der dichotomen Strukturierung und trägt nicht zu deren Überwindung bei.

Tabelle 26: Gesellschaftsbilder und Demokratieverständnisse

2. Macht in Gesellschaft und Betrieb

Machtverhältnisse sind vielfältig und schwer zu fassen. Macht durchzieht alle gesellschaftlichen Beziehungen im Kleinen wie im Großen, sie ist manchmal erdrückend und überdeutlich, manchmal aber auch subtil und, da als normal und selbstverständlich akzeptiert, unsichtbar. Macht ist zugleich das Vermögen, eigene Vorstellungen und Bedürfnisse, individuell oder kollektiv, durchzusetzen und etwas – Dinge, die natürliche Umwelt oder die gesellschaftlichen Verhältnisse – verändern zu können. Macht stößt an die Macht anderer. Und Macht ist ungleich verteilt.

Betriebsrät:innen und Vertrauensleute sind in ihrem betrieblichen wie außerbetrieblichen Alltag mit Machtkämpfen und Ohnmachtsgefühlen, aber auch mit Erfahrungen eigener Handlungsmacht und deren Wirkung konfrontiert. In betrieblichen Konflikten, in Verhandlungen mit der Arbeitgeberseite, in Arbeitskämpfen, aber auch in zugespitzten gesellschaftlichen Auseinandersetzungen werden Machtverhältnisse spürbar. Gewerkschaften sind Expert:innen darin, Mitglieder zu organisieren und zu mobilisieren, um Interessen machtvoll durchzusetzen. Ihren ehrenamtlich Aktiven im Betrieb kommt dabei eine besondere Bedeutung zu.

Aber wie sehen die Ehrenamtlichen die Sache selbst? Wie beurteilen sie die Machtverhältnisse in der Gesellschaft, und wo werden diese erfahrbar? In welchem Rahmen schreiben sie sich selbst Handlungsmacht zu, und unter welchen Bedingungen erleben sie sich als ohnmächtig? Und inwiefern erleben sie die IG Metall als eine machtvolle Organisation?

2.1 Ökonomische Ungleichheit als Machtfrage

Die Betriebsrät:innen und Vertrauensleute zeichnen im Hinblick auf die Machtverteilung in der Gesellschaft ein recht einheitliches Bild: Die demokratische Herrschaft ist herausgefordert durch antidemokratische Bewegungen und Parteien, die weniger auf Mehrheiten denn auf Gewalt setzen, und durch die Macht wirtschaftlicher Akteure, die in der Lage sind, Einfluss auf politische Entscheidungen zu nehmen und ihren Interessen mehr Gewicht zu verleihen. Die Macht staatlicher Instanzen spielt dagegen in der Wahrnehmung der Ehrenamtlichen eine geringere Rolle.[5]

Gesellschaftliche Macht(konzentration) wird demnach vornehmlich unter dem Blickwinkel wahrgenommen und problematisiert, dass sie Funktion und Zweck der demokratischen Ordnung gefährdet. Dem unterliegt die Vorstellung, dass in demokratischen Gesellschaften nicht die Macht des Stärkeren, sondern die Macht der Mehrheiten zählt bzw. zählen müsste und dass demokratische Verfahrensregeln und Schutzrechte dazu dienen, bestehende gesellschaftliche Machtungleichgewichte einzuhegen.

---

5 Nur einzelne verweisen auf die Macht der Exekutive des demokratischen Staates selbst, innenwie außenpolitisch weitreichende Entscheidungen zu treffen. Beispielhaft angeführt werden der Atomausstieg und die tief ins Leben der Menschen eingreifende Corona-Politik.

Wir begegneten nicht wenigen Ehrenamtlichen mit einem ausgesprochen (gewerkschafts-)politischen Bewusstsein. Diese begreifen die Gesellschaft als ein Feld permanenter Auseinandersetzungen, die auf Grundlage demokratischer Verfahren und bestehender Rechte geführt werden. Dabei betrachten sie die bestehenden Kräfteverhältnisse und demokratischen Spielregeln der Interessenaushandlung und -auseinandersetzung selbst als Ergebnis vormaliger Kämpfe. Nach diesem Verständnis von Gesellschaft und deren Entwicklung bedarf es eines kontinuierlichen Engagements, um vormals erstrittene demokratische Rechte, soziale Errungenschaften und Machtbalancen in Betrieb und Gesellschaft aufrechtzuerhalten und weiter auszubauen.

Häufig erhielten wir auf die Frage, wer Macht in der Gesellschaft hat, die spontane Antwort: »Geld ist Macht« oder »die Reichen haben Macht«, sei es, weil davon ausgegangen wird, dass »die Reichen« in die (lokale) Oberschicht hinein vernetzt sind oder, wie in den folgenden Textpassagen, Geld unmittelbar dazu genutzt werden kann, sich Einfluss zu verschaffen (etwa durch Lobbyismus, Investitionen):

Derjenige, der das Geld hat, hat erst mal auch eine große Macht, die er ausüben kann. Sicherlich jetzt auch nicht im vollen Umfang. Aber er kann ja dann schon mit dem Geld, was er hat, viel bewegen. Und für jemanden, der nicht so viel Geld hat, ist es schwieriger, was zu bewegen. Das geht dann teilweise wirklich nur, wenn sich viele zusammenfinden, um sich Gehör zu verschaffen. (Alexander, Vertrauensmann, 2021)

Die Reichen, die haben Macht. Die können sich alles kaufen, teilweise schon die Gesundheit. Diese Ausrichtung macht mir Angst. Natürlich braucht man sein Geld, und man will auch was verdienen. Ich will auch nicht sechs Euro weniger Stundenlohn. Aber diese Orientierung nach oben ist ja ganz viel auf Macht und Geld ausgerichtet. Deswegen braucht es dieses Solidarische meiner Meinung nach. (Betriebsrat, Gruppengendiskussion, 2020)

Ökonomische Ungleichheit ist für die Ehrenamtlichen demnach nicht allein ein Gerechtigkeits-, sondern gleichermaßen ein Demokratie- und Herrschaftsproblem. Reichtum übersetzt sich in Macht. Wer Geld hat, verfügt über erweiterte Einflusskanäle, sei es aufgrund der Mitgliedschaft in einflussreichen Netzwerken oder aufgrund von Sponsoring und Korruption. Reiche werden, so die Wahrnehmung vieler, vonseiten staatlicher Behörden bevorzugt, sei es in der Steuer- und Finanzgesetzgebung, bei der Durchsetzung privater Vorteile oder dass bei ihnen im Falle von Normverletzungen eher mal ein Auge zugedrückt wird.[6] »Ab einem bestimmten Einkommen hast du Narrenfreiheit«, wie es eine Vertrauensfrau ausdrückte:

Wer Geld hat, hat Macht. Nicht nur Geld in bar, sondern auch in Aktienoptionen, in Anteilen von Firmen, die wiederum Anteile an irgendwelchen staatlichen Institutionen haben oder da verwurschtelt sind. Es ist eigentlich ein Netzwerken durch Geld. Und mit viel Geld kann man viel netzwerken und hat Macht. (Tom, Betriebsrat, 2021)

Wenn Betriebsrät:innen und Vertrauensleute die »Macht des Geldes« betonen, ist dies nicht Ausdruck von Sozialneid, vielmehr widerspricht es ihren Vorstellungen von Gerechtigkeit und Demokratie:

Die Reichen sind mächtiger als die Armen, das ist so trotz Demokratie. [...] Es gibt so ein paar Sachen, die mir auffallen, also auch bei den Steuer- und Finanzgesetzen, dass es immer wieder Oasen gibt für die Reichen. Ganz so demokratisch geht es halt auch nicht zu. Ich will jetzt nicht sagen, wir sind eine Bananenrepublik. Aber es ist nicht so, dass die Interessen zu 100 Prozent umgesetzt werden und dass die Politik ihren Job richtig macht. So sehe ich es nicht in Deutschland. (Ralf, Vertrauensmann, 2021)

Die Ehrenamtlichen beklagen zudem die Macht von Wirtschaft(sverbänden) und Unternehmen, mittels Lobbyaktivitäten politische Entscheidungen und die Gesetzgebung zu ihren Gunsten zu beeinflussen:

Politik wird nicht von Politikern gemacht, sondern eher von der Wirtschaft. So kommt mir das immer mehr vor – durch die Lobbyisten, die diktieren, wo es hingehen soll. (Betriebsrätin, Gruppengespräch, 2020)

Zum Teil besteht aufgrund fehlender Transparenz, aber auch aufgrund geringer Beschäftigung mit politischen Themen eine hohe Unsicherheit, wie die Machtverhältnisse in der Gesellschaft einzuschätzen und zu bewerten sind. Die Macht bleibt im Dunkeln und bewirkt ein wenig greifbares Unbehagen, wie die folgenden Textpassagen von Erik und Bettina exemplarisch verdeutlichen:

Ich bin mir nicht sicher, wer die Macht wirklich hat. Das ist ja nach oben hin alles verschleiert, die da wirklich die Fäden in der Hand haben. Dann hat man halt so große Köpfe, die in die Politik einspielen. Gerade bei uns in Deutschland, was die Automobilindustrie angeht. (Erik, Vertrauensmann, 2021)
    Da haben bestimmt Leute mehr Macht bekommen, wo man gar nicht weiß, was da so die Politik beeinflusst. Manchmal fragt man sich, warum gibt es da solche Entscheidungen. Aber weil bei den

---

6 Beispielhaft genannt werden die privilegierte Durchsetzung eines Parkverbots vor dem eigenen Haus oder das nicht bestrafte Autofahren unter Alkoholeinfluss. Inwieweit diese Privilegierungen tatsächlich in relevantem Maße zutreffen, ist nicht entscheidend. Hier geht es allein um den Aspekt, dass die Übersetzung von Reichtum in politischen Einfluss als bedeutsam und empörenswert gleichermaßen wahrgenommen wird.

Politikern auch solche Lobbyisten mit drinnen sitzen, die sich vielleicht dort mit untergemischt haben, dass sie da ihre Ziele verfolgen können in der Gesetzgebung. (Bettina, Betriebsrätin, 2021)

Es sind die politischen Kräfteverhältnisse ebenso wie die Macht des Geldes und die Lobbymacht von Unternehmen und Wirtschaftsverbänden, die Hoffnungen auf eine gesellschaftliche Veränderung, in der die Interessen der abhängig Beschäftigten stärker zum Tragen kommen, enorm dämpfen.

Je mehr Leute reich werden oder das Geld haben, dann werden bestimmte Parteien noch gewählt; also die Reichen, die immer reicher werden, und die Armen, die immer mehr gucken müssen. Und die normale Arbeiterklasse ist sowieso schon längere Zeit am Aussterben. Klar, nicht so wie früher und das verändert sich. Aber es wird schon teilweise ganz schön respektlos mit den Menschen umgegangen, die echt viel schuften und machen und trotzdem wenig Geld bekommen. (Kim, Vertrauensfrau, 2021)
Und die [von der AfD] werden auch keine schlechten Wahlergebnisse haben, gehe ich fest davon aus. Wir werden jetzt nicht super braun werden, aber das Problem ist, es wird blockiert werden. Es bleibt halt ein Stück Stillstand übrig. (Christian, Betriebsrat, 2021)

Bleiben die Vorstellungen über die gesellschaftlichen Machtverhältnisse in der Regel recht vage, so trifft dies für die betriebliche Situation nicht zu. Hier zeichnen die Betriebsrät:innen und Vertrauensleute ein klareres Bild von den Kräfteverhältnissen, der eigenen Stärke und den zur Verfügung stehenden Machtmitteln. Auf betrieblicher Ebene kann weitaus stärker auf Erfahrungen mit interessenpolitischen Auseinandersetzungen im Rahmen vermachteter Strukturen zurückgegriffen werden.

2.2 Orte und Grenzen eigener Handlungsmacht

Die Ehrenamtlichen schreiben sich Handlungsmacht in der eigenen Handlungssphäre, in Familie, Nachbarschaft und Arbeit, aber auch in ihrer betrieblichen Funktion und als Teil einer Organisation und Bewegung zu. In all diesen Bereichen sehen sie Möglichkeiten, Einfluss zu nehmen und soziale Verhältnisse zu gestalten und zu verändern. Verbreitet verfügen sie über ein erfahrungsgesättigtes Bewusstsein ihrer Machtressourcen im Rahmen der betrieblichen Mitbestimmung und gewerkschaftlichen Tarifpolitik durch Rückgriff auf Rechte einerseits, auf Organisierung und Mobilisierung andererseits.

Manche verweisen zudem nicht allein auf die Macht, die den Beschäftigten erwächst, wenn sie sich zusammenschließen und kollektiv handeln, sondern zugleich darauf, dass ebenso Konsument:innen Macht besitzen, gesellschaftliche Veränderungen herbeizuführen, wenn sie koordiniert handeln. Dies setzt voraus, dass viele bereit sind, sich politisch zu beteiligen und zu engagieren. Das Bewusstsein für die Möglichkeiten, durch Organisierung und kollektive Aktionen Macht aufzubauen und geltend zu machen, ist breit verankert, die Vorstellungen davon, wie weit diese Macht reicht und wo ihre Grenzen liegen, sind aber recht unterschiedlich:

Man kann so viel Macht haben, wie man will. Wenn sich die Leute alle zusammentun, haben die letztendlich die Macht. Das glaube ich immer noch ganz fest. Dass wir als Verbraucher, wir als Wähler, wir als große Gemeinschaft, wenn wir solidarisch sind, jeden zum Teufel jagen können, wenn wir das möchten. (Chloe, Vertrauensfrau, 2021)
Nur in der Masse. Alleine kann ich vielleicht für mich und mein eigenes Leben vieles machen, mir meinen Umkreis schaffen, wo ich zufrieden bin. Aber wirklich was verändern, geht nur kollektiv. (Kim, Vertrauensfrau, 2021)

Zum Teil ist für die Ehrenamtlichen Handlungsmacht eine Frage ihrer Handlungsautonomie, der Freiheit, das eigene Leben selbst zu gestalten. Die Erfahrung der Lohnabhängigkeit als begrenzender Faktor der eigenen Handlungsautonomie ist dabei zentral. Lohnabhängigkeit heißt, eine Erwerbsarbeit aufzunehmen (verbunden mit dem Zwang, sich dem Weisungsrecht der Vorgesetzten zu unterwerfen), um das Einkommen zu sichern. Ein kompletter Ausstieg aus dem Erwerbsarbeitsleben ist deshalb keine Option. Die Möglichkeit eines Arbeitsplatzwechsels steigert für einen Teil das Erleben eigener Handlungsautonomie. Viele sehen aber für sich diese Möglichkeit nicht. Die Exit-Option ist für sie, sei es subjektiv oder objektiv, versperrt:

Jeder sollte sich selbst darüber im Klaren sein, wie weit seine eigene Macht reicht. Niemand muss sich alles gefallen lassen. Wir haben kein Sklaventum mehr. Und heute ist es ja so, man hat eine gewisse Freiheit. Man kann sagen: Ich will das nicht. Ich will da nicht arbeiten. Dann habe ich die Freiheit, mich zu bewerben, und gehe woanders hin. Das ist dann meine persönliche Freiheit, wo ich sagen kann, ich habe auch die Macht, über mein eigenes Leben zu entscheiden, wohin sich das entwickelt. Bis zu einem gewissen Grad allerdings nur. (Reinhold, Betriebsrat, 2021)
Ob ich handlungsmächtig bin? Ich fühle mich schon als freier Mensch prinzipiell, aber ich sehe auch, welchen Zwängen ich untergeordnet bin. Im Grunde bin ich rein formell komplett frei: Ich kann morgen meinen Job kündigen und machen, was ich möchte. Wirtschaftlich-gesellschaftlich bin ich es natürlich nicht. Wenn ich morgen einfach was anderes mache, ist die ganze Existenz, die wir jetzt hier aufgebaut haben, weg in irgendeiner Form. Ich könnte die Handlung vollziehen, ich müsste aber mit den Konsequenzen massivst leben. Wir sind schon sehr handlungsfrei, wir leben aber auch in einem goldenen Käfig ein Stück weit in Deutschland. Und sind da alle auch sehr eingeschränkt teilweise in unserer Handlungsfähigkeit. (Ralf, Vertrauensmann, 2021)

Erleben die Betriebsrät:innen und Vertrauensleute betriebs- und tarifpolitisch ein Gefühl eigener Macht im Widerstreit mit der Arbeitgeberseite,
so sehen sie ihre Handlungsmacht dann an Grenzen stoßen, wenn sie mit
gesetzgeberisch-politischen oder unternehmerischen Entscheidungen »von
außen und oben« konfrontiert sind, die ihren eigenen Interessen, ihrem
interessenpolitischen Handeln oder ihren Wert- und Gerechtigkeitsvorstellungen entgegenlaufen:

*Ohnmächtig habe ich mich gefühlt, als Konzerne wie unlängst Daimler Dividenden an die Aktionä-
re ausgeschüttet haben. Die wurden staatlich bezuschusst und haben ein geiles Jahr und dann wird
schön ausgezahlt. Das sind so Momente, wo ich denke, ich fasse es nicht, wie kann das sein. Ich fühle mich vor allem dann ohnmächtig, wenn Dinge so offensichtlich sind und trotzdem niemand was
gegen gemacht hat oder machen kann. (Kim, Vertrauensfrau, 2021)[7]*

Ein Gefühl der Ohnmacht tritt dann ein, wenn Unternehmensleitungen die
Entscheidung treffen, die Produktion zu verlagern, den Betrieb zu schließen oder nicht länger in den Standort zu investieren. Dies gilt insbesondere
dann, wenn trotz aller Gegenwehr und allem Engagement die unternehme-
rische Entscheidung aufrechterhalten und exekutiert wird:

*Die Leute haben sich an die Maschinen angekettet, und ein Tag später war das Werk trotzdem weg,
ganz einfach. Wenn irgendeine Konzernzentrale entscheidet, muss weg, dann kannst du nichts machen. Du hast im Prinzip gegen große Konzernentscheidungen nichts, gar nichts. Genau das Gleiche
vor Jahren, da war hier in der Stadt mal eine Gießerei, die hat wohlweislich 26 Prozent Plus gemacht.
Und da hat der Konzern in Schweden gesagt: Nichts, zu, platt. Also das Ding ist zu, weg. Jetzt steht
da ein Einkaufszentrum, fertig. (Karl-Heinz, Vertrauensmann, 2020)*
   *Da würde dann so ein Gefühl der Ohnmacht eintreten. Wenn du merkst, du kriegst die politische
Unterstützung und die üben Druck aus, das hat aber null Wirkung. Und du kommst nicht ran. Das
wäre so die Sache, wo ich sagen kann, ab dem Punkt kannst du es dann nicht mehr bewegen. Dann
hast du politischen Widerstand, hast die Massen hinter dir. Hast auch die gesellschaftliche Empörung, die nützt aber alles nichts, weil dieser Konzernlenker außerhalb sitzt und quasi durch nichts zu
beeindrucken geht. Das wäre eine Katastrophe. (Jens, Betriebsrat, 2021)*
   *Da ist auch eine hohe Erwartungshaltung an den Betriebsrat. Ihr müsst es doch verhindern. Und
dann sage ich: Würden wir ja gerne. Wir ketten uns an die Maschinen, aber selbst dann transportieren
sie uns mit ab. (Betriebsrätin, Gruppengespräch, 2020)*

---

7 Als Hintergrund dürften Medienbeiträge wie dieser Tagesschau-Artikel vom 31.3.2021 eine
   Rolle gespielt haben, der mit »Daimler erntet viel Kritik: Dividendenerhöhung trotz Kurz-
   arbeitergeld« überschrieben ist https://www.tagesschau.de/wirtschaft/unternehmen/daimler-
   dividende-kurzarbeitergeld-hauptversammlung-101.html).

Dabei zeigt sich, dass Erfahrungen der Ohnmacht, der Niederlage und des Verlusts tief und langfristig im Bewusstsein verankert sind:

Meine Mutter war in der Elektronikmontage. Auch nach China abgewandert. Da ist schon die Frage: Kann man da was machen dagegen? Das ist im Kleinen wie im Großen, keine Chance. (Richard, Betriebsrat, 2021)

Nach der Wende, wo die ganzen Betriebe platt gemacht worden sind, mit der Treuhand. Die ist heute noch sehr verhasst. Also da waren wir sehr ohnmächtig. Wo in Thüringen die ganze Textilindustrie niedergegangen ist, das war schon traurig. (Bettina, Betriebsrätin, 2021)

Somit stellt sich die Frage, welche Rolle die IG Metall in den Augen der Ehrenamtlichen als Faktor gesellschaftlicher und betrieblicher Gegenmacht spielen kann.

2.3 Die IG Metall als machtvolle Organisation

Die betrieblich Ehrenamtlichen nehmen die IG Metall im Allgemeinen als eine Organisation wahr, die einen machtvollen Gegenpol zur Arbeitgeberseite darstellt, aber auch ein relevanter gesellschaftlicher Einflussfaktor ist. Zu letzterem verfügen wir über Daten aus der Repräsentativbefragung (siehe Kapitel V.7). 86 Prozent der von uns befragten betrieblichen Ehrenamtlichen stimmten der Aussage »Die Gewerkschaften sind nach wie vor ein mächtiger Einflussfaktor in Politik und Gesellschaft« zu (bei 10 Prozent »teils/teils«-Antworten und 4 Prozent Ablehnung).

Die Begründungen, warum die IG Metall als eine machtvolle Organisation wahrgenommen wird, sind unterschiedlich. Die einen verweisen auf die an der Mitgliederzahl festgemachte Größe des Verbandes, andere auf die innere Verfasstheit als große Solidargemeinschaft und ihre Mobilisierungsfähigkeit, wieder andere heben die tarif- oder auch gesellschaftspolitischen Erfolge hervor. So erlebt Jens, Betriebsratsvorsitzender und Aufsichtsratsmitglied eines großen Industrieunternehmens, die IG Metall als einen mächtigen, auch vom Konzernmanagement anerkannten industriepolitischen Akteur:

Spätestens, wenn man in der Aufsichtsratssitzung oder Präsidiumssitzung sitzt und der Konzernlenker spricht einen an und sagt, Sie müssen mit der Politik reden. Sie haben doch Zugang zur Politik. Dann hat es auch was mit Machtverhältnissen zu tun. Die Gewerkschaft redet mit der Politik. Wir haben Zugang. Und wir sind ein wichtiges Sprachrohr für Arbeitnehmerinteressen. (Jens, Betriebsrat, 2021)

Alexander sieht die Handlungs- und Durchsetzungsfähigkeit der IG Metall insbesondere in tarifgebundenen Unternehmen, aber auch die Schwierigkeiten, in nicht tarifgebundenen Unternehmen Fuß zu fassen und Stärke zu erlangen:

Die IG Metall nehme ich schon sehr handlungsmächtig wahr. Die sehe ich auf Augenhöhe mit dem Arbeitgeberverband. Also deutlich. Weil es ist ja wirklich eine große Gewerkschaft und die lassen sich ja nun wirklich nichts gefallen. [...] Sie versucht auch, in die Fläche zu kommen, gezielt in mittelständischen Unternehmen Betriebsräte zu gründen und darüber die Tarifbindung zu erhöhen. Das funktioniert teilweise. Alleine dass es überhaupt gelingt, finde ich schon stark. Aber Tarifbindung in die Fläche zu bringen, da haben sie sicherlich jetzt nicht so viel Einfluss wiederum. (Alexander, Vertrauensmann, 2021)

Die Stärke der IG Metall beruht dabei aus Sicht der Ehrenamtlichen gleichermaßen auf der Professionalität des Apparats und der Bereitschaft der Mitglieder, für ihre Interessen einzutreten und zu kämpfen:

Wir haben gute Abschlüsse gemacht in den letzten Jahren. Und in erster Linie, weil wir gut organisiert sind, weil wir viele Mitglieder haben, weil die Mitglieder bereit sind, auf die Straße zu gehen, weil die Mitglieder bereit sind, für ihre Rechte zu kämpfen, weil die Mitglieder bevollmächtigt werden für ihre Kämpfe, weil die IG Metall auch unheimlich viel Geld in Material, in Information, in Schulung und, und, und gibt. (Chloe, Vertrauensfrau, 2021)

Hinsichtlich der vier Gesellschaftsbilder (vgl. Tabelle 27) fällt eine starke Bezugnahme der Ehrenamtlichen auf dichotome Deutungen auf: Macht wird als gesellschaftlich höchst ungleich verteilt wahrgenommen, und insbesondere die Konzentration ökonomischer Macht wird kritisiert. Zugleich wird die IG Metall im gesellschaftlichen Kräftefeld als ein gewisses Gegengewicht gesehen, das die Interessen der Arbeitnehmer:innen auch in gesellschaftspolitischen Auseinandersetzungen zu vertreten in der Lage ist und dadurch einen gewissen Interessenausgleich im Sinne eines auszuhandelnden Miteinanders ermöglicht. Die Ehrenamtlichen konzentrieren sich in ihrem Engagement wiederum auf die Bereiche, in denen sie sich als handlungsmächtig erleben und Erfolge möglich scheinen.

3. Die Praxis der Solidarität

Solidarität berührt den Kern des Selbstverständnisses von Gewerkschaften und ist zugleich Grundlage ihrer Handlungsmacht. Die gewerkschaftlich

Fragmentales Gesellschaftsbild (Nebeneinander)	Macht wird nicht als Möglichkeit der Einflussnahme auf etwas, sondern als Freiheit von etwas verstanden. Macht ist Handlungsautonomie, die aber durch gesellschaftliche Zwänge und Abhängigkeiten (besonders im Hinblick auf Einkommenssicherung) eingeschränkt ist.
Subsidiäres Gesellschaftsbild (Füreinander)	Gesellschaftliche Machtverhältnisse werden nicht infrage gestellt. Die Kritik richtet sich gegen diejenigen, die nicht verantwortlich mit ihrer Machtposition umgehen, indem sie diese nicht zur Förderung des Gemeinwohls einsetzen, sondern zur Sicherung eigener Privilegien missbrauchen.
Equilibrisches Gesellschaftsbild (Miteinander)	Macht ist demokratisch eingehegt. Machtungleichgewichte in der Gesellschaft sind dadurch nicht aufgehoben, aber zu einem gewissen Grad korrigiert und reguliert. Interessen- und Machtauseinandersetzungen verlaufen in geregelten, (mehrheitlich) als legitim anerkannten Bahnen. Gesellschaftliche Aushandlungsmacht setzt Organisierung und Engagement voraus.
Dichotomes Gesellschaftsbild (Gegeneinander)	Macht ist gesellschaftlich hochgradig ungleich verteilt. Die gesellschaftlichen Spielregeln sind so gestaltet, dass sie Machtungleichgewichte aufrechterhalten und vertiefen. Gesellschaftliche Veränderungen stoßen auf den Widerstand der Mächtigen und Privilegierten. Sie sind ohne ein hohes Maß an kollektiver Konfliktbereitschaft und -fähigkeit nicht zu haben.

Tabelle 27: Gesellschaftsbilder und Machtverständnisse

organisierte Solidarität der Arbeiter:innen zielte in ihrer langen Geschichte stets einerseits auf die wechselseitige Unterstützung in Notlagen und andererseits auf den gemeinsamen Kampf für bessere Arbeits- und Entlohnungsbedingungen sowie für den Ausbau und die Verteidigung demokratischer und sozialer Rechte.

In der derzeitigen öffentlichen Debatte geht es aber weniger um ein gewerkschaftliches als vielmehr um ein bürgerschaftliches Solidaritätsverständnis (Prott 2021). Sei es zur Unterstützung der Flutopfer im Ahrtal oder zur Eindämmung der Corona-Pandemie – stets wird an die Solidarität der Bürger:innen appelliert, einmal im Sinne einer barmherzigen Hilfe für unschuldig in Not Geratene, einmal im Sinne wechselseitiger Achtsamkeit und der Rücksichtnahme auf die sogenannten verletzlichen Gruppen. Das gesellschaftliche Solidarprinzip findet wiederum im Sozialstaat seine institutionelle Unterfütterung.

In der Regel ist Solidarität positiv besetzt. Aber sie hat auch ihre »dunkle Seite«. Solidarität steht immer in Gefahr, ein Innen gegen ein Außen zu bevorzugen und dadurch ausgrenzend zu wirken. Solidarität ist in den wenigsten Fällen universell (Altreiter u.a. 2020, Lessenich u.a. 2020); dies gilt für die gewerkschaftliche ebenso wie für die bürgerschaftliche oder alltägliche Solidarität. Beispiele hierfür sind die Solidarität der Belegschaft eines Standorts in der konzerninternen Standortkonkurrenz, das Fehlen einer internationalen solidarischen Perspektive oder der Ausschluss bestimmter gesellschaftlicher Gruppen aus der Solidargemeinschaft.

Das Verständnis von Solidarität ist vor allem eine Frage der Praxis, abhängig von den Erfahrungen gelebter Solidarität in Nachbarschaft und Familie, in Betrieb und Arbeitswelt wie in der Gesellschaft generell.

In diesem Sinne beschreiben wir im Folgenden, wie die betrieblich Ehrenamtlichen Solidarität erleben und wie sie eigene Erfahrungen solidarischer Praxis deuten; welche Vorstellungen von Solidarität daraus erwachsen und welche Schlussfolgerungen daraus für das alltägliche Handeln und die eigene gewerkschaftliche Praxis gezogen werden; und schließlich, inwiefern die Ehrenamtlichen die IG Metall als eine solidarische Organisation verstehen.

3.1 Solidarität als Lebensform – zwischen alltäglicher und universeller Solidarität

Betriebsrät:innen und Vertrauensleute verstehen sich im Allgemeinen als sozial eingestellte und solidarisch handelnde Menschen. Für viele, wenn auch nicht für alle ist dies eine Haltung, die sich auf ihre gesamte Lebensführung erstreckt und ihrer ehrenamtlichen Tätigkeit als Betriebsrat oder Vertrauensperson vorgelagert ist. Solidarisch zu sein, ist für sie moralischer Anspruch an sich selbst und an ihre Mitmenschen.

Solidarisch zu sein heißt, denjenigen emotional, praktisch oder finanziell beizustehen, die Hilfe benötigen: im zwischenmenschlichen Umgang generell, im Rahmen wechselseitiger Nachbarschaftshilfe oder in außergewöhnlichen Notlagen. Solidarität erstreckt sich dabei auf Freund:innen, Bekannte und Kolleg:innen, aber auch auf Fremde, zu der die neue, noch nicht integrierte Mitschülerin und die psychisch Gestrandete in der Nachbarschaft ebenso gehören wie die Flutopfer im Ahrtal, Obdachlose oder Geflüchtete:

Solidarisch heißt: Eine neue Schülerin kommt in die Klasse und steht verloren am Rand und dann bin ich die Erste, die hingeht und sagt: Hey, wer bist du? Und willst du nicht dich zu mir setzen? [...] Ich versuche immer denen beizustehen, die Hilfe brauchen. (Chloe, Vertrauensfrau, 2021)
 Für den anderen da zu sein. Ganz simpel. Nicht nur für den anderen, wenn ich ihn kenne, sondern wirklich einen Blick für alle. Solidarisch wäre, wenn ich morgen im Lotto gewinne, dass man da alle ein bisschen teilhaben lässt. Ob es jeder machen würde, möchte ich mal stark bezweifeln. Solidarisch ist es auch, paar Klamotten zu packen und ein bisschen was zu spenden für die Flutopfer. (Christian, Betriebsrat, 2021)
 Wenn es um Fremdenhass oder so was geht, wenn Leute zum Beispiel Ausländer anpöbeln, viele gucken dann weg. Da würde ich mir mehr Solidarität wünschen. (Alexander, Vertrauensmann, 2021)

In der Regel werden Nebenbedingungen des eigenen solidarischen Handelns markiert, insbesondere das Prinzip der Wechselseitigkeit, das auf den moralischen Anspruch der Leistungsgerechtigkeit verweist.[8] Solidarität heißt in diesem Fall wechselseitige Unterstützung, sie ist ein Geben und Nehmen. Wer Solidarität in Anspruch nimmt, sollte auch selbst solidarisch sein, Solidarität im Rahmen der Möglichkeiten zurückgeben. Auf nichtorganisierte, tarifliche »Trittbrettfahrer:innen« sind die betrieblich Ehrenamtlichen nicht gut zu sprechen. Und auch die Solidargemeinschaft beruht auf Leistung und Gegenleistung. Sozialleistungen zu erschleichen, wird von vielen als höchst unsolidarisch gewertet. Schließlich trägt jede und jeder die Verantwortung für das eigene Leben und gesellschaftliche Überleben und muss deshalb, wie alle anderen auch, alles daransetzen, auf eigenen Beinen zu stehen. Wer selbstverschuldet in eine Notlage gerät, kann deshalb kaum solidarische Unterstützung erwarten. Solidarität muss zudem Realitäten anerkennen und die Belastungsgrenzen im Blick behalten. Das gilt für jede und jeden Einzelnen wie auch für die Gesellschaft insgesamt:

Wir hatten heute Notlagenantrag für einen älteren Kollegen, der aus gesundheitlichen Gründen ausgeschieden ist. Und jetzt müssen wir mal gucken, ob wir da helfen können. Da fängt schon Solidarität an, dass man sagt, der ist da unverschuldet in was reingekommen und jetzt muss man helfen. (Jens, Betriebsrat, 2021)
 »Wenn es aber immer noch geht, dass jemand sagt: Ich habe gar keinen Bock zu arbeiten, ich will gar nicht ein Teil von der Gesellschaft sein, will aber das trotzdem abschöpfen, ob ich ein Dach über dem Kopf habe, was zu Essen habe oder Klamotten bekomme, aber nichts dazu beitrage. Dann wird die Solidarität schon schwierig oder auf die harte Pro-

---

8 Bei einigen der betrieblich Ehrenamtlichen findet sich ein sehr weitgehendes Verständnis von Solidarität als »barmherziger Nächstenliebe« (Prott 2019 und 2021) gegenüber Bedürftigen, die an keine weiteren Bedingungen geknüpft ist.

be gestellt. Wenn du jeden Tag arbeiten musst und der andere macht nichts.« (Richard, Betriebsrat, 2021)

Wenn du so ein kleiner Yuppie, FDP-Wähler, bist und immer nur guckst, dass du deinen Reichtum vermehrst, dann bist du bestimmt nicht einer der Träger [der Solidargemeinschaft]. Klar gibt es Menschen, die sich tragen lassen, aber selber nichts zu beitragen. Gibt es zu Genüge. [...] Und nicht falsch verstehen: Für mich ist jemand, der aus egal welchen Gründen zurzeit arbeitslos ist, vielleicht, weil er psychisch kaputt ist oder einfach es nicht schafft, keiner, der nicht dazu beiträgt. Man kann auf viele Weisen zur Solidargemeinschaft beitragen. (Chloe, Vertrauensfrau, 2021)

3.2 Gewerkschaftliche Solidarität und die Schwierigkeit, diese zu organisieren

Solidarität wird von den betrieblich Ehrenamtlichen – zum Teil in erster Linie, zum Teil zumindest in gewisser Weise – unmittelbar auf solidarisches Handeln in betriebs-, tarif- und gesellschaftspolitischen Auseinandersetzungen bezogen. Solidarität heißt in diesem Verständnis, als Arbeitnehmer:innen zusammenzustehen, Kräfte zu bündeln und gemeinsam zu kämpfen, um für alle zusammen etwas zu erreichen – und dabei persönliche Interessen und Empfindlichkeiten zumindest zeitweilig zurückzustellen.

Für diejenigen, die die gewerkschaftliche Solidarität und die Stärke der Arbeitnehmerseite in betrieblichen und tariflichen, aber auch in gesellschaftlichen Aushandlungs- und Konfliktbeziehungen in den Mittelpunkt stellen, sind der gewerkschaftliche Organisationsgrad und die Mobilisierungsfähigkeit der Belegschaften die beiden entscheidenden Faktoren solidarischen Handelns. Solidarität ist hier Machtressource und Mittel zur Durchsetzung gemeinsamer Interessen. Sie schützt den Einzelnen als Teil einer größeren Bewegung, setzt aber zum Teil auch Mut voraus, aufzustehen und Vorgesetzten oder der Geschäftsleitung entgegenzutreten:

Man kann nur was bewirken, wenn man zusammensteht. Wo sie zusammen hier auf dem Hof gestanden haben alle und sich beschwert haben, das war auch so eine Art Solidarität. Da haben sie gemerkt, dass sie das nur zusammen machen können. Jeder einzeln zum Chef hochrennen, hat keinen Sinn. (Bettina, Betriebsrätin, 2021)

Solidarität heißt, für andere geradezustehen. Und wenn es vielleicht auch mich nicht betrifft, hinzustehen und sagen: Das finde ich eine gute Sache. Ihr steht dafür und dann nehme ich mir auch die Zeit und vertrete auch eure Interessen, Meinungen. [...] In der Tarifrunde waren wir zum Beispiel bei den Kfz-lern mit dabei. Die waren bei uns dabei. Im Endeffekt geht es ja ums große Ganze. Wenn alle für sich alleine kämpfen, bringt es nicht viel. Aber wenn wir alle gemeinsam uns bündeln und kämpfen, dann bringt das schon was. (Dennis, Betriebsrat, 2021)

»Trittbrettfahrerei«, das heißt die Inanspruchnahme von Tarifleistungen, ohne Gewerkschaftsmitglied zu sein oder sich am Arbeitskampf zu beteiligen (»mit rauszugehen«), ruft bei den Ehrenamtlichen Empörung und Kritik hervor, weil sie das Verhalten als höchst unsolidarisch empfinden:

Ohne Solidarität würden wir nichts erreichen. [...] Junge Leute haben gar kein Verständnis mehr dafür, für was eine Gewerkschaft ist, was sie erreicht und wofür sie gut ist; und sind auch nicht bereit, dafür ein Opfer zu bringen. Ein Prozent von seinem Bruttogehalt ist das Opfer, was man bringen muss dafür, dass man einen Tarifvertrag hat und vernünftige Arbeitsverhältnisse. Der eine Teil der Belegschaft macht das, bezahlt das und sieht zu, dass die Gewerkschaften mit ihren Forderungen durchkommen. Aber die anderen, die mehr oder weniger als Trittbrettfahrer sich da einfach nur dran beteiligen, das ist für mich die fehlende Solidarität. Das ist für mich das beste Beispiel, wo ich sagen kann, Solidarität funktioniert anders. Und wenn wir das so machen, dann müssen alle zusammen am gleichen Strick ziehen, damit wir auch alle davon profitieren können. (Reinhold, Betriebsrat, 2021)

Unsolidarisch finde ich es, wenn wir streiken gehen und es Leute gibt, die im Betrieb bleiben und sagen: Jo, ob ich jetzt rausgehe oder nicht. Ihr macht das schon. Das finde ich voll daneben, das finde ich nicht nur unsolidarisch, das finde ich scheiße. (Kim, Vertrauensfrau, 2021)

Manche betonen zudem, dass Solidarität nicht von selbst entsteht, sondern davon abhängt, ob es gelingt, eine Erzählung zu entwickeln, in der sich alle wiederfinden, verbunden mit einem Konzept, das alle mittragen können. Solidarität als Alternative zu (Standort-)Konkurrenz und (Belegschafts-)Spaltung setzt so gesehen Organisations-, Überzeugungs- und Kompromissbildungsarbeit voraus:

Ich halte die Solidarität über alle Standorte hinweg nach wie vor für ein kleines Wunder. Ich glaube, da waren 15 betroffene Standorte am Tisch, mit Betriebsratsvorsitzenden, Stellvertretern und alles. Gestandene Männer und Frauen mit Handlungsdruck, mit Erwartungshaltungsdruck. Die zu einer Einheit zu formen, um mit einem gemeinsamen Konzept den Schließungsplänen entgegenzustehen, war eine grandiose Leistung von dem damals Leitenden, der da die Gespräche geführt hat. (Betriebsrätin, Gruppengespräch, 2020)

Solidaritätserleben schafft ein Gefühl der Verbundenheit, des Füreinanderdaseins und Zusammenstehens für ein gemeinsames Ziel, das bei Streiks ebenso erfahrbar ist wie bei Demonstrationen, als Erlebnis, Teil eines großen Ganzen zu sein und von der Menge getragen zu werden, aber auch auf Musik- und Sportveranstaltungen. Die emotionale Seite solidarischer Verbundenheit, des Zusammenstehens im Kampf, der solidarischen Aktion als Event, bei dem ein »Knistern in der Luft« liegt und zu »Gänsehaut« führt, wird immer wieder hervorgehoben:

Solidarisch fühle ich mich natürlich vor allem, wenn wir gemeinsam streiken. Das ist schon echt ein ziemlich gutes Gefühl, wo man sich sehr solidarisch fühlt, weil man gemeinsam draußen steht. Oder auf Konzerten fühle ich mich auch solidarisch tatsächlich, wenn alle mitsingen. [...] Ich glaube, dass Solidarität nichts ist, was du dauerhaft hast. Aber das hast du in bestimmten Momenten. Und das ist halt wichtig, dass man immer mal wieder so Momente hat, wo man sagt: Boah, das fühlt sich jetzt total toll an, ich bekomme Gänsehaut. Wir sind hier, stehen hier gemeinsam. (Kim, Vertrauensfrau, 2021)

Ich kann ja nur für mich sprechen hier und für einige Vertrauensleute. Wenn wir Aktionen machen hier vor Ort oder irgendwo hinfahren, spürt man den Zusammenhalt von so vielen Menschen. Das ist schön, sowas zu erfahren und zu sehen. (Betriebsrätin, Gruppengespräch, 2020)

Dabei stärken positive gewerkschaftliche Solidaritätserfahrungen, die neben dem unmittelbaren Solidaritätserleben insbesondere auch daran geknüpfte Erfolgserlebnisse umfassen, den Solidaritätsgedanken, stärken die Bindung an die IG Metall und motivieren zu eigenem gewerkschaftlichen Engagement:

Wir sind im Moment auch in der Situation, dass wir Solidarität geben können. Wir waren in einer Situation, wo wir sie brauchten, da haben wir sie wirklich mit vollen Händen eingesackt. Deswegen fände ich es ungehörig und auch wirklich unsolidarisch, jetzt auszutreten und jetzt zu sagen, es ist ein Selbstläufer. (Betriebsrat, Gruppengespräch, 2020)[9]

Ich sehe die IG Metall als ein ganz wichtiges politisches und gesellschaftliches Instrument, eine Solidargemeinschaft. Klar, Verbesserungsmöglichkeiten gibt es immer. Ich bin immer noch begeisterter Gewerkschafter. Mir macht das viel Spaß. Auch wenn die Solidarität so ein bisschen nachgelassen hat insgesamt. Wenn ich so erlebe, wie solidarisch Menschen sein können, das begeistert mich immer wieder. Und das spornt mich an, da irgendwelche Sachen zu tun, auch in der Freizeit. (Vertrauensmann, Gruppengespräch, 2020)

3.3 Schwindende Solidarität

Viele Betriebsrät:innen und Vertrauensleute sehen sich in einer Minderheit, da sie ihre gesellschaftliche Umwelt als zunehmend kompetitiver, individualistischer und egoistischer erleben.[10] Sie beklagen die mangelnde Empathie und Solidarität ihrer Mitmenschen, Handlungsorientierungen, die sie sich selbst zuschreiben, und verweisen darauf, dass ihrer Erfahrung nach indi-

---

9 Hintergrund ist eine erfolgreich abgewendete Standortschließung, die zu einem sprunghaften Anstieg des Organisationsgrads gerade im Bereich der Hochqualifizierten geführt hat.

10 Selbstverständlich gibt es auch Betriebsrät:innen und Vertrauensleute, die gesellschaftliche Solidarität nicht im Schwinden begriffen sehen oder den Einzelnen in den Gegenwartsgesellschaften ein höheres Maß an Solidarität als zu früheren Zeiten zuschreiben, gerade im Hinblick auf globale Problemlagen. Aber nach unseren empirischen Befunden spricht wenig dafür, dass sie eine relevante Strömung unter den betrieblich Ehrenamtlichen der IG Metall darstellen.

vidualistisches Verhalten und Ellenbogeneinsatz beim beruflichen Aufstieg honoriert werden. Andere machen den getakteten Alltag und die Arbeitsverdichtung dafür verantwortlich, dass kollegiale und solidarische Unterstützung wenig Raum findet:[11]

Wenig solidarisch. Es wird mehr Leute brauchen, die so denken wie ich. Vielleicht hat man es einfach auch verlernt, solidarisch zu sein. Manche Sachen sind vielen einfach dann auch egal. Ist ja nicht mein Problem. Vielleicht ticken Betriebsräte so, dass die dann sagen: Ich mache es zu meinem Problem. Vielleicht ist es tatsächlich verlernt worden, weil alle bloß noch in ihrer Welt leben. (Tom, Betriebsrat, 2021)

Wenn es um eine Position geht, die besetzt werden muss, will sich jeder verkaufen. Und ich glaube schon, dass genug Leute den Ellenbogen ausfahren, nur um ihre Ziele zu erreichen. Wenn du durch die Ellenbogen nach vorne gekommen bist, hinterfragt es kaum jemand, wie es dazu gekommen ist. Du bist einfach in einer Position, und dann ist es okay gewesen. Und wie der Weg dorthin war, wird selten durchleuchtet. (Richard, Betriebsrat, 2021)

Auch eine Diskussionskultur, die die Beteiligten vorschnell in Schubladen steckt und ausgrenzt, wird als Gefahr für die (gewerkschaftliche) Solidarität gewertet, da sie zu Spaltungen führt. Dabei erweisen sich – die öffentliche Debatte spiegelnd – vier Themen als in besonderer Weise kontrovers und polarisierend: Gender-, Flüchtlings-, Corona- und Klimapolitik.

Das Ego ist wichtig, aber je mehr das ausgeprägt ist und je mehr die Menschen nur für sich gucken, desto mehr ist die Solidarität bedroht. Und je mehr gespalten wird. Dieses Schwarz-Weiß-Denken, dieses: Wie, du sagst was gegen die Geflüchteten-Politik irgendwie, du bist jetzt sofort dies und das. Das ist auch eine Gefahr für Solidarität, weil man ganz oft Menschen dadurch vor den Kopf stößt oder sie als Arschlöcher, rechts oder links oder sonst irgendwie bezeichnet. Dadurch wird Solidarität auch begrenzt. (Kim, Vertrauensfrau, 2021)

Verbreiteter Tenor ist, dass es schwieriger wird, andere zum solidarischen Handeln zu bewegen. Viele sehen sich als einsame Rufer:innen in der Wüste, die die Solidarität allen Widerständen zum Trotz hochhalten. Kollektive Selbstverständlichkeiten, Kulturen und Routinen der Solidarität erodieren. Beklagt wird eine Mentalität wohlfeiler Solidarität, die dann endet, wenn sie wehtut, wenn persönliche Nachteile spürbar sind. Beispielhaft hierfür stehen die beiden nachfolgenden Gesprächsauszüge von Leon und Dennis:

---

11 So seien viele nicht einmal im Bekannten- oder Verwandtenkreis bereit oder in der Lage, eine akut notwendig gewordene solidarische Unterstützung, beispielsweise in einem Trauer- oder Krankheitsfall, in ihren Alltag zu integrieren, geschweige denn durch Übernahme einer ehrenamtlichen Tätigkeit dauerhaftere Verpflichtungen einzugehen.

Ich sehe das Problem, dass wir einen Wandel haben in der Gesellschaft. Das ist mir jetzt wieder bewusstgeworden, wo wir Warnstreikaktion hatten. Da habe ich meine rote Jacke angezogen und meine rote Mütze aufgesetzt und habe die große Fahne genommen und bin, um die Kollegen ins Wochenende zu verabschieden, hinten ans Werktor gegangen. Und man wird eher belächelt als Gewerkschaft bei uns, als dass sich die Leute einem anschließen, wie es wahrscheinlich früher gewesen wäre. Das hat damit zu tun, dass viele einfach satt sind und keine richtigen Probleme haben. Ich habe das Gefühl, dass das Solidargefühl wirklich am seidenen Faden hängt. Auch durch Corona. Viele sind sehr dünnhäutig. Und viele haben diese Ich-Brille aufgezogen. Dass sie wirklich nur noch gucken, dass sie irgendwie durch die Tür kommen und dass sie die Kinder versorgt kriegen und dass sie das Geld aufs Konto bekommen und gar nicht mehr nach rechts und links gucken. Dass die Ellenbogengesellschaft noch viel schlimmer wird. (Leon, Betriebsrat, 2021)

Wenn ich jetzt an die Tarifrunde zurückdenke, habe ich gesagt: Komm, wir gehen streiken, bei der Nachbarfirma streiken sie. Ja, kriege ich das gezahlt? Nein. Ja, warum soll ich dahin? [...] Wenn ich die Leute freistellen würde von der Arbeit oder ködern würde, dass es da noch einen Wurstweck gibt bei der IG Metall oder sonst irgendwas, dann kann ich die Solidarität schon steigern. Aber so die wirkliche Solidarität, was von sich aus zu tun und sagen: Nein, das ist es mir jetzt wert, ich stemple hier mal eine Stunde ab, gehe da hin, zeige mich solidarisch und gehe dann halt zurück und maloche dann weiter, da hört es dann relativ schnell auf. Wenn es an die eigenen Belange geht, wenn man selber einen Nachteil davon hat, gibt es nur noch wenige Menschen, die bereit sind, sich solidarisch zu zeigen. (Dennis, Betriebsrat, 2021)

Auch in traditionellen Gewerkschaftshochburgen machen die betrieblich Ehrenamtlichen die Erfahrung, dass betriebliche Kulturen gewerkschaftlicher Solidarität aufweichen und vormals breit verankerte betriebliche Praktiken gewerkschaftlicher Mitgliedschaft und der Beteiligung an gewerkschaftlichen Arbeitskämpfen an Selbstverständlichkeit verlieren. Vertrauensleuten und Betriebsrät:innen fällt es deshalb weitaus schwerer, die Beschäftigten von der Notwendigkeit gewerkschaftlicher Solidarisierung zu überzeugen. Mitgliedergewinnung und Mobilisierung werden damit zu einem schwierigen und frustrierenden Geschäft.

In einer Gruppendiskussion verwies ein Vertrauensmann darauf, wie er, als er seine Ausbildung machte, mit mehr oder minder sanfter Gewalt in gewerkschaftlich-solidarisches Handeln hineinsozialisiert wurde:

Ansonsten ist es nicht mehr so wie früher. Ich hatte ausgelernt. Es war Winter. Wir sind vor die Tür für einen Warnstreik. Und als junger Bengel habe ich gesagt: Nee, also es ist echt arschkalt, heute mitzukommen, darauf habe ich jetzt so gar keine Lust. Da habe ich eine Ohrfeige gekriegt mit den Worten: Sag mal, merkst du eigentlich noch was? Wir gehen hier für uns raus, für unsere Rechte. Ich habe noch nie eine Ohrfeige verdient so wie damals. (Vertrauensmann, Gruppengespräch, 2020)

Wir setzten dieses Zitat in Dialogveranstaltungen mit Ehrenamtlichen in den IG Metall-Bildungszentren Berlin und Sprockhövel ein und waren überrascht, wie selbstverständlich eine solche Sozialisierung mit mehr oder minder sanfter Gewalt von den meisten aufgenommen wurde. Dabei ging es nicht um die Ohrfeige im tatsächlichen Sinne. In den Diskussionen stand außer Frage, dass es heutzutage nicht mehr angehen kann, Auszubildende zu ohrfeigen. Aber viele konnten die mit dem Zitat verbundene Botschaft nachempfinden, dass eine betrieblich verankerte Kultur selbstverständlicher gewerkschaftlicher Organisierung und Solidarisierung verlorengegangen ist.

3.4 IG Metall als Solidargemeinschaft

Solidarität ist ein zentrales Moment gewerkschaftlicher Organisation – darin besteht unter den betrieblich Ehrenamtlichen der IG Metall große Einigkeit. Gewerkschaften sind Solidargemeinschaften, solidarisch nach innen und außen. Dies ist als Norm und Selbstverständnis breit verankert. Daran werden Gewerkschaften im Allgemeinen und die IG Metall im Besonderen gemessen.

Viele sehen diesen Anspruch in der IG Metall eingelöst. Die Befragten erleben die IG Metall dort, wo sie mit ihr in Berührung kommen oder in ihr aktiv sind, als Solidargemeinschaft und solidarisch handelnde Organisation. Sie verweisen auf Beispiele positiver Solidaritätserfahrungen: im alltäglichen Umgang von (aktiven) IG Metaller:innen, der für sie durch ein Zusammengehörigkeitsgefühl und einen wechselseitigen Vertrauensvorschuss gekennzeichnet ist, oder im Hinblick auf die Rolle, die die IG Metall bei der Mobilisierung und der gegenseitigen Unterstützung in (betrieblichen) Arbeitskonflikten spielt, etwa bei Kämpfen gegen Betriebsschließungen. Und sie verweisen darauf, dass sich die IG Metall über eine enge Orientierung an der Interessenvertretung ihrer eigenen Mitglieder hinaus mit vielen anderen Gruppen, die Unterstützung benötigen, solidarisch zeigt:

Sehr solidarisch. Ich denke, dass die ganz viele Themen haben, wo sie denken, das ist wichtig, dass man dort mitmischt, dass man sich solidarisch zeigt und das dann auch an die Mitglieder rausgibt. Ich merke es insofern, dass ich ständig Post bekomme, ständig E-Mails bekomme oder in irgendwelchen Telegram-Verteilern drin war, wo dann hier ständig kam: Jetzt müssen wir demonstrieren gehen. Achtung, hier Unterschriften sammeln. Und wirklich total breit. Also nicht bloß Sachen, wo ich sage, das würde mich in der Betriebspolitik interessieren, sondern auch gerade, wenn die AfD irgendeine Konferenz hatte hier bei uns oder eine Mahnwache macht für was auch immer. Oder Umweltschutz, Fridays for Future und es ist ja überall irgendwo ein IG Metall-Wimpel dazwischen. Wenn du in den Nachrichten siehst, ob es jetzt eine Demonstration ist für irgendwas, wo gerechter oder besser werden könnte, da hast du immer entweder den Gewerkschaftsbund zwischendrin oder die IG Metall. Deswegen glaube ich schon, dass die IG Metall nach außen hin unheimlich solidarisch ist, aber auch nach innen. Wenn ich mit irgendwelchen Problemen komme oder irgendeinen Mitarbeiter dorthin verweise mit Problemen, dann kümmern die sich. Auch über das hinaus, was sie eigentlich in ihrem Portfolio drinhaben. (Tom, Betriebsrat, 2021)

Andererseits trafen wir auch auf Ehrenamtliche, die die IG Metall nüchterner bewerteten und sich eine solidarischere Praxis der IG Metall wünschten. Insbesondere zwei Punkte wurden dabei immer wieder angeführt.

Zum einen wirft die schleppende Tarifangleichung Ost für die ostdeutschen Ehrenamtlichen einen Schatten auf die IG Metall als eine solidarische Organisation. In unseren Gesprächen mit Ostdeutschen wurde immer wieder Kritik an der schleppenden Tarifangleichung laut, die als ungerecht, aber auch als Ausdruck unsolidarischen Verhaltens der IG Metall-Kolleg:innen im Westen und der IG Metall selbst wahrgenommen wurde:

Warum soll ich in den alten Bundesländern für was kämpfen, was ich schon bekomme? Das ist genau so wie bei uns auf Arbeit: Warum soll ich für einen Tarifvertrag kämpfen? Ich kriege ja die Lohnerhöhung. Warum soll ich dafür kämpfen, was ich schon kriege? Das ist schwierig, in die Köpfe reinzukriegen. Hier in den neuen Bundesländern gibt es viel Potenzial an noch nicht IG Metall-Mitgliedern. Das müsste man auch sehen. (Bettina, Betriebsrätin, 2021)

Zum anderen wird zwar nicht infrage gestellt, dass Solidarität oberstes gewerkschaftliches Prinzip ist und die IG Metall in der Lage ist, Solidarität zu generieren und zu organisieren. Zugleich wird aber betont, dass die IG Metall ein »normaler Arbeitgeber« und Interessenverband ihrer Mitglieder und damit zuvorderst eine Gewerkschaft der – vergleichsweise gut abgesicherten – »Elite« der Arbeitnehmer:innen ist.

Das hebt sich von denjenigen ab, die die IG Metall weniger als Apparat denn als Summe der Aktionen ihrer ehren- und hauptamtlich Aktiven sehen, d. h. als eine Selbstorganisation der Arbeitnehmer:innen, bei der alle gleichermaßen gefordert sind, den solidarischen Anspruch zu verwirklichen:

Die Flutkatastrophe hat gezeigt, dass wir [als IG Metall] so was [die Organisierung von Solidarität] können. Wir dürfen nur nicht lockerlassen. Das ist, was ich den Leuten auch predige: Wenn wir in einer Gewerkschaft sind, wir machen das für uns, für unsere Kollegen, nicht für einen Arbeitgeber. Wir sind nicht mit dem Arbeitgeber solidarisch, sondern es ist eine Arbeitnehmerorganisation. Die Diskussion müssen wir immer wieder führen mit unseren Kollegen, weil ein Stück weit das Verständnis eingetreten ist, dass die Gewerkschaft zum Dienstleister mutiert. Zu sagen, wir holen nur noch ab. Wir bezahlen den Beitrag und sagen, sagt uns mal, wenn ihr fertig seid mit der Tarifrunde, wenn ihr

all die Probleme beiseite geschaffen habt. Da müssen wir aufpassen, das kippt an manchen Stellen.
(Jens, Betriebsrat, 2021)

Erik hat für sich den Anspruch und sieht es als Teil seiner Aufgabe, als Vertrauensmann vorbildlich solidarisch zu sein.

Du hast auch eine Vorbildfunktion, jeder Einzelne, finde ich, in der Öffentlichkeit. Und von daher: Natürlich muss ich auf Arbeit versuchen, solidarisch zu handeln. Ich gebe mir Mühe, ich hoffe, das funktioniert. (Erik, Vertrauensmann, 2021)

Angesichts der Gesellschaftsbilder (vgl. Tabelle 28) lassen sich unsere Befunde zur Bedeutung von Solidarität wie folgt resümieren: Das Verständnis solidarischen Zusammenhalts in der Gesellschaft, das die Ehrenamtlichen in ihrem Handeln orientiert und leitet, steht im Kontrast dazu, welches Maß an Solidarität sie der Gesellschaft diagnostizieren. In dem Leitbild einer solidarischen Gesellschaft, das das eigene Handeln prägt, verknüpfen sich Elemente des equilibrischen und subsidiären Gesellschaftsbilds. Das solidarische Für- und Miteinander stehen hier im Vordergrund. Im Kontrast dazu steht die Diagnose, dass wir zunehmend in gesellschaftlichen Verhältnissen leben, in denen Solidarität keine Selbstverständlichkeit und kein Wert an sich mehr ist und ein entsolidarisiertes Nebeneinander dominiert.

4. Gesellschaftliche Verortungen: in der Mitte der Gesellschaft

Vorstellungen eigener Handlungsmächtigkeit und gesellschaftlichen Veränderungsbedarfs sind stets auch daran geknüpft, welche Strukturen und Muster man der Gesellschaft zuschreibt und wo man sich selbst entlang dieser Strukturen und Muster verortet. Das können hierarchische Bilder von Klassen und Schichtungen im Sinne von oben, Mitte und unten sein oder auch Bilder vom Innen und Außen, die Zugehörigkeit und Nichtzugehörigkeit zu bestimmten Gruppen unterscheiden. Zurechnungen erfolgen beispielsweise zu bestimmten (Einkommens-)Schichten, Klassen und beruflichen Statusgruppen, wie sie in Selbstzuschreibungen als »einfache Arbeiterin«, »kleiner Angestellter«, »Meister« oder »gutverdienende Ingenieurin« zum Ausdruck kommen.

Gesellschaftliche Verortungen beruhen aber nicht allein auf einem einzigen Ordnungsschema. Zurechnungen erfolgen ebenso entlang des

Fragmentales Gesellschaftsbild (Nebeneinander)	Solidarität ist keine selbstverständlich voraussetzbare Handlungsorientierung und kein Wert an sich. Vielmehr ist Solidarisierung eine individuelle, jeweils neu zu treffende Entscheidung. Solidarisches Handeln kann auf einer individuellen Wertentscheidung ebenso beruhen wie auf dem positiven Erleben von Verbundenheit und Gemeinschaft oder auch auf der Erwartung, davon zumindest mittelbar selbst zu profitieren.
Subsidiäres Gesellschaftsbild (Füreinander)	Solidarität im Sinne wechselseitiger Rücksichtnahme und Unterstützung und des Füreinander-Einstehens der Bürger:innen Voraussetzung einer guten gesellschaftlichen Ordnung. Gesellschaft ist eine Solidargemeinschaft, zu deren Gelingen alle ihren Beitrag leisten müssen.
Equilibrisches Gesellschaftsbild (Miteinander)	Solidarität ist zentrales Prinzip einer Ausbalancierung pluraler Interessen, die auf Fairness und sozialem Ausgleich beruht. Dies setzt Verständnis und Empathie für die Lage und die Bedürfnisse der anderen ebenso voraus wie Gemeinsinn und ein Mitdenken des Gemeininteresses, aber auch solidarisches Handeln zur Stärkung der Schwachen.
Dichotomes Gesellschaftsbild (Gegeneinander)	Solidarität wird aus einer Gegner- und Konfliktperspektive gedacht. Die Solidarität der Schwachen und Benachteiligten ist der Schlüssel zur Bildung von Gegenmacht. Nur so können die – aus sozialer und emanzipatorischer Perspektive notwendigen – grundlegenden Veränderungen gesellschaftlicher Verhältnisse erkämpft werden.

Tabelle 28: Gesellschaftsbilder und Solidaritätsverständnisse

Geschlechts, der Religionszugehörigkeit, des Alters oder auch in Form nationalistischer oder rassistischer Selbst- und Fremdzuschreibungen. Zudem finden sich Selbstpositionierungen, die sich an politisch-kulturellen Ordnungsschemata festmachen: sei es entlang eines zwischen rechts und links abgesteckten politischen Raums oder entlang kultureller Zuschreibungen wie traditionell, konventionell, modern, alternativ oder progressiv. Milieuzuschreibungen machen sich vornehmlich an derartigen politisch-kulturellen Kategorien fest.

Wie man sich gesellschaftlich verortet, ist schließlich nicht zuletzt davon abhängig, auf welchen Raum des Gesellschaftlichen man Bezug nimmt, ob die Bezugsgröße der lokale oder betriebliche, der nationale oder globale Raum darstellt. Weltweit bestehen Vorteile, die Menschen allein dadurch genießen, dass sie in reicheren Ländern geboren sind und die Branko Milanović (2016) als Ortsrente bezeichnet.

Aber wo verorten sich nun die betrieblich Ehrenamtlichen der IG Metall innerhalb der Sozialstruktur und des politisch-kulturellen Raums der Gesellschaft? Und entlang welcher Vergleichsgruppen vermessen sie dies?

4.1 Vom Schwinden der Arbeiterklasse

Die betrieblich Ehrenamtlichen fühlen sich als gesellschaftlich gut integrierte, normale Leute (mit Ausnahmen, die die Regel bestätigen). Viele sehen sich als Teil einer großen gesellschaftlichen Mitte – in Abgrenzung zu den Armen und Bedürftigen der Unter- und den Reichen und Mächtigen der Oberschicht. Dies entspricht ihrer Erfahrung, dass es eine breite Bevölkerungsschicht gibt, die wie sie durch Arbeit ein Einkommen erzielt, das einen gewissen Wohlstand und gesellschaftliche Teilhabe ermöglicht:

Ich fühle mich der Mittelschicht zugehörig. Das ist einfach das, was mein Leben ausmacht. Man hat sein Auskommen. Man kann in Urlaub fahren. Man kann sich alles Mögliche kaufen, was man will. Man kann gut essen gehen. Man kann eigentlich in Deutschland gut leben. (Reinhold, Betriebsrat, 2021)

Die Mittelschicht deckt dabei eine Spannbreite an Berufen, Einkommensniveaus und Lebensstandards ab. Zum Teil differenzieren sie die Mitte weiter aus und rechnen sich der Gruppe der »Gutverdienenden« bzw. der »guten« Mittelschicht (beispielsweise im Fall von Ingenieur:innen oder von Beschäftigten großer Industrieunternehmen) oder aber der mittleren und der unteren Mittelschicht zu. Diese Selbstzuschreibungen orientieren sich an Kenntnissen des Lohn- und Gehaltsgefüges in Betrieb und Region, aber auch an sichtbaren Merkmalen des Wohlstandsgefälles (Wohngegend, Größe und Ausstattung von Wohnung und Auto etc.).

Christian arbeitet als Programmierer in einem großen Metallunternehmen. Er hat Familie, zwei fast erwachsene Töchter. Er lebt bescheiden und zählt sich zur Mittelschicht:

[Über gesellschaftliche Zugehörigkeiten] habe ich mir nie Gedanken gemacht. Obere und mittlere, weiß ich nicht. Statistisch gesehen, gehöre ich wahrscheinlich zur guten Mittelschicht. (Christian, Betriebsrat, 2021)

Manche weigern sich, sich überhaupt zuzuordnen. Sie betonen Durchlässigkeit und Mobilität wie Kim oder sehen sich wie Tom einfach nur als Teil der Gesellschaft (nach dem Motto der Occupy-Bewegung »Wir sind die 99 Prozent«):

Ich bin ein Weltenmensch. Ich bin vielseitig irgendwie in der Hinsicht. Meine Eltern sind, wie man sagen würde, Akademiker. Und meine Großeltern haben gearbeitet noch normal. Und ich habe eine Ausbildung gemacht und studiere jetzt. (Kim, Vertrauensfrau, 2021)
Ich bin Gewerkschaftsmitglied, ich bin Verwaltungsmitglied in einem Obst- und Gartenbauverein, [...] ich war in einem Sportverein. Ich bin unheimlich interessiert an der Fachhochschule für Technik. Außerhalb von Corona sind Workshops gewesen, wo die neuen Technologien vorgestellt werden oder Gedankenspiele, Zusammenhänge. Das ist interessant und dann hockst du da nicht nur mit Maschinenbauern oder Meistern, sondern du hast einen Vorstand, einen Maschinenbauingenieur oder so drinsitzen. Ich kann jetzt nicht sagen, ich fühle mich da oder da zugehörig. Ich bin halt Teil dieser Gesellschaft. (Tom, Betriebsrat, 2021)

Es lassen sich vor allem zwei Beweggründe finden, warum sich die betrieblich Ehrenamtlichen in der gesellschaftlichen Mitte verorten. Zu einem Teil möchten sie wie Reinhold damit herausstellen, dass sie etwas erreicht haben. Mitte, Mittelschicht oder Mittelstand stehen hier für einen gesellschaftlichen Status, der erarbeitet wurde und mit dem man zufrieden ist:

Man wuselt da irgendwo in der Mitte rum. Ich glaube jedenfalls, dass ich mich zum Mittelstand zählen kann. Ich glaube, ich kann von mir behaupten, dass ich was erreicht habe. Und ich fühle mich irgendwo im Mittelfeld. Ich glaube nicht, dass ich oben angekommen bin, sowieso nicht. Im Mittelfeld bin ich und da werde ich auch bleiben. (Reinhold, Betriebsrat, 2021)

Zum anderen möchten sie wie Dennis betonen, dass sie sich der breiten Mittelschicht und vielfältigen Masse der ganz normalen Leute zugehörig fühlen:

Insofern würde ich mich dann schon zum deutschen Mittelstand zählen: ganz normale Menschen, die arbeiten und sich für das Geld, was sie verdienen, ihr Freizeitleben oder ihr soziales Leben gestalten. (Dennis, Betriebsrat, 2021)

Ein anderer Teil rechnet sich dagegen der »Arbeiterklasse« zu: entweder in einem engen begrifflichen Zuschnitt als Klasse der Arbeiter:innen im Gegensatz zu Angestellten, Selbstständigen etc. oder in einer weiten begrifflichen Fassung als Klasse der Lohnabhängigen, d. h. all derer, die angesichts fehlender finanzieller Rücklagen auf Erwerbsarbeit angewiesen sind, um ihren Unterhalt zu sichern. Diese Selbstzuordnung zur Arbeiterklasse ist teils Ausdruck der Verbundenheit mit dem Herkunftsmilieu, teils Reminiszenz an die DDR-Sozialisation, sie ist aber auch eine politische Botschaft. Sie steht für einen gewissen Stolz, aber auch für eine Tradition harter, mühseliger und vernutzender Arbeit:

Ich finde, ich habe immer zur Arbeiterschaft gehört. Und auch jetzt noch. Ich komme ja aus der Produktion. Ich habe auch mal drei Schichten und alles gemacht. (Bettina, Betriebsratsvorsitzende, 2021)

Ich hoffe, dass ich mich noch so ein bisschen zur Arbeiterklasse zugehörig fühle. Mittlerweile vom Einkommen her vielleicht nicht mehr. Bin mit der Schichtführereingruppierung unterwegs gewesen und da bist du schon sehr gut bezahlt hier. Kannst du wirklich nicht jammern, wenn du eine hohe Eingruppierung hast und die Lohngruppe 9, die ich hatte, ist die höchste im Löhnerbereich. Da bin ich am obersten Ende angelangt. Aber ich sehe mich schon noch als Arbeiter. Wenn auch meine Entwicklung eine andere ist, dass ich den ganzen Tag am Bürotisch sitze. (Jens, Betriebsratsvorsitzender, 2021)

Auch Ralf fühlt sich als Teil der Arbeiterklasse. Seine Klassenzugehörigkeit macht er am Status als Lohnabhängiger fest – als Zwang zur Arbeit einerseits, als ehrlich verdientes Geld andererseits:

Ich zähle mich schon auch zur Arbeiterklasse. Da fühle ich mich solidarisch, da fühle ich mich auch geborgen. Ich fühle mich auch als Arbeitnehmerklassenkind. […] Ich bin darauf angewiesen, meinen Lebensunterhalt durch Arbeit zu bestreiten. Ob ich jetzt selbstständiger Gärtner bin, ob ich promoviert hätte und an der Uni sitzen würde oder ob ich jetzt in einem großen Industrieunternehmen arbeiten gehe. Das ist alles das Gleiche. Ich wäre jetzt nicht derjenige, der das Ziel hätte, 50 Mietwohnungen aufzubauen. Das ist Sozialschmotzerei. Dann lebst du auf Kosten der Mieter. Ich gehöre nicht zu den Leuten, die von Haus aus nicht zwingend darauf angewiesen sind, ein regelmäßiges Einkommen zu erzielen. (Ralf, Vertrauensmann, 2021)

4.2 Diesseits und jenseits kultureller und politischer Milieus

In der Regel ziehen die betrieblich Ehrenamtlichen einen starken Trennstrich zwischen ihren sozialen Beziehungen im Arbeits- und Privatleben: teils sehr bewusst, teilweise eher unbeabsichtigt. Freundschaften und Bekanntschaften ergeben sich eher außerhalb der Arbeit über andere Strukturen und Mechanismen: über die Familie und vor allem die Kinder, über Hobbys (Sport, Kleingartenverein, Motorradclub, Camping etc.), über außerbetriebliche ehrenamtliche Tätigkeiten (von Elternvertretung über Feuerwehr bis hin zu Kirchen- oder Parteiämtern) oder auch über Nachbarschaften und das eigene Wohnumfeld (von sozialen Brennpunkten über traditionelle Dorfstrukturen bis hin zu situierten Einfamilienhaussiedlungen).

Ich mag das, wenn alles ein bisschen bunt ist, weil die Welt auch so ist. Und wenn sich das komprimiert auf irgendwelche Stadtteile, dann ist es halt so. (Christian, Betriebsrat, 2021)
Wenn du auf Festivals gehst oder wenn du auf Motorradrennen gehst, da kommt man sehr gut in Kontakt, das passt gut. (Richard, Betriebsrat, 2021)

Mit einem gewerkschaftlichen Milieu kommen die Vertrauensleute und Betriebsrät:innen in ihrem Alltagsleben nur wenig in Berührung.[12] Gewerkschaft findet vornehmlich im Betrieb sowie auf Sitzungen, bei Aktionen und in Bildungszentren der IG Metall selbst statt. Die Ehrenamtlichen beklagen dies in aller Regel nicht. Wir haben im Gegenteil viele Ehrenamtliche getroffen, die es als bereichernd empfinden, mit Menschen aus unterschiedlichen gesellschaftlichen Bereichen, Milieus oder Schichten zu tun zu haben:

Ansonsten bin ich so ein ziemlicher bunter Vogel schon immer gewesen. Schon in der Schule. Ich habe keiner Clique angehört. Mein Freundeskreis ist eine bunte Mischung: aus Vertrieblern, Arbeitslosen, Müttern, alternativ angehauchten Waldorf-Lehrerinnen und Psychotherapeuten bis hin zu ein paar betrieblichen Kollegen, ein paar von der Uni früher, ein paar, die ich schon seit der Jugend kenne. Das ist ein wild bunt gemischter Haufen aller Nationalitäten und Kulturen. (Chloe, Vertrauensfrau, 2021)

[Zugehörig fühle ich mich] netten Menschen. Ist ja auch eine Schicht. Nette Menschen, die einiges zulassen, die versuchen, gute Arbeit zu leisten, mit den Menschen gut auszukommen, hier und da Hilfestellung zu leisten. Auf sich achten und auf andere achten, vielleicht ein bisschen noch umwelt- und tierfreundlich. (Ingrid, Betriebsrätin, 2021)

Politische Einstellungen, die wiederum mit unterschiedlichen Wertorientierungen verbunden sind, scheinen uns für die eigene Identität und die Verortung im gesellschaftlichen Raum sehr wichtig zu sein. Dabei erfolgt die Verortung einerseits auf der Rechts-Links-Achse, andererseits in der Unterscheidung von gemäßigten und radikalen politischen Einstellungen. Viele sympathisieren mit linksliberalen Vorstellungen, manche verorten sich aber auch konservativ.

Auffällig ist eine breite Abgrenzung gegen eine antidemokratische und gewaltbereite Rechte, die zum Teil auf politischen Extremismus insgesamt erweitert wird, der das linke wie rechte Lager gleichermaßen einschließt:

Das ist so Thema Nazis, AfD, weil ich die wirklich gesellschaftlich für gefährlich halte. Die sind menschlich zerstörerisch unterwegs, die wollen ihre Interessen mit Gewalt durchsetzen. Und die scheuen ja auch nicht davor zurück, Leute mit anderen Interessen einfach umzubringen oder mit anderen Anschauungen oder was weiß ich was. Das hat die Geschichte bewiesen. Und da bin ich nach wie vor der Überzeugung, wenn die ausreichend Macht hätten, würden die das wieder so tun. Ich bin SPD-Mitglied, also fühle ich mich da auch so ein bisschen angesiedelt, obwohl mir in der Politik meiner Partei nicht alles gefällt. (Jens, Betriebsrat, 2021)

---

12 Das gilt auch für Erik, der, jung und alleinstehend, für die Gewerkschaft lebt, aber außerhalb der Arbeit keinen gewerkschaftlichen Zusammenhang gefunden hat, dem er sich anschließen könnte.

[Gibt es Gruppen, mit denen du nichts zu tun haben möchtest?] Links- wie rechtsradikal. Mit beiden genauso wenig. Ob das die rechten oder linken Autonomen sind, die sind für mich beide einfach hirnverwrackt, wenn man das mal so offen und ehrlich sagen darf. Das führt zu nichts. Früher oder später sitzt man im Knast. Auf beiden Seiten. (Dennis, Betriebsrat, 2021)

4.3 Aufstiegserfahrungen als Basis der Mitte-Verortung

Die gesellschaftlichen Selbstverortungen basieren auf sehr unterschiedlichen Bezugsgruppen und Vergleichsmaßstäben. Die Wahl der Vergleichsgruppen entscheidet, ob sich die Betriebsrät:innen und Vertrauensleute eher im gesellschaftlich oberen oder unteren Mittelfeld verorten, und das unabhängig von der sozialen Lage und beruflichen Situation (zum Beispiel ob Ingenieur:in, Maschinenbediener:in oder kaufmännische:r Angestellte:r).

So ist sich beispielsweise Alexander als (gutverdienender) Ingenieur der eigenen privilegierten Position bewusst. Einerseits schwingt ein gewisser Stolz darauf mit, sich die Position durch eigene Leistung und Befähigung erarbeitet zu haben, andererseits ist es ihm wichtig, niedriger qualifizierte und entlohnte Tätigkeiten ebenfalls wertzuschätzen und denjenigen, die sie ausüben (Arbeiter:innen in der Fertigung, Reinigungskräfte), höflich und respektvoll zu begegnen. Bezugspunkt seiner Positionierung ist die im Betrieb sichtbare und erfahrbare Hierarchisierung der Belegschaft, in der er eine gehobene Position einnimmt.

Ralf zieht einen doppelten Vergleichsmaßstab heran, einerseits seine eigene Stellung innerhalb der deutschen Gesellschaft, andererseits die Position derjenigen, die in Deutschland leben, im Vergleich zu Menschen in ärmeren Weltregionen. Dabei verortet er sich selbst innerhalb der »deutschen Gesellschaft«, die in seinen Augen von einer zunehmenden sozialen Ungleichheit geprägt ist, wie auch die deutsche Gesellschaft im Weltmaßstab auf der Seite der Wohlhabenden:[13]

Die Schere geht auch in Deutschland immer weiter auseinander zwischen nicht mal unbedingt arm und reich, ich würde sagen wohlhabend und weniger wohlhabend. Diesen breiten Mittelbau gibt es immer weniger. Ich bin Ingenieur. Wir wohnen hier zur Miete, das gehört uns nicht. Kaufen könnte ich es nicht. Uns geht es aber gut. Es gibt Leute, zu denen ich mich auch zähle, die entsprechende

---

13 Ähnlich auch Christian, der sich und sein Umfeld im weltweiten Vergleich und im Vergleich mit den wirklich Armen in Deutschland auf der »Insel der Glückseligen« sieht und bei seinen Bekannten und Kolleg:innen eine zu große Anspruchshaltung kritisiert.

Ausbildung haben, akademische Ausbildung, die da ganz gut mit klarkommen und auch mit Inhalten und Werten klar umgehen können. Und andere, die sich immer schwieriger tun damit, mithalten zu können, auch in der Gesellschaft. Und in der Arbeitswelt sind es nachher die Werker natürlich, die da immer mehr auf der Strecke bleiben. Auf der anderen Seite herrscht teilweise ein Anspruchsdenken, wo ich einen Hau kriege. Welche Vorstellungen da herrschen. Wir leben ja eigentlich alle im Überfluss, auch die, die wenig haben, leben in Deutschland im Überfluss. (Ralf, Vertrauensmann, 2021)

Chloe charakterisiert ihre aktuelle Lebenssituation als »gut situiert« und macht dies an ihrem heutigen Lebensstandard im Vergleich zu früheren von Armut und Prekarität geprägten Lebensphasen fest.

Wir haben ein schönes Haus. Wir fahren ein Auto, ein altes Auto, aber brauchen wir auch nicht mehr. [...] Ich empfinde das als gut situiert. Ich muss nicht jeden Pfennig umdrehen. Wenn ich ins Kino gehen will, gehe ich ins Kino. Und wenn ich Essen gehen will, gehe ich essen. Und es tut mir nicht weh. Das war vor zehn Jahren undenkbar. Da musste ich wirklich ganz genau einteilen. [...] Jetzt unterstütze ich meine Mutter und unterstütze immer noch meine Kinder. Ich kann meinen Enkelkindern was leisten. (Chloe, Vertrauensfrau, 2021)

Sie verdeutlicht ihren gesellschaftlichen Aufstieg anhand einer Anekdote:

Als ich noch Leiharbeiterin war, also nicht mal so viel Geld wie heute hatte, bin ich mit meiner Tante in der Stadt gewesen und brauchte neue Socken. Ich bin zu Kaufhof gegangen und habe mir Socken für fünf oder sechs Euro das Paar gekauft. Einen. Und ich habe zu meiner Tante an der Kasse gesagt: Tante, ich weiß, ich habe es geschafft, weil vor nicht gar zu langer Zeit habe ich mir fünf Paar Socken für einen Euro gekauft. Jetzt kaufe ich mir ein Paar für fünf Euro. (Chloe, Vertrauensfrau, 2021)

Als weiterer Bezugspunkt vergleichender Selbstverortung ziehen die betrieblich Ehrenamtlichen immer wieder die Situation in Unternehmen heran, in denen es um die Arbeits- und Entlohnungsbedingungen oder auch um die Beschäftigungssicherheit schlechter bestellt ist als in den Unternehmen, in denen sie selbst tätig sind. Dies betrifft gerade auch den Vergleich mit nicht tarifgebundenen Unternehmen:

Und dort fehlt Vertrauen, dort fehlt Akzeptanz, auch Transparenz zum Teil. Und das macht es im Moment im Innenverhältnis relativ schwierig. Was teilweise schwer nachvollziehbar ist, weil unsere Kolleginnen und Kollegen in einem Mikrokosmos leben, der äußerst positiv ist, wenn man es mal mit dem Drumherum vergleicht. Wir haben Aufträge, wir haben volle Arbeit, wir haben das volle Geld am Monatsende, wir haben keine existenziellen Sorgen. Da würde man meinen, wir sind alle glücklich und dankbar. Aber es ist genau das Gegenteil der Fall. (Betriebsrat, Gruppengespräch, 2020)
Ich habe meine 20-Stundenwoche und komme voran. Mir geht's besser damit. Ich kann meine Hobbys ausüben und so weiter. Es ist immer noch ausreichend Geld. Wenn ich dann mich mit Freunden unterhalte, die nicht das Glück haben, überhaupt einen Tarifvertrag zu haben. Die ackern 40 Stunden für das, wofür ich 20 Stunden arbeite. (Vertrauensfrau, Gruppengespräch, 2020)

Anders als beim Thema Macht spielen bei den gesellschaftlichen Selbstverortungen Bezugnahmen auf Elemente des subsidiären und equilibrischen Gesellschaftsbilds (vgl. Tabelle 29) eine deutlich größere Rolle. Die Ehrenamtlichen verorten sich vor allem in einer breit verstandenen demokratischen Mitte der Gesellschaft, fühlen sich sozial integriert und ihrem gesellschaftlichen Umfeld gegenüber verantwortlich.

Fragmentales Gesellschaftsbild (Nebeneinander)	Fluides und flexibles Positioniertsein in einer Gesellschaft, die als durchlässig gegenüber Schicht- und Milieugrenzen erlebt wird und es notwendig macht, sich und den eigenen Lebensentwurf in der Konkurrenz um Position und Status zu behaupten.
Subsidiäres Gesellschaftsbild (Füreinander)	Selbstverortung als integraler Teil einer gesellschaftlichen Ordnung mit dem Erfordernis, gegenüber der gesellschaftlichen Umwelt achtsam und gegenüber gesellschaftlichen Pflichten und Unterstützungsaufgaben aufgeschlossen zu sein; teilweise verbunden mit der eigenen Verortung als Binnenzugehöriger gegenüber einem auszuschließenden Außen.
Equilibrisches Gesellschaftsbild (Miteinander)	Selbstverortung in einer breiten gesellschaftlichen Mitte, mitunter aber auch in einer gesellschaftlich anerkannten und integriert verstandenen Arbeiterklasse. Selbstwahrnehmung als Vermittler:in zwischen gesellschaftlichen Positionen und Milieus.
Dichotomes Gesellschaftsbild (Gegeneinander)	Gesellschaftliche Selbstverortung in der Gruppe der Schwachen, Benachteiligten, Unterdrückten und Nichtanerkannten; in Gegnerschaft zu den dafür verantwortlich Gemachten.

Tabelle 29: Gesellschaftsbilder und gesellschaftliche Selbstverortung

5. Die Zukunft der Gesellschaft

Megatrends und Zukunftsszenarien sind ein verbreitetes Mittel, die künftige gesellschaftliche Entwicklung zu erforschen. Megatrends sind weit ausgreifende und langfristige gesellschaftliche Entwicklungen, die die gesellschaftliche Zukunft prägen werden; häufig genannte Megatrends sind: Globalisierung, Digitalisierung, demografischer Wandel, Individualisierung, Klimawandel oder auch Urbanisierung.[14] Zukunftsszenarien sind unterschiedliche, gleichermaßen mögliche zukünftige gesellschaftliche Entwicklungspfade.[15] Megatrends und Zukunftsszenarien sollen die Möglichkeit, Voraussagen für die Zukunft zu treffen, unterstützen, wobei die Szenariotechnik der Offenheit künftiger Entwicklung ausdrücklich Rechnung trägt.

Folgt man Ulrich Brand und Harald Welzer (2019), so schließen die gegenwärtigen politischen Bewegungen in den westlichen Demokratien an eine Krisendiagnose zukünftiger gesellschaftlicher Entwicklung an. Diese Diagnose beruhe darauf, dass das Vertrauen in den ökonomischen Liberalismus, in die Überlegenheit der liberalen Demokratie und insbesondere auch in die Fähigkeiten der politischen und wirtschaftlichen Institutionen, die ökologischen Probleme zu meistern, erodiert. Vor allem fehle es an einem Modell gesellschaftlicher Entwicklung, das ökologische Anforderungen und Wohlfahrtsansprüche der Menschen zusammenbringe, und somit an einer gesellschaftlichen Utopie, die mobilisierende Kraft entfalten könnte (Brand/Welzer 2019, S. 313).

Andererseits hat die derzeitige Bundesregierung unter der Kanzlerschaft von Olaf Scholz ihre Regierungsarbeit unter das Motto »Mehr Fortschritt wagen« gestellt und damit eine soziale und ökologische Modernisierung der deutschen Gesellschaft in Aussicht gestellt. Zugleich sind mit der rasanten Fortentwicklung von Wissenschaft und Technik positive Zukunftsversprechen verknüpft. Dabei werden die Chancen der Digitalisierung zur Sicherung von industrieller Wettbewerbsfähigkeit und guter Arbeit ebenso hervorgehoben wie die Potenziale wissenschaftlich-technischer Innovation zur Lösung des ökologischen Dilemmas.

Aber in Zeiten beschleunigten technischen und gesellschaftlichen Wandels (Rosa 2005) sind Einschätzungen über die Zukunft in besonderem Maße ungewiss. Zugleich sind Zukunftserwartungen immer auch von den eigenen Erfahrungen und den Perspektiven auf die Gegenwartsgesellschaft abhängig. Vor diesem Hintergrund stellt sich die Frage, mit welchen Erwartungen, Hoffnungen und Befürchtungen die Ehrenamtlichen der IG Metall auf die

---

14 Vgl. hierzu beispielsweise die APuZ-Ausgabe 31–32/2015 zum Thema »Mega-Trends?« oder das Dossier des Zukunftsinstituts zu Megatrends (https://www.zukunftsinstitut.de/dossier/megatrends/#megatrend-map).

15 Beispiele hierfür sind »Mitbestimmung 2035. Vier Szenarien: Fokus Digitalisierung« der Hans-Böckler-Stiftung (Meinert/Stollt 2020) und »Arbeitsbeziehungen 2030. Vier Szenarien des Europäischen Gewerkschaftsinstituts« (Stollt/Meinert 2015).

künftige Entwicklung der Gesellschaft blicken und welche Themen, Fragen und Problemstellungen dabei in den Vordergrund rücken.

5.1 Keine Resignation, aber Skeptizismus

Der Blick der betrieblich Ehrenamtlichen auf die Gesellschaft ist nicht geprägt von einem Glauben in eine bessere Zukunft. Vielmehr beobachten wir eine verbreitete Skepsis und Nachdenklichkeit über die künftigen gesellschaftlichen Entwicklungen – im nationalen wie im globalen Maßstab. Gegenwärtige Entwicklungen werden als bedrohlich, zukünftige Probleme und Herausforderungen als sehr groß wahrgenommen. Dabei sind die Zukunftserwartungen in starkem Maße davon mitbestimmt, wie die generelle gesellschaftliche Verfasstheit und die gegenwärtigen gesellschaftlichen Konstellationen und Problemlagen wahrgenommen und eingeschätzt werden.

Die Ergebnisse der Repräsentativbefragung untermauern den skeptischen Grundton, auf den wir in unseren Gesprächen über die Zukunft der Gesellschaft gestoßen sind (siehe Kapitel V.6): 65 Prozent der Befragten stimmten der Aussage »Zukünftigen Generation wird es schlechter gehen als meiner« zu (bei 23 Prozent »teils/teils«-Antworten und nur zwölf Prozent Ablehnung). Dies korrespondiert zudem mit einer kritischen Sicht der großen Mehrheit der Befragten auf die gesellschaftlichen Verhältnisse. 75 Prozent stimmten der Aussage »In unserer Gesellschaft zählen nur noch Zahlen, nicht mehr die Menschen« zu (19 Prozent »teils/teils«, sechs Prozent Ablehnung) und nur sieben Prozent lehnten die Aussage »Konkurrenz dominiert die ganze Gesellschaft« ab (35 Prozent »teils/teils«, 59 Prozent Zustimmung).

Skepsis, Unbehagen und Nachdenklichkeit der betrieblich Ehrenamtlichen über die zukünftige gesellschaftliche Entwicklung basieren auf unterschiedlichen Wahrnehmungen und Prognosen: Hierzu zählen kulturpessimistische Annahmen einer sich verschärfenden Individualisierung und der Auflösung von Sozialität, Erwartungen tiefgreifender ökonomischer Krisenprozesse und verschärfte betriebliche Problem- und Konfliktlagen, ein weiteres Erstarken des Rechtspopulismus und schließlich die sich zuspitzende ökologische Frage.[16]

Skepsis als Grundton heißt: Ein Teil der Ehrenamtlichen sieht die gesellschaftlichen Entwicklungen optimistischer. Eine positive Zukunftserwartung beruht einerseits auf einem generellen Vertrauen in die Verfasstheit, Anpassungs- und Lernfähigkeit der Gesellschaft und somit in die Möglichkeiten einer hoch technisierten und arbeitsteilig organisierten Gesellschaft, technische, aber auch soziale und kulturelle Problemlösungen zu entwickeln.

Beispielhaft angeführt werden sollen hier Reinhold und Alexander. Reinhold sieht nach anfänglicher Skepsis die Entwicklung Deutschlands hin zu einer Einwanderungsgesellschaft positiv, da er mittlerweile davon überzeugt ist, dass es notwendig ist, andere Nationalitäten zu integrieren, um die gesamtgesellschaftliche Produktivität zu sichern und zu steigern, und dass dies auch gelingen werde:

Ich glaube, wenn wir uns normal weiterentwickeln, das ist schon der richtige Weg. (Reinhold, Betriebsrat, 2021)

Alexander ist, ganz Ingenieur, davon überzeugt, dass die Gesellschaft in der Lage sein wird, technische Lösungen für gegenwärtige und künftige gesellschaftliche Probleme zu entwickeln und bereitzustellen: von einer effektiven Nutzbarmachung von Wind- und Sonnenenergie als Möglichkeit, den Energiehunger der Welt umweltschonend zu befriedigen, bis hin zu gentechnisch veränderten Reissorten, die es ermöglichen, mehr Menschen mit Grundnahrungsmitteln zu versorgen. Zugleich sieht er Deutschland hinsichtlich der Entwicklung und Umsetzung von Umwelttechnologien in einer Vorreiterrolle, die es ermöglicht, ökologische Notwendigkeiten mit der Sicherung von Wettbewerbsfähigkeit zu verbinden.

Eine positive Zukunftserwartung speist sich andererseits aus der Hoffnung, dass der gesellschaftliche Modernisierungspfad weiter an Kraft gewinnen und sich schließlich durchsetzen wird. Hoffnungsträger sind dabei zum einen die Gewerkschaften. Die Hoffnungen ruhen aber mehr noch auf einer politisch bewussten und moralisch integren jungen Generation, wie sie insbesondere die »Fridays-for-Future«-Bewegung symbolisiert. Beispielhaft für eine solche Position steht Christian, der diejenigen kritisiert,

---

16 Diese Punkte werden in den nachfolgenden Abschnitten aufgegriffen und ausführlicher erläutert.

die sich den erforderlichen gesellschaftlichen Modernisierungsschritten verweigern, und auf die Jugend setzt, die für ihn – seine beiden Kinder betrachtet er als Blaupause – eine gebildete, weltoffene neue Moderne widerspiegelt:

Aber irgendwann hoffe ich, dass dieses Bewusstsein einfach wieder da ist aufgrund der jungen Generation, wo ich das Gefühl habe, die sind hoch solidarisch, die auch wirklich mal nach links und rechts gucken. (Christian, Betriebsrat, 2021)

Zudem gilt: Der skeptische Blick auf die künftige gesellschaftliche Entwicklung lähmt die IG Metall-Ehrenamtlichen in der Regel nicht in ihrem betrieblichen und gewerkschaftlichen Engagement. Zum Teil ist das Unbehagen über die gesellschaftlichen Verhältnisse und deren künftige Entwicklung ein Ansporn, dem entgegenzutreten, die demokratischen und sozialen Errungenschaften zu verteidigen und die eigenen Vorstellungen und Überzeugungen zu verfechten. Zum Teil verstehen und praktizieren sie ihr Engagement entkoppelt von den »großen« gesellschaftlichen Problemlagen und der eigenen Selbstreflexion gesellschaftlicher Zukunftsperspektiven. Das Engagement richtet sich in dem Fall auf die unmittelbaren und im täglichen Geschäft auftretenden Probleme und Konflikte, wobei die umfassenden und langfristigen gesellschaftlichen Fragen mitunter bewusst, teilweise unreflektiert ausgeblendet werden.

Bei einem Teil der Ehrenamtlichen existiert ein tiefsitzender zukunftsprägender Kulturpessimismus einer über-individualisierten, auseinanderfallenden Gesellschaft. Prognostiziert wird hier eine zunehmende Ich-Bezogenheit in den sozialen Beziehungen und ein zurückgehendes, auf das Gemeinwesen gerichtetes Engagement. Wir zitieren hier eine etwas längere Passage aus einem Gruppengespräch mit Betriebsrät:innen, weil sie exemplarisch für viele Positionen ist, denen wir begegnet sind:

Gesellschaft ist im Moment in einem unglaublichen Wandel. Die Gesellschaft hatte früher eine sehr viel höhere Bedeutung, als das heute der Fall ist. Weil die Menschen früher drauf angewiesen waren, sich gegenseitig zu helfen. Wenn jemand ein Haus gebaut hat, haben alle Nachbarn, Freunde mit angepackt. Man kannte einen Maurer, einen Elektriker. Man hat sich gemeinsam etwas erarbeitet. Das lag auch daran, dass die Welt sehr viel kleiner war, weil die Menschen weniger mobil waren. Man war nicht so vernetzt über moderne Medien. Die Kinder waren in den Ort eingesperrt oder vielleicht noch ein, zwei Orte weiter. Die Eltern hatten in der Regel maximal ein Auto. Was man mit dem Fahrrad abfahren konnte, ging, der Rest ging nicht. Das heißt, man war sozusagen immer in der Gemeinschaft drin und musste sich in der Gemeinschaft integrieren und auch in der Gemeinschaft leben. Das war in der Schule so, das war in Sportvereinen so. Man war im Schützenverein, in der Feuerwehr. Und da hat man sich auch gegenseitig geholfen und hat auch gelernt, wie wichtig dieses gegenseitige Helfen war. Da hatte die Gemeinschaft einen unglaublich hohen Stellenwert. Mittlerweile entwickelt sich die Gesellschaft leider immer mehr zu dieser Ich-Gesellschaft hin. Ich bin alleine, ich sitze alleine in meinem Zimmer, bin zwar vernetzt, aber ich spiele trotzdem Playstation. Aber hier für mich alleine. Ich spiele mit einem, nicht noch mit drei andern. Ich habe eine Freundin, die wohnt zwar 50 Kilometer weg, ist kein Problem, ich fahr dich dahin, zur Schule musst du nicht selber gehen, ich fahre dich dahin, weil dieser Schulbus ist ja auch eine Gemeinschaft. Das ist für mich das, was ich im Moment am krassesten wahrnehme, wie sich die Gesellschaft verändert. (Betriebsrat, Gruppengespräch, 2020)

Oftmals wird dies, wie die Zitate von Kim und Dennis verdeutlichen, an der zunehmenden Nutzung digitaler Geräte festgemacht, aber auch Erfahrungen bei der Mitgliederwerbung und -aktivierung, bei denen sie mit einer zunehmend offen artikulierten unsolidarischen Haltung vieler Beschäftigter konfrontiert seien, hinterlassen bei Ehrenamtlichen den Eindruck, dass gesellschaftliche Solidaritätspotenziale mehr und mehr abschmelzen (vgl. hierzu auch Kapitel VI.3 zur Praxis der Solidarität):

Die Technik hat viele Vorteile. Aber ich finde, die Interaktion, das Zwischenmenschliche geht immer mehr verloren, das Persönliche. (Kim, Vertrauensfrau, 2021)
    Wenn das so weitergeht, wird es kritisch. Dieses keiner guckt nach dem anderen. Dieses Soziale wird weniger werden, noch weniger. Das ist alles nur noch schneller, nur noch: jeder ist auf sich selber bedacht. Die sozialen Kontakte werden weniger, es beschränkt sich eher alles aufs Handy, auf Social Media. Das wird noch mehr kommen. Anstatt dass man, wenn man mal die Zeit findet, sich mit Freunden zu treffen, dann dasitzt und redet, ist das Handy nicht mehr wegzudenken. (Dennis, Betriebsrat, 2021)

5.2 Ökonomische Krisen, betriebliche Unsicherheiten und Grenzen des Wachstums

Zum Teil ist Skepsis und Unbehagen im Hinblick auf die zukünftige gesellschaftliche Entwicklung Ausdruck der Sorge, dass sich die bestehenden ökonomischen und betrieblichen Problemlagen weiter zuspitzen werden.

Abhängig von Region und Branche herrscht eine große Unsicherheit im Hinblick auf die künftige Beschäftigungsentwicklung und Standortsicherheit. Bilden in der Automobil- und Stahlindustrie vor allem die Folgen des Umstiegs auf CO_2-freie Energieträger für Arbeit und Beschäftigung den Problemhintergrund, so herrscht in anderen Branchen Unsicherheit aufgrund drohender oder bereits absehbarer Restrukturierungs- und technisch-organisatorischer Rationalisierungsmaßnahmen. Befürchtet werden die Verlagerung von Arbeitsplätzen ins Ausland, die Automatisierung von Tätigkeiten im mittleren Qualifikationsbereich und die zunehmende Überwachung der Beschäftigten im Zuge einer weitergehenden Digitalisierung:

So generell ist die Tendenz, Arbeitsplätze werden abgebaut, verlagern sich in andere Regionen. Das ist ein Thema, was mich persönlich umtreibt. Und wenn man es mal realistisch betrachtet, ist auch unser Standort nicht gerade ein Standort, wo man sagen kann, der wächst über die letzten Dekaden, sondern er schrumpft immer mehr. Und das ist eine Tendenz, die wird sich fortschreiben. Da lässt sich nicht erkennen, dass das hier wirklich ein Standort ist, der in zehn, 15, 20 Jahren noch besteht. (Vertrauensmann, Gruppengespräch, 2020)

Chloe geht davon aus, dass die Corona-Pandemie zu tiefgreifenden ökonomischen und sozialen Verwerfungen führen wird. Im weiteren Verlauf des Gesprächs vergleicht sie die bevorstehende Krise mit der Weltwirtschaftskrise von 1929, um die Dramatik des Bevorstehenden zu verdeutlichen:

Die Realität sieht nicht so rosig aus. Ich glaube, wir werden jetzt erst mal in ein richtig tiefes Loch fallen. Und in zwanzig Jahren werden wir gerade noch dabei sein, uns von diesem Loch zu erholen. Ökonomisches und damit auch soziales Loch. Ich bin felsenfest davon überzeugt, dass die Nachwehen von Corona sich in den nächsten fünf Jahren massiv bemerkbar machen werden. Massiv. Das wird richtig böse werden. Es werden nur wenige große Firmen in der Lage sein, all diese Zuwendungen, die sie gekriegt haben, tatsächlich ohne Probleme zurückzuzahlen. Viele werden kämpfen und es schaffen. Aber viele werden kämpfen und es nicht schaffen. Und dadurch wird sich eine große Unzufriedenheit in der Bevölkerung breit machen. Gepusht von den ganzen Corona-Gegnern und Verschwörungstheoretikern und Rechten wird es Revolte und Aufstand geben. Dann wird es auch in der Politik einen gewaltigen Rechtsruck geben, befürchte ich. Der wird nicht groß genug sein, um komplett die Macht zu übernehmen, aber doch sehr viel Einfluss nehmen. Auseinandersetzungen und Streit wird es viel geben, einfach aufgrund der Unzufriedenheit der Menschen. (Chloe, Vertrauensfrau, 2021)

Die Zukunftsskepsis der Ehrenamtlichen beruht auch in starkem Maße darauf, dass die ökologischen Grenzen einer Fortführung des gegenwärtigen Industrie- und Wachstumsmodells zunehmend sichtbarer und spürbarer werden.

Die Ergebnisse der Repräsentativbefragung vermitteln einen Eindruck von den quantitativen Verteilungen. Nur zehn Prozent der Befragten stimmen der Aussage »Den Klimawandel zu stoppen, hat oberste Priorität« nicht zu (bei 64 Prozent Zustimmung und 26 Prozent »teils/teils«-Antworten). Eine ganz ähnliche Verteilung zeigt sich bei der Aussage »Ökologie sollte ein wichtiges Thema für Gewerkschaften sein«: 67 Prozent Zustimmung, 11 Prozent Ablehnung und 23 Prozent »teils/teils«-Antworten.

Die Ehrenamtlichen sorgen sich nicht allein wegen des Klimawandels, der die Diskussion um die Produktions- und Konsumweisen bestimmt, sondern wegen der ökologischen Krise insgesamt. Bettina beispielsweise macht die Grenzen des Wachstums an der generellen Müll- und Rohstoffproblematik fest und verbindet dies zugleich mit ökonomischen Risiken für das eigene Unternehmen:

Das Müllproblem finde ich ganz schlimm. Nicht nur bei uns, vor allen Dingen auch global. Wenn da nicht bald was passiert, dann sehe ich schwarz. Und mit den Rohstoffen genauso. Ich denke mal, das wird sich verstärken. Das sieht man ja jetzt schon, wie teuer das wird. Und dann, dass manche so mit ihren Embargos, und was sie da alles machen, manche Länder richtig in die Kneifzange nehmen können und erpressen können mit irgendwelchen Sachen. [...] Selbst bei der Firma, die wollen ja immer eine Steigerung haben. Als ihr EBIT mal nicht zweistellig war, da haben die am Rad gedreht. Wir fragen uns immer, unsere Geräte, die wir herstellen, wer das alles kauft. [...] Wir produzieren Teile aus Aluminium. Die sind leichter. Da haben wir immer gesagt, hoffentlich gibt es noch lange das Aluminium, dass wir noch lange hier arbeiten können. Müll und Rohstoffe, da sehe ich das ganz große Problem. (Bettina, Betriebsrätin, 2021)

Die Notwendigkeit der ökologischen Transformation wird nicht infrage gestellt. Aber deutlich werden Unsicherheiten darüber, wie die aus Umwelt- und Klimagründen erforderlichen Umstrukturierungen in einer sozialen und demokratischen Weise bewältigt werden können. Vielen ist bewusst, dass angesichts von Umweltkrise und Klimawandel der bisherige Wachstumspfad und damit das alte Wohlstandsmodell nicht mehr aufrechtzuerhalten sein werden und ein Umsteuern notwendig ist, das mit sozialen Konflikten und Härten verbunden sein wird. Das Bewusstsein, dass etwas getan werden muss, scheint uns unter den Ehrenamtlichen recht verbreitet zu sein, die Frage ist aber, wie ein Kompromiss zwischen ökologischen und sozialen Erfordernissen aussehen kann:

Umwelttechnisch halte ich es für richtig, dass wir was tun, aber wir müssen die richtigen Schritte tun und es auch wirtschaftlich verkraften. Wir werden es den Leuten erklären müssen. Das fängt ja jetzt schon an. Das erzeugt ja schon Unruhe, wenn die Spritpreise hochgehen, wenn die Stromkosten hochgehen, wenn die Mietkosten hochgehen. Wenn du überall den Leuten sagst, und dafür, dass wir jetzt was Gutes tun, nehmen wir dir alles Mögliche weg. Und hier im Osten ist so ein bisschen die Diskussion, wie wir es hatten mit dem SUV-Fahren. Jetzt hat der eine oder andere die Chance, mal dieses oder jenes zu tun. Jetzt kann ich mich mal in Flieger setzen, jetzt kann ich mal mit dem Schiff fahren. Und jetzt kommen die Grünen und sagen, das ist so ein Mist, das machen wir jetzt nicht mehr. Das muss man den Leuten dann auch erst mal erklären. Zu sagen, im Übrigen setze dich mal wieder wie zu DDR-Zeit in den Garten und fächere dir frische Luft zu. (Jens, Betriebsrat, 2021)

Für Ralf steht fest, dass der Kapitalismus eine alles zerstörende Kraft entfaltet, auch wenn diese Erkenntnis wenig praktische Folgen für seine Lebensführung und für sein gewerkschaftliches wie politisches Engagement hat:

Das kapitalistische Wirtschaftssystem wird die Erde zugrunde richten. Das kann ich ganz klar als Statement abgeben. Ein auf Ausbeutung von Menschen, die auch Ressourcen sind, also ein aus menschlichen und natürlichen Ressourcen bestehendes System, um Profit zu machen, wird die Erde kaputtmachen. Davon bin ich fest überzeugt. (Ralf, Vertrauensmann, 2021)

Andere wie Alexander sind optimistischer und sehen in den Potenzialen des technischen Fortschritts, verbunden mit politischen Anreizen, die Möglichkeit, ökonomische Wettbewerbsfähigkeit und ökologische Notwendigkeiten zu verbinden:

Was ich persönlich auch interessant finde, ist das Thema Fleisch. Dass es vielleicht die Technologie erlaubt, das künstlich herzustellen, finde ich auch sehr spannend. Weniger Wasser, weniger Energie, weniger Tierleid. So was müsste halt dann auch gefördert werden. Oder künstliche Brennstoffe, synthetischen Diesel und so weiter. Der viel sauberer ist und nicht mehr aus Erdöl hergestellt werden muss. So was müsste der Staat gezielt fördern an der Stelle. (Alexander, Vertrauensmann, 2021)

Ausgehend von Tabelle 30 lassen sich die hier dargestellten Zukunftsvorstellungen der Ehrenamtlichen hinsichtlich der Gesellschaft im Lichte der Gesellschaftsbilder wie folgt einordnen: Beobachtbar sind einerseits Bezugnahmen auf das subsidiäre Gesellschaftsbild eines wertebasierten Füreinanders. Zukunft wird vor dem Hintergrund einer bestehenden und prinzipiell als erhaltenswert angesehenen gesellschaftlichen Ordnung beurteilt. Die Ordnung, in der man sich eingerichtet, seinen Platz gefunden und erarbeitet hat, wird als in ihrem Bestand gefährdet erlebt. Wir sind andererseits bei den Ehrenamtlichen auf gewisse Befürchtungen gestoßen, dass angesichts der sich ankündigenden kommenden gesellschaftlichen, ökonomischen und ökologischen Herausforderungen ein ständig auszuhandelndes Miteinander möglicherweise an seine Leistungsgrenzen stoßen wird. Vor der Größe der gesellschaftlichen Zukunftsaufgaben zurückschreckend finden sich verbreitet Reaktionen, sich auf das politisch Machbare, auf die Gestaltung des gesellschaftlichen Für- und Miteinanders in der eigenen Lebenswelt des Betriebs, Privaten und Lokalen zu beschränken,[17] oder gar der insgeheime Traum vom kleinen individuellen Glück durch den Rückzug ins Private (eines verinselten Nebeneinanders).

---

17 Im Schlussteil wollen wir zeigen, dass die Ehrenamtlichen ihr betriebliches, gewerkschaftliches und eventuell auch bürgerschaftliches Engagement in ihrer eigenen Handlungssphäre als Puzzlestück einer gemeinsamen Aufgabe der politischen und sozialen Gestaltung gesellschaftlicher Verhältnisse insgesamt sehen.

Fragmentales Gesellschaftsbild (Nebeneinander)	Gesellschaftlicher Wandel ist Rahmenbedingung des eigenen Handelns. Er macht es notwendig, die Möglichkeiten und Grenzen, um die eigenen Lebensvorstellungen zu verwirklichen, ständig neu auszuloten. Gesellschaftliche Selbstbehauptung und -positionierung erfordern Flexibilität und Anpassung, aber auch Leistungsbereitschaft, Macht- und Interessenbewusstsein.
Subsidiäres Gesellschaftsbild (Füreinander)	Vorstellung einer erhaltenswerten gesellschaftlichen Ordnung, die durch zukünftige Entwicklungen herausgefordert ist. Neben äußeren Faktoren sind es insbesondere der zunehmende Individualismus und Egoismus, die die gesellschaftliche Ordnung destabilisieren und gefährden. Stabilität und Qualität künftiger gesellschaftlicher Entwicklung sind abhängig vom Engagement jeder und jedes Einzelnen.
Equilibrisches Gesellschaftsbild (Miteinander)	Gesellschaftlicher Wandel ist eine politische Gestaltungsaufgabe. Es herrscht die Vorstellung einer dynamischen Wirtschaft und Gesellschaft, deren zukünftige Entwicklung umkämpft ist und stetig neu ausgehandelt wird. Die Möglichkeiten und Probleme, die die gesellschaftliche und wirtschaftliche Dynamik mit sich bringt, erfordern ein permanentes Engagement gesellschaftlicher Zukunftsgestaltung, bei der um den Ausgleich von ökologischen, wirtschaftlichen und sozialen Interessen, aber auch um den Bestand der Demokratie und der gesellschaftlichen Werte gerungen wird.
Dichotomes Gesellschaftsbild (Gegeneinander)	Vorstellung einer sich weiter öffnenden Schere gesellschaftlicher Ungleichheit und einer beschleunigten gesellschaftlichen Veränderungsdynamik, die auf die zunehmende Zahl an Abgehängten und sozial Deklassierten keine Rücksicht nimmt. Angesichts fehlender massiver Gegenwehr ist eine prinzipielle Veränderung nicht erwartbar.

Tabelle 30: Gesellschaftsbilder und Zukunftsvorstellungen hinsichtlich der Gesellschaft

6. Resümee

Die Ehrenamtlichen zeichnen ein besorgtes und kritisches Bild von den gegenwärtigen und zukünftigen gesellschaftlichen Verhältnissen. Die Demokratie ist bedroht, Solidarität schwindet, gesellschaftliche Macht ist diffus und wenig demokratisch fundiert. Die Zukunftserwartungen sind angesichts ökonomischer Unsicherheiten und ökologischer Herausforderungen gedämpft.[18] Ihre Hoffnungen stützen sich eher auf eine technologische als eine politisch-soziale Innovationsfähigkeit der Gesellschaft.

Die IG Metall ist für sie Bollwerk der Verteidigung und Weiterentwicklung demokratischer und sozialer Errungenschaften, machtvolle Organisation und Hort der Solidarität. Sie scheint aber zu etabliert, um als Hoffnungsträger eines gesellschaftlichen Aufbruchs fungieren zu können, zumal große Mitgliederzugewinne ausbleiben.

Die Ehrenamtlichen sprechen und handeln aus einer Position gesellschaftlicher Integration. Zugleich finden sie sich in einer Minderheitenposition angesichts einer sozialen Welt, die sich in ihren Augen zunehmend individualistisch und egoistisch verhält. Sie nehmen Demokratie und Solidarität als gefährdet wahr, weil sie in den alltäglichen sozialen Beziehungen unzureichend verankert sind und gelebt werden. Dies wiegt schwer, weil sie Demokratie und Solidarität nicht als abstrakte Werte begreifen, sondern als Stützpfeiler des eigenen Handelns sowie der Verteidigung und Umsetzung der eigenen Wertvorstellungen, Positionen und Interessen.

Überhaupt nehmen die alltäglichen sozialen Beziehungen im Betrieb wie in ihrem Lebensumfeld, unter Freund:innen und Bekannten, aber auch mit Fremden bei ihnen einen zentralen Platz ein. Sie sind die Basisstrukturen, die der Gesellschaft insgesamt zugrunde liegen und in denen sich die gesellschaftlichen Verhältnisse widerspiegeln. Hier werden demokratische und solidarische Werte und Verhaltensweisen eingeübt und gelebt – oder eben herausgedrängt und zum Verschwinden gebracht. Überspitzt könnte man sagen: Die Ehrenamtlichen verstehen sich vor allem als soziale Beziehungsarbeiter:innen – im Verhältnis zu Vorgesetzten und Management, aber besonders zur Pflege eines respektvollen Umgangs der Menschen untereinander – und (bestenfalls) als Arbeitende an einem solidarischen Kollektiv zur Entfaltung von Organisationsmacht.

---

18 Angst vor Krieg war in den Gesprächen, die 2020/21 geführt wurden, (noch) kein größeres Thema.

VII. Schlussbetrachtungen

1. Betriebliches und gewerkschaftliches Engagement

1.1 Ehrenamtliches Engagement als praktische Politik und Politisierung der Praxis

Die Ehrenamtlichen sind Praktiker:innen. Überlegungen zu weitreichenden Sozialreformen oder einem Ausbau wirtschaftsdemokratischer Instrumente sind für sie in aller Regel außerhalb der eigenen Handlungsreichweite angesiedelt. Als zu groß und fernliegend erachtet, spielen sie in ihrem alltäglichen Tun kaum eine Rolle. Die Ehrenamtlichen kümmern sich um die Themen und Probleme vor Ort, um das, was sie beeinflussen können. Insofern sind sie pragmatisch. Ihr Handlungsradius ist wiederum davon abhängig, in Betrieben und Unternehmen welcher Größe und Bedeutung sie beschäftigt sind, welche betrieblichen und gewerkschaftlichen Funktionen sie ausüben und inwieweit sie in politischen Bewegungen, Parteien und Institutionen aktiv sind. Beispielhaft für einen weiten Handlungsradius steht in der Gruppe der Ehrenamtlichen, mit denen wir gesprochen haben, Jens (siehe Kapitel 4.9), der als Betriebsratsvorsitzender des größten Arbeitgebers in der Region zugleich Mitglied des Konzern- und Europäischen Betriebsrats, des Aufsichtsrats und der Tarifkommission ist. Zudem sitzt er für die SPD im Stadtrat. Als klassischer betrieblicher und gewerkschaftlicher Multifunktionär sieht er sich in ein dichtes Netz an sozialen Kontakten und Informationen auf unterschiedlichen Ebenen einbezogen, das es ihm ermöglicht, Fäden zusammenzuziehen, Zusammenhänge herzustellen und gestaltend Einfluss zu nehmen.

Dagegen sieht die Masse der Betriebsrät:innen und Vertrauensleute, die keine weiteren Funktionen innehaben und allenfalls punktuell in überbetriebliche politische Netzwerke eingebunden sind, ihr Handlungsfeld sehr viel stärker auf der örtlichen Ebene, die über den Betrieb hinaus auch das eigene Viertel oder Dorf einschließen kann. Sie machen das, was in klassischer Weise Basisarbeit genannt wird. Sie gestalten praktische Politik vor Ort und politisieren die Praxis. Dies umfasst nicht allein vertikal die Interessenpolitik gegenüber Vorgesetzten und Geschäftsleitungen. Einen mindestens ebenso großen Raum nahm in unseren Gesprächen mit Betriebsrät:innen und Vertrauensleuten die Gestaltung der sozialen Beziehungen und der Kommunikation innerhalb des Betriebs und der Belegschaft ein, was bis zu den Umgangsformen der Menschen untereinander in alltäglichen Begegnungen reicht. Wenn die von uns gesprochenen und befragten Ehrenamtlichen eine Utopie haben, dann diejenige, dass es möglich ist, eine gute, demokratische und solidarische Gesellschaft von unten zu knüpfen, und dass sie selbst in ihrem ehrenamtlichen Engagement, aber auch in ihrem alltäglichen Tun einen Beitrag dazu leisten. Das Wirken im Kleinen verbindet sich in ihrem Selbstverständnis jedoch mit dem großen Ganzen. Achtsamkeit und Wertschätzung, die Pflege des sozialen Miteinanders, die Aktivierung zu demokratischer Beteiligung, die Organisation von Solidarität – all dies sind Ziele und Werte, die von den Ehrenamtlichen hervorgehoben und weitgehend geteilt werden. Sie verstehen ihr betriebliches und gewerkschaftliches Engagement als demokratische und solidarische Praxis, die über eine partikulare Interessenorientierung hinausgeht und ihr Handeln gesellschaftlich legitimiert.

Die Ehrenamtlichen kümmern sich damit zugleich um die gewerkschaftliche Politik an der Basis, um die Aufrechterhaltung und Herstellung sozialer Beziehungen und Verhältnisse im Betrieb, auf denen Gewerkschaftsarbeit gedeihen kann. Sie halten das Politische im Betrieb lebendig – im Sinne von Austausch, Aushandlung und Konflikt. Der Betrieb ist für sie ein Ort, an dem demokratische Partizipation – sowohl auf institutioneller Ebene betrieblicher Mitbestimmung als auch auf individueller Ebene der Mitbestimmung am Arbeitsplatz – auf Gegenwehr stößt und es notwendig ist, Demokratie zu leben, um Interessen- und Machtbalancen zu sichern und Ungerechtigkeiten zu mildern.

Gleichwohl stoßen viele Ehrenamtliche aber auch immer wieder an Grenzen ihrer Leistungsfähigkeit und ihrer Bereitschaft, sich dauerhaft im bisherigen oder in noch stärkerem Maß zu engagieren. Sie thematisieren Abgrenzungsprobleme und -notwendigkeiten. Dies verweist auf die Notwendigkeit, das Lebensumfeld der Ehrenamtlichen in den Blick zu nehmen. Denn deren Sorgen und Nöte jenseits des Beruflichen und Gewerkschaftlichen bleiben in aller Regel unsichtbar.

Angesichts ihrer vor allem betrieblichen Orientierung und der Grenzen ihrer Kapazitäten setzen die Ehrenamtlichen auf eine funktionierende innergewerkschaftliche Funktionsteilung, die für sie entlastend wirkt und ihnen zugleich das Gefühl vermittelt, Teil einer vielfältig aktiven und starken Organisation zu sein. Dies setzt Vertrauen in die innergewerkschaftliche Demokratie und in die IG Metall als eine an gemeinsamen Zielen und Werten orientierte Organisation voraus.

Die Ehrenamtlichen möchten Raum für Dialog, Diskussion und Auseinandersetzung in der IG Metall, wie sie sich zugleich von ihr Orientierung erhoffen. Das Verhältnis zur IG Metall sehen sie als Geben und Nehmen. Ihr eigenes Engagement gewährt Zugang zur Beteiligung in der IG Metall und zu Unterstützungsleistungen, die sie von ihr erhalten. Hierin liegt zugleich eine Quelle von Kritik an der Organisation, wenn das Verhältnis von Leistung und Gegenleistung als nicht gleichgewichtig empfunden wird. Ein solches Empfinden kommt insbesondere dann auf, wenn Ehrenamtliche den eigenen Betrieb hinsichtlich der Betreuung durch die zuständige Geschäftsstelle der IG Metall als vernachlässigt erleben und sich zugleich mit Ansprüchen konfrontiert sehen, sich stärker in der gewerkschaftlichen Mitgliedergewinnung, der Gremienarbeit oder im Rahmen von politischen Kampagnen oder Solidaritätsaktionen zu engagieren. Dessen ungeachtet kann die IG Metall aber insgesamt auf eine weitgehend loyale Basis betrieblich Ehrenamtlicher bauen.

1.2 Betriebliches Engagement und Lebenssituation

Die Ehrenamtlichen befinden sich immer wieder in Lebensphasen und -situationen, in denen Entscheidungen anstehen und in denen sie, wie bewusst und überlegt auch immer, Weichenstellungen vornehmen, die ihre Lebensführung mittel- und langfristig tangieren. Ihre zeitlichen ebenso wie ihre physischen und psychischen Ressourcen werden dadurch auf die eine oder andere Weise gebunden. Zuallererst stehen die Ehrenamtlichen in unterschiedlicher Weise vor Entscheidungen über das betriebliche und gewerkschaftliche Engagement selbst: von der prinzipiellen Bereitschaft, sich im Betriebsrat oder Vertrauenskörper zu engagieren, über die Frage der Freistellung, der Übernahme des Vorsitzes, der Mitgliedschaft im Gesamt-,

Konzern- oder Europäischen Betriebsrat bis hin zu einem stärkeren Engagement in den Strukturen der IG Metall. Zudem sehen sie sich vor berufliche und außerberufliche Entscheidungen gestellt, die auf das betriebliche und gewerkschaftliche Engagement zurückwirken. Berufliche Entscheidungen betreffen die Karriereplanung generell, ferner Positions- und Arbeitsplatzwechsel, Weiterqualifizierungen oder Ähnliches mehr. Das betriebliche und gewerkschaftliche Engagement wird wiederum im außerberuflich-privaten Bereich etwa dann zum Thema, wenn Fragen der innerfamiliären Arbeits- und Belastungsteilung, der Familienplanung, eines möglichen Wohnortwechsels oder auch Fragen der Aufnahme oder Intensivierung eines außerbetrieblichen Engagements auf die Tagesordnung kommen.

In unserem Material finden sich Konstellationen, in denen berufliche Situationen Entscheidungen für eine »Betriebsratskarriere« begünstigen, da man sich in einer beruflichen Sackgasse sieht, wie auch Konstellationen, in denen auf eine Freistellung und eine Ausweitung des ehrenamtlichen Engagements bewusst verzichtet wird, um die berufliche Karriere nicht zu gefährden. Die Grenzen des betrieblichen und gewerkschaftlichen Engagements, auch das zeigen unsere Befunde, verschieben sich gerade bei Männern auch dadurch, dass das Bewusstsein, aber auch das Erfordernis innerfamiliärer Funktions- und Belastungsteilung gestiegen ist. Für Frauen ist es nach wie vor weitaus schwerer, sich in zeit- und arbeitsintensiven Familienphasen (Kindererziehung, Pflege von Angehörigen) Freiräume für ihr ehrenamtliches Engagement zu schaffen.

Generell ist zu beachten, dass die Ehrenamtlichen teilweise Phasen starker, teils weniger starker privater oder beruflicher Belastung ausgesetzt sind. Neben Kindererziehungs- und Pflegezeiten, die in Vereinbarkeitsdiskussionen oftmals im Vordergrund stehen, schilderten uns die Ehrenamtlichen eine Reihe weiterer Belastungen wie psychische Probleme, Krankheiten und Todesfälle in der Familie oder im Freundeskreis, Trennungen, nebenberufliche Qualifizierungsphasen, den Bau eines eigenen Hauses oder Ähnliches mehr. Andererseits sind auch die Anforderungen des betrieblichen Engagements nicht gleichbleibend zeit- und ressourcenintensiv. Die Ehrenamtlichen sehen sich immer wieder Phasen besonders intensiven Engagements gegenüber: zum Beispiel wenn Betriebe restrukturiert werden oder in eine Krise geraten, wenn Betriebsräte sich Rechte und Anerkennung gegenüber der Geschäftsleitung erst erkämpfen müssen oder wenn Betriebe gewerkschaftlich neu erschlossen werden und Auseinandersetzungen um eine Tarifbindung anstehen. Hierzu findet sich in unserem Material eine

Vielzahl von Belegen. Insbesondere für Betriebsräte scheinen Phasen des Aufs und Abs und besonders hoher Anspannung eher der Normalfall als die Ausnahme zu sein.

Jürgen Prott unterscheidet in seinen Untersuchungen zum gewerkschaftlichen Engagement zwischen sogenannten Gelegenheits-, Dauer- und Hyperaktiven (2019, S. 204 f.). Zurecht sieht er es für die Funktionsfähigkeit von Gewerkschaften als entscheidend an, über einen hinlänglichen Bestand an Daueraktiven zu verfügen. Gelegenheitsaktive, die dann einspringen, wenn zusätzliche Hilfe gebraucht wird, und dann dabei sind, wenn zu gewerkschaftlichen Aktionen mobilisiert wird, sind wichtig, aber sie tragen das ehrenamtliche gewerkschaftliche Engagement nicht. Hyperaktive, die verschiedene gewerkschaftliche Funktionen besetzen und in der Organisation überall vorne dabei sind, wo Hilfe benötigt wird, Debatten geführt werden und Aktionen laufen, sind ein wesentlicher Stützpfeiler gewerkschaftlichen Engagements. Es besteht jedoch die Gefahr, dass sie sich aufreiben, so dass sie ein solches Engagement auf Dauer nicht durchhalten können, oder dass sie andere Engagierte abschrecken, weil sie ihnen zu wenig Raum für Entfaltung lassen.

1.3 Betriebliches Engagement und gewerkschaftliches Handeln

Wenn wir die betrieblich Ehrenamtlichen danach gefragt haben, für was die IG Metall steht, wurden fast durchgängig drei Punkte genannt: Gerechtigkeit, Solidarität und Tarifvertrag – zugleich sind gewerkschaftliche Aktivitäten für viele aber auch Orte, an denen sie soziale Gemeinschaft erleben. Gerechtigkeit und Solidarität sind zentrale Werte, die mit der IG Metall verbunden werden. Die Ehrenamtlichen nehmen die IG Metall als eine große und starke Gemeinschaft wahr, in der solidarisches Handeln gelebt wird. Hinzu kommt die tarifvertragliche Absicherung, die durch gewerkschaftliche Organisation ermöglicht wird und eine Verbesserung gegenüber nicht tarifgebundenen Betrieben und Branchen darstellt. Die IG Metall hilft, berechtigte Ansprüche der Beschäftigten an Entgelt und Arbeitsbedingungen durchzusetzen. Daraus resultieren eine Grundloyalität gegenüber der IG Metall und ein großes Vertrauen in ihre Stärke. So nehmen 65 Prozent der telefonisch Befragten für sich in Anspruch, mit Leib und Seele Gewerkschafter zu sein, und 86 Prozent sehen die Gewerkschaften nach wie vor als einen mächtigen Einflussfaktor in Politik und Gesellschaft.

Die Ehrenamtlichen identifizieren sich in der Regel nicht vollständig mit der IG Metall. Je nachdem, wie sie sich auf die Gesellschaftsbilder und die damit verknüpften Gewerkschaftsverständnisse beziehen, sehen sie die IG Metall in unterschiedlicher Weise und Gewichtung kritisch, ohne dass dies ihre Loyalität gegenüber der IG Metall und ihr gewerkschaftliches Engagement grundsätzlich beeinflusst. Typische Kritikpunkte, die wir in unseren Gesprächen festgestellt haben, die in keinem Fall jedoch das Bild der IG Metall dominierten, bezogen sich auf Fragen der politischen Programmatik (mal »zu links«, mal »zu konservativ« oder »zu defensiv«), der innergewerkschaftlichen Demokratie und Diskussionskultur (»zu wenig Offenheit«) sowie der bestehenden Machtstrukturen (Konzentration auf große Unternehmen und dominante Branchen, zu zögerliche Tarifangleichung Ost).

Unsere Ergebnisse sprechen dafür, dass die Gruppe der Ehrenamtlichen auf Solidaritäts- und Gerechtigkeitsthemen anspricht und die Verbesserung der eigenen Lage nicht das alleinige und primäre Motiv ihres gewerkschaftlichen Engagements ist. Die solidarische Haltung und das Sensorium für Ungerechtigkeiten beziehen sich dabei über Betrieb und Gewerkschaft hinaus auf das gesellschaftliche Zusammenleben insgesamt. Rekurriert wird auf ein Alltagsverständnis von sozialer Gemeinschaft und Solidarität als gegenseitige Unterstützung, die in Familie, im Lokalen wie im Betrieb gleichermaßen geleistet wird. Dabei ist erfahrene Kollektivität (vor allem auch in der Familie) ein wichtiges Motiv, sich in Betrieb, Gewerkschaft oder Gesellschaft zu engagieren, wie auch umgekehrt Engagement Formen kollektiver Einbindung schafft und intensiviert.

Engagement und Kollektiverfahrungen sind nicht nur auf Gewerkschaft und Betrieb beschränkt. Sie prägen die Lebenssituation insgesamt. Dies hat wiederum Konsequenzen für das gewerkschaftliche Engagement. Gewerkschaftsarbeit wird von Ausnahmen abgesehen nicht zu einer neuen Heimat, sondern ist eine weitere Heimat, möglicherweise in Konkurrenz zu anderen Spielarten sozialer Einbettung, vor allem in Familie oder Freundeskreis, aber auch in der Gemeinde, im Stadtteil oder im Verein, in einem Verband, in der Kirche oder einer Partei.

Die Betriebsrät:innen und Vertrauensleute sind in der Regel eingebettet in ein dichtes privates Beziehungsnetzwerk und in Dorf-, Stadtteil- oder Vereinsstrukturen oder auch migrantischen Gemeinschaften verankert. Dagegen bewegt sich nur ein kleinerer Teil der Ehrenamtlichen im Bekannten-, Freundes- und Familienkreis oder in der Nachbarschaft vornehmlich in gewerkschaftlichen Milieus.[1] Nur 24 Prozent der telefonisch Befragten stimmten der Aussage zu, sie hätten im privaten Umfeld viel mit gewerkschaftlich interessierten Menschen zu tun. Darüber hinaus wissen wir aus der qualitativen Erhebung, dass milieuübergreifende soziale Kontakte tendenziell positiv, nämlich als persönlich bereichernd, bewertet und zum Teil gezielt gesucht werden. Gewerkschaftliches Engagement ist zudem mehrheitlich nicht familiär tradiert und verinnerlicht. Nur 33 Prozent der telefonisch Befragten stimmten der Aussage zu, dass in ihrer Familie Gewerkschaften und gewerkschaftliche Themen schon immer wichtig gewesen seien.

Betriebsrät:innen und Vertrauensleute nehmen ihr betrieblich ehrenamtliches Engagement wichtig und ernst, sie investieren Zeit, zum Teil auch sehr viel Zeit, aber es ist nur in Ausnahmefällen ihr zentraler Lebensinhalt.[2] Insbesondere die Familie geht vor. Viele suchen sich zudem einen Ausgleich neben Familie und Engagement, sei es der Campingplatz oder Freundeskreis, der Sport, der Fanclub oder das Haustier. Manche engagieren sich auch über Betrieb und Gewerkschaft hinaus und in der Regel davon entkoppelt im lebensweltlichen Umfeld.

Das gewerkschaftliche Engagement im Betrieb vom Privatleben abzukoppeln, ist in der Regel erwünscht, aber nicht immer realisierbar. Abgrenzungen sind teils schwierig. Das Privatleben bleibt nicht unberührt. Das geeignete Maß zu finden im Engagement ist eine ständige Aufgabe. Vereinbarkeitsfragen zwischen Beruf, Privatleben und ehrenamtlicher Tätigkeit treiben die Ehrenamtlichen um. Sie sind Gegenstand von Diskussion und Aushandlung, von manifesten Konflikten wird dagegen wenig berichtet.

2. Die Ehrenamtlichen in der Transformation

Die Betriebsrät:innen und Vertrauensleute der IG Metall verstehen sich in ihrer sehr großen Mehrheit, so einer unserer Befunde, als Praktiker:innen des Politischen und als betriebliche Pragmatiker:innen. Gleichzeitig

---

1 Für gewerkschaftliche Milieubindungen spielt die Frage von betrieblichen, branchenbezogenen oder regionalen Gewerkschaftstraditionen und -stärken eine entscheidende Rolle.
2 Eine umfassende Identifikation mit der IG Metall einhergehend mit einer weitgehenden Ausrichtung auf die IG Metall findet sich punktuell, vor allem vor dem Hintergrund positiver Gemeinschaftserfahrungen, wie sie von Ehrenamtlichen in gewerkschaftlichen Kontexten, beispielsweise auf Seminaren oder bei Aktionen, gemacht werden.

sind sie mittlerweile jedoch mit weitreichenden Transformationsprozessen konfrontiert. Der sozial-ökologische Umbau, der digitale Wandel und die Verwerfungen der Wirtschaft infolge der Covid-19-Pandemie, des Kriegs in der Ukraine und der damit verbundenen politischen Maßnahmen betreffen alle IG Metall-Branchen, wenngleich in unterschiedlicher Weise und zu unterschiedlichen Graden. Zugleich befindet sich die IG Metall selbst – nicht zuletzt in Antizipation veränderter Umfeldbedingungen – in einem Organisationswandel, in dessen Zentrum die stärkere Aktivierung und Beteiligung ihrer betrieblichen Gewerkschaftsbasis steht. Insbesondere Vertrauensleute und Betriebsrät:innen sollen angesichts dieser Herausforderungen und der Krise der Mitgliederentwicklung[3] dafür gewonnen werden, die Sichtbarkeit der IG Metall in den Betrieben zu erhöhen und die Bemühungen zur Gewinnung neuer Mitglieder zu intensivieren. Zugleich sollen sie in ihren Kompetenzen gestärkt werden, betriebliche Konflikte einzugehen und erfolgreich zu führen, um Mitglieder zu mobilisieren und durch Solidaritätserfahrungen zu binden. Letztlich geht es um nichts weniger, als die aktive Gewerkschaftsbasis zu befähigen, ihre betrieblichen Angelegenheiten selbst in die Hand zu nehmen und einen gewerkschaftlichen Erneuerungsprozess von unten anzustoßen.

Vieles spricht dafür, dass angesichts der absehbaren Umbruchprozesse in der Arbeitswelt Auseinandersetzungen auf betrieblicher, aber auch auf tarifpolitischer und gesellschaftlicher Ebene zunehmen werden. Die strategische Perspektive des Projekts »IG Metall vom Betrieb aus denken« besteht auch deshalb darin, die Handlungs- und Konfliktfähigkeit der betrieblich Ehrenamtlichen der IG Metall zu verbessern. Betriebliche Auseinandersetzungen, die an den konkreten Interessen der Beschäftigten ansetzen, sollen zugleich damit verknüpft werden, gewerkschaftliches Bewusstsein, gewerkschaftliche Organisationskraft und gewerkschaftliches

---

3 Ohne geeignete Gegenmaßnahmen ist aus verschiedenen strukturellen Gründen ein Mitgliederrückgang der IG Metall absehbar. Hierzu gehören die Folgen des demografischen Wandels, da quantitativ und vom gewerkschaftlichen Organisationsgrad her starke Alterskohorten die Betriebe in den nächsten Jahren verlassen werden. Hinzu kommen die Wirkungen des langfristigen sozioökonomischen Strukturwandels in Richtung Dienstleistungen, ein zu erwartender Beschäftigungsabbau durch die Abkehr vom vergleichsweise beschäftigungsintensiven Verbrennermotor oder auch die Verschiebungen der Beschäftigtenstruktur, die im Zuge sich fortsetzender Produktionsverlagerungen und der Digitalisierung der industriellen Sektoren zu erwarten sind: weg von vergleichsweise hoch organisierten Produktionsbereichen hin zu schwer organisierbaren Hochqualifizierten.

Engagement zu stärken. Betriebliche Konflikte sollen als Resonanzboden für Organisierungs- und Solidarisierungsprozesse dienen und als Teil eines gemeinsamen Kampfes um die künftige Gestalt von Arbeitswelt und Gesellschaft verstanden werden.

Welche Antworten ergeben sich aus unserer Forschung auf die Frage, inwieweit die Ehrenamtlichen gewillt sind, diesen gewerkschaftlichen Wandel mitzugehen, und ob sie bereit und in der Lage sind, die damit verbundenen Erwartungen zu erfüllen?

Nach unseren Befunden verstehen Betriebsrät:innen und Vertrauensleute Konflikte als Mittel zum Zweck der Interessendurchsetzung. Diese werden umso härter ausgetragen, je mehr auf dem Spiel steht und je ungerechter Situationen beurteilt werden. Generell ist ihre Bereitschaft, Konflikte zu führen und zu verschärfen, situationsabhängig und begrenzt. Die Ehrenamtlichen treten dann in Konflikt, wenn sie sich in ihrer Beteiligung beschnitten fühlen und Managemententscheidungen als bedrohlich, wenig nachvollziehbar, ungerecht und alternativlos erleben.

Zugleich stießen wir bei den Ehrenamtlichen auf ein diffuses Unbehagen, zum Teil, angesichts der gesellschaftlichen Machtverhältnisse, auch auf eine resignative Haltung und damit zusammenhängend auf eine Haltung, sich auf das betriebs- und tarifpolitisch Machbare, auf praktische Politik, zu beschränken. Dies lässt sich auch positiv wenden: Die Ehrenamtlichen setzen das von dem französischen Soziologen Pierre Bourdieu geforderte Programm um, die scheinbar abstrakten politischen Angelegenheiten mit den eigenen lebenspraktischen Problemen in Beziehung zu setzen und die eigene Praxis zu politisieren. Denn Bourdieu betonte, dass nicht allein die Gestaltung hierarchischer, sondern auch horizontaler sozialer Beziehungen von eminenter Bedeutung für jedes politische und soziale Gemeinwesen ist. Beide Bereiche sind gleichermaßen politisch; in seinen Worten: »Nicht nur die Kontrolle über die Entscheidungen in den Unternehmen, sondern auch die innerbetrieblichen Beziehungen unter den Arbeitenden; nicht nur die Planungen der Autobahnen, sondern auch etwa die gegenseitigen Beschimpfungen der Autofahrer« (Bourdieu 1992, S. 17 f.).

Die Ehrenamtlichen kümmern und engagieren sich für eine demokratische, kollegiale und solidarische Praxis in ihrem jeweiligen Umfeld und Handlungsbereich. Sie schaffen damit die Basis, auf der gewerkschaftliche Stärke gedeihen kann. Zugleich sehen die Ehrenamtlichen ihre eigene Arbeit aber auch verschränkt mit dem gesellschaftlichen Ganzen. Ihr Engagement wird getragen durch ihre Ansprüche an und ihr Eintreten für soziale Gemeinschaft und soziale Gerechtigkeit, die zumeist auch an die IG Metall als Organisation gerichtet werden. Dabei kann es für die Einzelnen beflügelnd sein, wenn sie im Arbeitskampf oder bei Demonstrationen und Protesten als Teil einer größeren politischen und gewerkschaftlichen Bewegung agieren. Auch wenn diese Orientierungen, wie unsere Fallgeschichten verdeutlichen, in durchaus unterschiedlichen Ausprägungen auftreten, sind sie fast durchweg jedoch auch biografisch, in den jeweiligen Lebensgeschichten verankert.

Angesichts zunehmend individualisierter und heterogener Belegschaften sehen sich, so ein weiteres, ebenfalls weitgehend durchgängiges Ergebnis unserer Untersuchung, viele Ehrenamtliche mit ihrem betrieblichen und gewerkschaftlichen Engagement allerdings in einem eher schwieriger werdenden Umfeld. Sie nehmen zunehmende Ungerechtigkeiten und eine schwindende Solidarität der Mitmenschen wahr: in den Belegschaften, aber auch als gesellschaftliches Phänomen. Die Auswirkungen gesellschaftlicher Individualisierung macht sie skeptischer im Hinblick auf die Möglichkeiten, solidarisches Handeln zu organisieren. Das Spannungsverhältnis dieser beiden Befunde unserer Untersuchung treibt die Ehrenamtlichen einerseits an, lässt sie andererseits nicht selten aber auch in schwierige und persönlich belastende Situationen geraten.

Abbildungen

Tabellen

Literatur

Allmendinger, Jutta (2020): Der lange Weg aus der Krise, Corona und die gesellschaftlichen Folgen: Schlaglichter aus der WZB-Forschung. Berlin: Wissenschaftszentrum Berlin für Sozialforschung.

Altreiter, Carina; Flecker, Jörg; Papouschek, Ulrike; Schindler, Saskja; Schönauer, Annika (2020): Umkämpfte Solidaritäten. Spaltungslinien in der Gegenwartsgesellschaft. Wien: Promedia.

Beck, Ulrich; Beck-Gernsheim, Elisabeth (1994): Individualisierung in modernen Gesellschaften – Perspektiven und Kontroversen einer subjektorientierten Soziologie. In: Beck, Ulrich; Beck-Gernsheim, Elisabeth (Hg.): Riskante Freiheiten. Individualisierung in modernen Gesellschaften. Frankfurt am Main: Suhrkamp, S. 10–39.

Beerhorst, Joachim (2005): Kritik der Intermediäritätsthese. In: Industrielle Beziehungen. Zeitschrift für Arbeit, Organisation und Management 12 (2), S. 178–188.

Behr, Michael; Happ, Anja; Dörre, Klaus; Elsner, Margrit (2013): Arbeitsbewusstsein und Interessenorientierung in einem ostdeutschen Unternehmen der optischen Industrie. In: Dörre, Klaus; Happ, Anja; Matuschek, Ingo (Hg.): Das Gesellschaftsbild der LohnarbeiterInnen. Soziologische Untersuchungen in ost- und westdeutschen Industriebetrieben. Hamburg: VSA-Verlag, S. 54–84.

Böschen, Jasmin (2021): Interview-Forschung trotz Eigenbild? Videotelefonie als Forschungsinstrument. In: IMAGE. Zeitschrift für interdisziplinäre Bildwissenschaft 34 (17), S. 73–94.

Bourdieu, Pierre (1992): Die verborgenen Mechanismen der Macht. Hamburg: VSA-Verlag.

Brand, Ulrich; Welzer, Harald (2019): Alltag und Situation. Soziokulturelle Dimensionen sozial-ökologischer Transformation. In: Dörre, Klaus; Rosa, Hartmut; Becker, Karina; Bose, Sophie; Seyd, Benjamin (Hg.): Große Transformation? Zur Zukunft moderner Gesellschaften. Sonderband des Berliner Journals für Soziologie. Wiesbaden: Springer VS, S. 313–332.

Bremer, Helmut; Faulstich, Peter; Teiwes-Kügler, Christel; Vehse, Jessica (2015): Gesellschaftsbild und Weiterbildung. Auswirkungen von Bildungsmoratorien auf Habitus, Lernen und Gesellschaftsvorstellungen. Baden-Baden: edition sigma/Nomos.

Bühl, Achim (2019): SPSS. Einführung in die moderne Datenanalyse ab SPSS 25, 16., aktualisierte Auflage. Hallbergmoos: Pearson.

Charmaz, Kathy (2006): Constructing grounded theory: Methods for the 21st century. Los Angeles: Sage.

Crouch, Colin (2008): Postdemokratie. Frankfurt am Main: Suhrkamp.

Demir, Nur; Funder, Maria; Greifenstein, Ralph; Kißler, Leo (2021): Generationswechsel und Geschlechterpolitik im Betriebsrat: Fallstudien zur Diversität in der betrieblichen Mitbestimmung (Study der Hans-Böckler-Stiftung, Nr. 458). Düsseldorf: Hans-Böckler-Stiftung.

Demir, Nur; Funder, Maria; Greifenstein, Ralph; Kißler, Leo; Maschke, Manuela (2018): Betriebsratswahlen 2018. Erste Befunde, Stand: Herbst 2018 (I.M.U. Mitbestimmungsreport, Nr. 45). Düsseldorf: Hans-Böckler-Stiftung.

Dörre, Klaus; Happ, Anja; Matuschek, Ingo (Hg.) (2013): Das Gesellschaftsbild der LohnarbeiterInnen. Soziologische Untersuchungen in ost- und westdeutschen Industriebetrieben. Hamburg: VSA-Verlag.

Fachkommission Integrationsfähigkeit (2020): Gemeinsam die Einwanderungsgesellschaft gestalten. Bericht der Fachkommission der Bundesregierung zu den Rahmenbedingungen der Integrationsfähigkeit, Berlin.

Geiling, Heiko; Meise, Stephan; Eversberg, Dennis; Otte, Rüdiger (2012): Die IG Metall lokal. Akteure in gewerkschaftlichen Handlungsfeldern. Düsseldorf: Hans-Böckler-Stiftung (edition der Hans Böckler Stiftung, 266). Düsseldorf: Hans-Böckler-Stiftung.

Glaser, Barney G.; Strauss, Anselm L. (1998): Grounded Theory. Strategien qualitativer Forschung. Bern: Huber.

Goffmann, Erving (2003): Stigma. Über Techniken der Bewältigung beschädigter Identität. Frankfurt am Main: Suhrkamp.

Goldthorpe, John H.; Lockwood, David; Bechhofer, Frank; Platt, Jennifer (1967): The Affluent Worker and the Thesis of Embourgeoisement: Some Preliminary Research Findings. In: Sociology 1 (1), S. 11–31.

Goldthorpe, John H.; Lockwood, David; Bechhofer, Frank; Platt, Jennifer (1970): Der »wohlhabende« Arbeiter in England, 3 Bände. München: Wilhelm Goldmann Verlag.

Grimm, Natalie; Kuhlmann, Martin; Pfeiffer, Sabine (2022): Arbeitssoziologische Bewusstseinsforschung revisited! Befunde und neue Herausforderungen einer Forschungstradition – Editorial. In: AIS-Studien. Das Online-Journal der Sektion Arbeits- und Industriesoziologie in der Deutschen Gesellschaft für Soziologie 15 (1), S. 4–11.

Habermas, Jürgen; von Friedeburg, Ludwig; Oehler, Christoph; Weltz, Friedrich (1961): Student und Politik. Eine soziologische Untersuchung zum politischen Bewußtsein Frankfurter Studenten. Berlin (West): Luchterhand.

Haipeter, Thomas (Hg.) (2016): Angestellte Revisited. Arbeit, Interessen und Herausforderungen für Interessenvertretungen. Wiesbaden: Springer VS.

Hassel, Anke; Schroeder, Wolfgang (2018): Gewerkschaftliche Mitgliederpolitik: Schlüssel für eine starke Sozialpartnerschaft. In: WSI-Mitteilungen 71 (6), S. 485–496.

Heitmeyer, Wilhelm (2018): Autoritäre Versuchungen, Signaturen der Bedrohung I. Berlin: Suhrkamp.

IG Metall (2019): Projekt: Die IG Metall vom Betrieb aus denken. Entschließung 1 des 24. Ordentlichen Gewerkschaftstages, Nürnberg, 6.–12.10.2019.

IG Metall (2020): Beschäftigtenbefragung 2020. Online unter: https://www.igmetall.de/im-betrieb/beschaeftigtenbefragung-2020 (abgerufen am 29.9.2023).

Karakayalı, Serhat; Bouali, Celia (2021): Migrantische Aktive in der betrieblichen Mitbestimmung (Working Paper Forschungsförderung, Nr. 228). Düsseldorf: Hans-Böckler-Stiftung.

Kern, Horst; Schumann, Michael (1985 [1970]): Industriearbeit und Arbeiterbewußtsein. Frankfurt am Main: Suhrkamp.

Kohlrausch, Bettina; Zucco, Aline (2020): Corona trifft Frauen doppelt. Weniger Erwerbseinkommen und mehr Sorgearbeit. WSI-Policy-Brief Nr. 40, Mai 2020.

Kratzer, Nick; Menz, Wolfgang; Tullius, Knut; Wolf, Harald (2015): Legitimationsprobleme in der Erwerbsarbeit. Gerechtigkeitsansprüche und Handlungsorientierungen in Arbeit und Betrieb. Baden-Baden: Nomos/edition sigma.

Lockwood, David (1966): Sources of Variation in Working Class Images of Society. In: The Sociological Review 14 (3), S. 249–267.

Lessenich, Stephan; Reder, Michael; Süß, Dietmar (2020): Zwischen sozialem Zusammenhalt und politischer Praxis: Die vielen Gesichter der Solidarität. In: WSI-Mitteilungen 5, S. 319–326.

Lütten, John; Köster, Jakob (2019): Prekarität und Gesellschaftsbilder jenseits des Rechtspopulismus: Eine sekundäranalytische Suche. In: Dunkel, Wolfgang; Hanekop, Heidemarie; Mayer-Ahuja, Nicole (Hg.): Blick zurück nach vorn. Sekundäranalysen zum Wandel von Arbeit nach dem Fordismus. Frankfurt am Main/New York: Campus, S. 291–326.

Meinert, Sascha; Stollt, Michael (2020): Mitbestimmung 2035. Vier Szenarien: Fokus Digitalisierung. Mitbestimmungsreport 56 des I.M.U. in der Hans-Böckler-Stiftung.

Meuser, Michael; Nagel, Ulrike (1991): ExpertInneninterviews – vielfach erprobt, wenig bedacht: ein Beitrag zur qualitativen Methodendiskussion. In: Garz, Detlef; Kraimer, Klaus (Hg.): Qualitativ-empirische Sozialforschung: Konzepte, Methoden, Analysen. Opladen: Westdeutscher Verlag, S. 441–471.

Mey, Günter; Mruck, Katja (2014): Qualitative Forschung: Analysen und Diskussionen. In: Mey, Günter; Mruck, Katja (Hg.): Qualitative Forschung. Wiesbaden: Springer VS, S. 9–32.

Milanović, Branko (2016): Die ungleiche Welt. Migration, das Eine Prozent und die Zukunft der Mittelschicht. Frankfurt am Main: Suhrkamp.

Mounk, Yascha (2018): Der Zerfall der Demokratie. Wie der Populismus den Rechtsstaat bedroht. München: Droemer Knaur.

Müller-Jentsch, Walther (2009): Arbeit und Bürgerstatus. Studien zur sozialen und industriellen Demokratie. Wiesbaden: VS Verlag für Sozialwissenschaften.

Negt, Oskar (1993): Wandlungen im gewerkschaftlichen Selbstverständnis und gesellschaftliche Zukunftsaufgaben. In: Fricke, Wilhelm (Hg.): Jahrbuch Arbeit und Technik 1993, Bonn: J. H. W. Dietz, S. 232–242.

Negt, Oskar (2004): Wozu noch Gewerkschaften? Eine Streitschrift. Göttingen: Steidl Verlag.

Niehoff, Steffen; Holst, Hajo; Fessler, Agnes (2022): Verfestigte Klassenungleichheiten: Zur arbeitsweltlichen Dynamik der Corona-Pandemie. In: Arbeit 31 (1–2), S. 133–154.

Popitz, Heinrich; Bahrdt, Hans Paul; Jüres, Ernst August; Kesting, Hanno (2018 [1957]): Das Gesellschaftsbild des Arbeiters. Soziologische Untersuchungen der Hüttenindustrie. Hg. von Jochen Dreher. Wiesbaden: Springer VS.

Prott, Jürgen (2019): Solidarität in zerbrechlicher Gesellschaft. Soziale Schichtung und Mobilität in Deutschland. Augsburg/München: Rainer Hampp Verlag.

Prott, Jürgen (2021): Konfliktfall Solidarität. Geschichten und Analysen aus einer erschöpften Lebenswelt. Göttingen: Steidl.

Przyborski, Aglaja; Wohlrab-Sahr, Monika (2014): Qualitative Sozialforschung. Ein Arbeitsbuch. 4., erw. Auflage. München: Oldenbourg.

Reckwitz, Andreas (2017): Die Gesellschaft der Singularitäten. Zum Strukturwandel der Moderne. Berlin: Suhrkamp.

Rosa, Hartmut (2005): Beschleunigung. Die Veränderung der Zeitstrukturen in der Moderne. Frankfurt am Main: Suhrkamp.

Rosenthal, Gabriele (2002). Biographische Forschung. In: Schaeffer, Doris; Müller-Mundt, Gabriele (Hg.): Qualitative Gesundheits- und Pflegeforschung. Bern: Huber, S. 133–147.

Rosenthal, Gabriele (2008): Interpretative Sozialforschung. Eine Einführung. Weinheim: Juventa.

Sandberger, Johann-Ulrich (1983): Gesellschaftsbild. In: Lippert, Ekkehard; Wakenhut, Roland (Hg.): Handwörterbuch der Politischen Psychologie (Studienbücher zur Sozialwissenschaft, Bd. 46). Wiesbaden: VS Verlag für Sozialwissenschaften, S. 112–124.

Sattelberger, Thomas; Welpe, Isabell; Boes, Andreas (2015): Das demokratische Unternehmen. Neue Arbeits- und Führungskulturen im Zeitalter digitaler Wirtschaft. Freiburg (Breisgau)/München: Haufe.

Sauer, Dieter; Stöger, Ursula; Bischoff, Joachim; Detje, Richard; Müller, Bernhard (2018): Rechtspopulismus und Gewerkschaften. Eine arbeitsweltliche Spurensuche. Hamburg: VSA.

Scase, Richard (1974): Conceptions of the Class Structure and Political Ideology. Some Observations on Attitudes in England and Sweden. In: Parkin, Frank (Hg.): The social analysis of class structure (Social science paperback, Bd. 133). London: Tavistock, S. 149–177.

Scharpf, Fritz W. (1999): Regieren in Europa: Effektiv und demokratisch? Frankfurt am Main: Campus.

Schütze, Fritz (1983): Biographieforschung und narratives Interview. In: neue praxis 13 (3), S. 283–293.

Splett, Barbara (2023): Arbeiterbewusstsein. In: Bohn, Rainer; Hirsch-Kreinsen, Hartmut; Pfeiffer, Sabine; Will-Zocholl, Mascha (Hg.): Lexikon der Arbeits- und Industriesoziologie. Baden-Baden: Nomos, S. 60–64.

Stollt, Michael; Meinert, Sascha (2015): Arbeitsbeziehungen 2030. Vier Szenarien. Brüssel: ETUI.

Taylor, Charles (2004): Modern Social Imaginaries. Durham/London: Duke University Press.

Thompson, Edward P. (1971): The Moral Economy of the English Crowd in the Eighteenth Century. In: Past & Present 50, S. 76–136.

Weber, Max (1922): Gesammelte Aufsätze zur Wissenschaftslehre. Tübingen: Mohr.

Witzel, Andreas (1985): Das problemzentrierte Interview. In: Jüttemann. Gerd (Hg.): Qualitative Forschung in der Psychologie: Grundfragen, Verfahrensweisen, Anwendungsfelder. Weinheim: Beltz, S. 227–255.

Wohlrab-Sahr, Monika (1994): Vom Fall zum Typus: die Sehnsucht nach dem »Ganzen« und dem »Eigentlichen«: »Idealisierung« als biographische Konstruktion. In: Diezinger, Angelika; Kitzer, Hedwig; Anker, Ingrid; Bingel, Irma; Haas, Erika; Odierna, Simone (Hg.): Erfahrung mit Methode: Wege sozialwissenschaftlicher Frauenforschung. Freiburg (Breisgau): Kore, S. 269–299.

WSI-Mitteilungen (2016): Gerechtigkeitsansprüche und Arbeitnehmerbewusstsein heute – neue Ansätze, neue Befunde. Schwerpunktheft 7/2016.

Zoll, Rainer (1991): Gewerkschaften als Diskurs-Organisationen. In: Gewerkschaftliche Monatshefte 6/1991, S. 390–399.